谷园 著

谷园讲通鉴：
西汉兴衰史

下

天地出版社 | TIANDI PRESS

目 录

第 1 回　汉初名相喝酒治天下 / 001

第 2 回　陈平多谋 / 011

第 3 回　吕太后的情人与敌人 / 021

第 4 回　一场经典的政变案例 / 030

第 5 回　史上最完美的皇帝形象 / 039

第 6 回　汉文帝的丞相与弄臣 / 047

第 7 回　汉文帝的黄老之术 / 055

第 8 回　史上最牛材料匠 / 067

第 9 回　黄老思想治国的极致 / 075

第 10 回　智囊之死 / 083

第 11 回　周亚夫为何功成身败 / 092

第 12 回　汉景帝的家务事 / 101

第 13 回　汉武帝前的万众创业 / 110

第 14 回　《货殖列传》里的商业传奇 / 117

第 15 回　董仲舒的"天人三策" / 125

第 16 回	汉武帝的憋屈 / 133
第 17 回	史上最著名的私奔 / 141
第 18 回	史上最著名的离婚 / 149
第 19 回	大隐东方朔 / 156
第 20 回	卫子夫霸天下 / 165
第 21 回	汉武帝的一生所爱 / 173
第 22 回	一场酒局引发的血案 / 181
第 23 回	汉武帝一共打了多少仗 / 191
第 24 回	汉帝国拉开决战匈奴的序幕 / 201
第 25 回	李广的射雕英雄传 / 211
第 26 回	李广难封与名将声望 / 219
第 27 回	霍去病封狼居胥 / 228
第 28 回	汉武帝征服西域 / 235
第 29 回	苏武不屈与李陵投降 / 245
第 30 回	司马迁的悲剧 / 254
第 31 回	酷吏列传（上）/ 262
第 32 回	酷吏列传（中）/ 272
第 33 回	酷吏列传（下）/ 280

第 34 回	汉武帝最怕的大臣 / 291
第 35 回	从放猪倌到一代名相 / 298
第 36 回	主父偃的人生观 / 305
第 37 回	游侠为什么被崇拜 / 313
第 38 回	刘嫖与董偃的老少恋 / 321
第 39 回	淮南王的冤案和教训 / 327
第 40 回	巫蛊之祸 / 335
第 41 回	汉武帝的神仙路 / 344
第 42 回	汉武帝的最后决策 / 353
第 43 回	汉武帝的顾命大臣们 / 361
第 44 回	苏武、李陵的信念与命运 / 373
第 45 回	只当了二十七天皇帝的刘贺 / 381
第 46 回	天上掉下来的皇位 / 389
第 47 回	权臣覆灭的惨痛教训 / 395
第 48 回	帝国巅峰的皇帝与丞相 / 404
第 49 回	一代名相的阴阳之道 / 413
第 50 回	八世封侯的汉朝第一望族 / 422
第 51 回	颍川之治 / 430

第 52 回　循吏列传 / 439

第 53 回　西汉第一循吏 / 447

第 54 回　汉宣帝杀掉的两个"好官" / 456

第 55 回　盖宽饶：我乃酒狂 / 465

第 56 回　史上第一桩文字狱 / 473

第 57 回　海昏侯的前世今生 / 483

第 58 回　酷吏屠伯和张敞画眉 / 490

第 59 回　楼兰姑娘 / 499

第 60 回　西域都护府 / 507

第 61 回　赵充国平羌（上）/ 515

第 62 回　赵充国平羌（下）/ 523

第 63 回　汉元帝的两位老师 / 533

第 64 回　韦玄成装疯 / 542

第 65 回　被才艺耽误了的汉元帝 / 550

第 66 回　忠臣、奸臣如何分辨 / 559

第 67 回　京房之死 / 565

第 68 回　于定国父子手下无冤案 / 571

第 69 回　陈汤杀匈奴单于 / 579

第 70 回	昭君出塞 / 587
第 71 回	月亮女神王政君 / 595
第 72 回	王氏专权 / 601
第 73 回	汉成帝的后宫 / 610
第 74 回	《论语》宗师 / 617
第 75 回	刘德的道家智慧 / 626
第 76 回	刘向的占星术 / 633
第 77 回	阴阳五行思想的起源 / 639
第 78 回	阴阳五行思想的发展 / 651
第 79 回	艺文志（上）：读书法门 / 659
第 80 回	艺文志（中）：诸子百家 / 663
第 81 回	艺文志（下）：神圣六经 / 674
第 82 回	西汉江山被唱衰 / 682
第 83 回	汉哀帝放飞自我 / 691
第 84 回	六起六落的西汉名臣 / 696
第 85 回	汉成帝的丞相们 / 706
第 86 回	两个丞相的为官之道 / 714
第 87 回	西蜀子云亭 / 723

第 88 回　　扬雄：文章千古事 / 730

第 89 回　　忠臣的下场 / 736

第 90 回　　汉书游侠传 / 746

第 91 回　　王莽崛起 / 755

第 92 回　　王莽刨坟 / 765

第 93 回　　王莽篡汉 / 776

第45回

只当了二十七天皇帝的刘贺

汉昭帝时期，霍光在汉昭帝的支持下，粉碎了上官桀、燕王刘旦和桑弘羊等人的谋反，既保住了他的摄政之位，也稳固了汉昭帝的皇位。

汉昭帝在位的十三年里，几乎没什么大事，不过有一件小事也算跟皇权有关。

在汉昭帝即位的第五年，有一天未央宫外面来了一个人，这个人很气派，车马随从和穿衣打扮完全是皇室的规格。他自称是前太子刘据，惊得侍卫跑进宫里，一级一级向上报告给了汉昭帝和霍光。

汉昭帝和霍光也吓一跳：这怎么回事啊？莫非刘据没死藏匿民间了？

一帮文武大臣前来辨认。有人说这人跟太子刘据长得太像了，也有人觉得不像，可也不敢轻易否定，万一真是怎么办啊？先听听别人都怎么说吧。

说话间，这时间可就不短了，长安的老百姓都跑到皇宫门口来看热闹，得有个几万人。这样一来，整个皇宫的保卫系统便如临大敌，形势一下子很紧张。

就在这时，京兆尹隽不疑赶到了。京兆尹就相当于现在的首都市长，以前叫右内史，这是非常重要的一个职位。

隽不疑是勃海郡人，是个大学者。当年绣衣直指暴胜之到勃海郡巡察，隽不疑就给暴胜之上了一通课。暴胜之很受用，随后便向汉武帝举荐了隽不疑。几年后，隽不疑做到了青州刺史，在任上，他干了一手漂亮活儿。在汉武帝刚死时，燕王刘旦想联络一些人谋反。当时他联络的主要人物是齐孝王的孙子。刘泽的封地正好在青州郡这一片，他就想煽动青州的一些势力先把刺史隽不疑杀了。隽不疑提前发觉，先发制人，将其全部拿下，于是一举成名，得到霍光的赏识，就被提拔成了京兆尹。

京兆尹这个官不好当，天子脚下、皇城根下，都是些皇亲国戚、达官贵人，镇住这帮人可不容易，所以历来当这个官的都是酷吏。

隽不疑呢，也是酷吏的做派。不过隽不疑的老母亲是一个特别善良的人，每次隽不疑审判了一天案子回到家，她都会问：儿啊，今天你审出了几桩冤案啊，给几个人平反了？救活了几个人？

隽不疑回答一个也没有，老母亲就不言语了，也不吃饭了，生闷气。

如果有一天隽不疑审出了几桩冤案，老母亲就喜笑颜开：我儿子办了大好事，我给你做点好吃的。

在母亲的影响下，隽不疑为官的风格相比于他前面的那些酷吏便比较人道、温和，严格执法但不残忍。

隽不疑还是非常威严的。当他来到皇宫门前，到了这个人山人海的现场，对这个自称太子刘据的人看都没看，上来就把提前赶到现场的手下大骂一通：赶紧把这个冒充前太子的骗子给我抓起来！

手下不敢迟疑，上去就把那个人按地上了。围观的人们都有点猝不及防。

有几个官员跟隽不疑关系不错，替隽不疑捏了一把汗：你以前也没见过太子，怎么就敢断定此人是骗子呢？万一是真的怎么办？

隽不疑一龇牙：怎么办？那得问皇上。

这几个人眨眨眼：噢，明白了，高！实在是高！

隽不疑还是一龇牙：《春秋》也记载过类似的情况，当年卫灵公的太子跟卫灵公闹翻了，逃亡国外，卫灵公死后传位给了另一个儿子。这时，晋国想拥立原来的太子，但遭到齐国、鲁国等诸侯国的一致反对。对此，孔子支持诸侯国，反对晋国的做法。所以，按照这个经典案例，即便现在这个人真是原太子刘据，也得把他抓起来。

人们一下子都服了。霍光听说了，也大加赞赏：好！有理有据，隽不疑真有学问！

霍光甚至想把女儿嫁给他，而他竟然婉言谢绝了。随后因为身体不大好辞官归隐，老死乡间，得以善终。

这也是他高明的地方。他如果真当了霍光的女婿，肯定不会有什么好结局的。

再说那个被隽不疑抓起来的人，他到底是不是太子刘据呢？不是。《汉书》上说，廷尉把这个人审了一通，这个人就招了。原来他只是一个算命的，有一次原太子刘据手下的一个人到他这儿算命，一打照面：先生啊，您跟我们太子爷长得可太像了，您不但模样像，说话声音也像，表情也像。

这个算命先生心中一动，用心了解了很多刘据的情况，然后就演了这出闹剧。本想谋个富贵，却被腰斩于市，这也是鬼迷心窍啊！

就在这个假太子事件的几年后，公元前78年发生了几件怪事，都写在史书里了。

一件事发生在泰山。有一天，泰山脚下的老百姓忽然听到山南边有动静，声音很大，好像有几千人在喧哗。人们都跑过去看，结果根本没人，那声音是什么呢？原来是一块大石头发出来的。这本来是一块埋在土里的巨石，它竟然自己立起来了！而且也不知道从哪儿飞来了上千只白色的乌鸦，都落在这块立起的巨石上。

另一件事发生在泰山东南二百多里的地方，这是一个小诸侯国，叫昌邑国。昌邑国有一棵大树，被祭祀的社树，本来死了多年了，倒在地上，也是自己立了起来，又活了！

另外，长安这边，在皇家园林上林苑里有一棵枯死的倒在地上的大柳树也自己立起来了，活了。上林苑里这棵树还有一处奇特的地方，它上面有片树叶被虫子咬烂了，不知道谁眼尖，发现虫子咬的那个印儿分明是一行字：公孙病已立。这是怎么回事呢？

这一系列的怪事集中在一个时期出现，是不是有什么关联呢？这是什么灾异呢？有个博士叫眭弘，很有学问，是董仲舒的学生。董仲舒就是研究灾异的，讲天人合一，认为灾异都是上天对人事的警告或提醒。眭弘也研究这方面，他分析了一通，结论是：

第45回 只当了二十七天皇帝的刘贺

此当有从匹夫为天子者。——《汉书·眭弘传》

应当会有一个人从平民变成帝王。

那么现在的皇帝,也就是汉昭帝,应当怎么办呢?眭弘认为,最好是主动去寻找这个人,把皇位禅让给他,这样才是顺天命。

霍光听了十分生气:无稽之谈,这不是妖言惑众吗?来人,把这个眭弘杀了。

就这样,眭弘把自己的命丢了,但是他的预测却很准。起码有两点说对了:一个是泰山是对应帝王的,这些灾异与帝王有关;另一个是将有平民变成帝王。

但是,为什么其中一个灾异发生在昌邑呢?难道跟昌邑王有什么关系吗?

公元前74年,汉昭帝驾崩,死时只有二十岁,而且没有子嗣。皇位传给谁呢?人们拿来《春秋》一看,历史上有几处记载,不能传子,就应当传兄弟。

传哪个兄弟呢?当然是越亲越好。此时,汉昭帝的亲兄弟,活着的,只有一位了,谁呢?就是广陵王刘胥。

刘胥是汉武帝的四儿子,与燕王刘旦为同母所生。汉武帝不喜欢他们的母亲,而且这个刘胥本身毛病很多,所以此前汉武帝选接班人的时候就没选他,而是选了老六刘弗陵。

现在老六死了,汉武帝的儿子没别人了,只剩下老四一个人了,看来这是天意啊!所以霍光召集大臣们商量让谁接掌皇位时,大臣们都觉得这回就得让刘胥当了,但霍光不同意让刘胥当皇帝,因为刘胥每天就知道吃喝玩乐,有一身的蛮力,好几百斤的大鼎一下子就能举起来,经常跟熊、野猪等打作一团,简直就是个混世魔王。

另外,霍光此前精心布下的一步棋也就废了。什么棋呢?就是汉昭帝的上官皇后。前面讲了,上官皇后是上官桀的孙女,也是霍光的外孙女。当年因为上官家抢了这个皇后之位,霍光和上官桀闹翻了。随后,霍光收拾上官父子的时候没动这个外孙女，皇后还是皇后。如果哪天汉昭帝死了，他的这个外孙女就能当皇太后，就是最高掌权者，这样，他作为皇太后的外公，还能继续执掌国政。

没想到汉昭帝一个儿子也没有。那么，怎样确保他的外孙女还能当皇太后呢？很简单，得找个汉昭帝的侄子继位，这样不差辈儿，照样还能做太后。可是，如果让刘胥来当皇帝，他是汉昭帝的四哥，兄弟的妻子不可能当太后。霍光的这步棋整个就废了。

怎么办呢？那就立侄子。不行，霍光是很要面子的人，办事讲规矩，要是放着叔叔不立立侄子，那叫废长立少，有点说不过去，无法服众。

霍光正发愁呢，有个郎官看透了他的心思，上书给他：您不要再为废长立少纠结了，先帝不就是废长立少，让小儿子接班吗？当年周文王也是废长立少，没立长子伯邑考，而立次子姬发，就是周武王。谁贤明就立谁，这也是传统，没问题的。

霍光看完心里一下子敞亮了，立马把这篇上书批给了丞相杨敞等大臣们传阅。

大家伙也都心知肚明，而且都比较服霍光：这个郎官说得有道理，大将军啊，那就立一位皇侄吧。立哪个皇侄呢？亲的、远的，筛选了一回汉昭帝侄子辈儿的，就他了——昌邑王刘贺最合适。

汉武帝的五儿子就是刘贺的爸爸昌邑王刘髆，刘髆的母亲是汉武帝最宠爱的李夫人，李广利、李延年是他的舅舅。要不是李广利最后被卷入巫蛊案，很可能接汉武帝皇位的就是刘髆。

刘髆在巫蛊案的两年后去世，当时只有五六岁的刘贺便继承了昌邑王位。一晃十几年过去了，小昌邑王长大了，每天不在王宫里待着，而是到外面驾车。他亲自驾着马车狂奔，快的时候不到半天就能跑二百里。那是马车啊，而且那时的路不是现在这样的。他没日没夜地练，也不嫌累，反倒乐此不疲。

这其实也是一种帝王现象。历史上有不少帝王有某一方面的天分或者爱好，甚至很高的建树，最终导致了什么呢？导致他成为一个昏君。因为人的精力有限，把精力放在业余爱好上，主业就会荒废。

第45回 只当了二十七天皇帝的刘贺

当然刘贺还算不上这方面的典型,因为这时候他只有十八九岁,正是爱玩的年纪,也许再上点年纪他就能静下来了。

公元前74年的初夏,一天天刚黑,几个朝廷使者来到了昌邑王宫,他们带来了以太后名义发布的玺书,打开一看:皇上驾崩,征昌邑王刘贺典丧。

让他去主持汉昭帝的葬礼,这意思很明白了——让他继位,当皇帝!

刘贺高兴地一下子跳起来,欣喜若狂:来人!备马,备车,马上出发,去长安当皇上!

手下人也都很高兴,赶紧收拾行李。方方面面的事务大致安排好,第二天中午,刘贺就带着一班侍从上路了。

刘贺自己的马是专业级的,好几匹马轮着驾车,能持续飞奔很长时间。可他手下人的马不行啊,一路上累死了好多匹。

刘贺到了长安之后,六月初一顺利即位,皇位还没坐热乎,六月二十八就被霍光废掉了,只当了二十七天皇帝。这是怎么回事呢?简单说,霍光能立刘贺,当然也能废刘贺。因为霍光手里攥着一张王牌,就是他外孙女上官皇太后,名义上废立皇帝都是上官皇太后做决策,霍光作为大臣,他没有这个权力。

为什么太后就有权力废立皇帝呢?刘邦当皇帝之后,有一次他父亲要给他行礼,把他吓一跳,赶紧让叔孙通研究了一通,把父亲立为太上皇帝,意思就是到什么时候爹也比皇帝大,是先有父子再有君臣。同理,太后也比皇帝大。

退一步讲,即便没有上官皇太后,霍光废立皇帝也没大问题。

那么,为什么这么短的时间霍光就要废掉刘贺呢?当然是有原因的,霍光集合起文武百官,在上官皇太后面前宣读了一大通刘贺怎么昏庸无道,比如,在来长安奔丧的路上就各种胡闹,

受玺以来二十七日,使者旁午,持节诏诸官署征发,凡一千一百二十七事。——《汉书·霍光传》

这句话是霍光当时的原话,写在《汉书》里,意思就是,刘贺在位

二十七天，每天都派出好多使者，到下面找各部门、各官员要这要那的，有一千一百二十七次。

上官皇太后都听不下去了：行了，别说了，这太过分了，废掉吧！

其实，霍光真事没说。真事是刘贺要夺霍光的权。

昌邑官属皆征至长安，往往超擢拜官。——《资治通鉴·汉纪十六》

也就是刘贺即位之后，把他原来昌邑国的那套班底都提拔到朝廷里来了，而且是破格提拔，安插到各个重要岗位。

霍光在旁边干瞪眼：不行，这要是时间长了我们不就危险了吗？

满朝文武跟霍光想的也都一样。连以前跟霍光关系不好的，这时也站到霍光一边了。

废掉刘贺之后，所有从昌邑调来的二百多个官员全部被杀。行刑的时候，他们真就大喊：本计划着要对霍光动手，只是犹豫了，下手晚了。

号呼市中曰：当断不断，反受其乱。——《汉书·霍光传》

这么紧张残酷的政治斗争，根本不是年仅十八九岁的刘贺控制得了的。

而霍光呢，他起初并没有意识到刘贺不是一个人，而是一个政治集团的一部分。让刘贺即位，就意味着让与刘贺紧密结合在一起的那个政治集团来接管朝廷。

所以，接下来霍光不能再犯同样的错误，他要找一个背后没有这样的政治集团的单纯的人来接盘。

于是，眭弘的预言成真了，一个平民身份的人成了皇帝。他是谁呢？

第46回

天上掉下来的
皇位

公元前74年，汉昭帝驾崩之后，大将军霍光拥立了昌邑王刘贺继位。结果，刘贺只干了二十七天霍光就把刘贺废掉了。得赶紧找个人当皇帝，找谁呢？

霍光扳着手指头数了一遍，发现汉武帝的儿子或者孙子里面没有合适的人了。

正当霍光为找谁当皇帝而犯愁时，他手下亲信丙吉说：大将军，还有一个人应当合适，不知道您考虑过没有？

霍光问：谁啊？

丙吉说：就是原来太子刘据的那个孙子，叫刘病已。您还有印象吧？

霍光说：噢，对啊，这孩子他现在在哪儿呢？他还真行，他是怎么个情况啊？

丙吉便详细地给霍光讲了讲：刘病已十七岁了，名义上是在掖庭养着，其实是跟他舅爷爷一家生活在一起，算是混迹民间。现在也是一表人才，人品好，还有文化……

霍光很高兴：就他了！根正苗红，武帝爷的曾孙，社会关系单纯，不像昌邑王刘贺手下还有一个大班底来争权。

霍光把大臣们都叫来，说了这个想法，大家都赞成。于是，这位混迹民间的刘病已，头一天还是一介布衣，还在街头跟小混混打架，转过天来摇身一变就成了皇帝。

这位刘病已到底是怎么回事呢？还得从巫蛊之祸说起。当年汉武帝把太子刘据的老婆、孩子全部抓起来杀掉了，包括刘据的三个儿子和一个女儿。

第46回 天上掉下来的皇位

不过，唯独有一个人没被杀，就是刘据的小孙子。当时刘据没多大，只有三十七岁。

刘据的这个小孙子就是刘病已，刚出生几个月，还在襁褓之中。估计相关的法律规定这么小的孩子不能处以极刑，所以小病已就被扔在长安的一处监牢里。

幸运的是他遇到了贵人，就是当时负责查办太子这个案子的一个官员，官职叫廷尉监，是廷尉手下的一个中级官员。这是个有心人，更是个好心人，他知道太子是被冤枉的，他觉得这个孩子太无辜、太可怜了。

他找了牢里的两个女犯人，这俩人当时处在哺乳期，而且人也比较好。他给他们换了一间干净点的牢房，还自己掏钱给小病已买衣服。小病已中间也生了几次病，多亏了廷尉监和两个女犯人的精心照顾和积极救治，这才保住了命。

光阴似箭，一晃过了四年多。这一天半夜，监牢外面忽然来了一帮人，都是皇宫里的大宦官，杀气腾腾地：圣旨到！皇上有令，你们这个监牢里在押的犯人无论是什么罪行，全部处斩！

这位廷尉监本来迎出来准备接旨的，一听这个，扭头就跑进监牢里把门插上了：公公啊，这个圣旨我不能接。皇上这样做太过分了，哪能说不管什么罪都杀头啊？再者说，我这儿有个特殊的犯人，是皇上的曾孙子啊，不能杀。

外面宦官急了：你这个廷尉监是不是疯了，你这是抗旨不遵！

这位廷尉监硬是把宫里的大宦官挡在监牢门外，没执行这道圣旨。那么，汉武帝是不是疯了，为什么这么做？

当时汉武帝已经病入膏肓，有个半仙跟他说：皇上，我望见长安的监牢上面有天子气。

这还了得啊？汉武帝这会儿最担心的就是自己死后，小弗陵江山坐不稳。

汉武帝问：大仙啊，具体在哪个监牢上面？

半仙说：皇上，我这功力只能到这儿了，说不具体。

汉武帝一咬牙：传旨，把长安所有监牢里的犯人全部杀光！

于是，就有了这么一出。当时其他几处监牢都已经杀完了，只剩下这一处了。这个领头的大宦官在监牢门外耗了半宿，里面的廷尉监也没给开门。

大宦官一琢磨：也对，皇上反复无常的，我别把自己搭进去。另外，我也积点德吧。

天亮之后，大宦官回到皇宫：皇上啊，有个监牢的廷尉监抗旨，不让杀犯人，不过他说得也有道理，那个监狱里关着太子的孙子呢，您的曾孙子。您看……

汉武帝心里咯噔一下，这是他和卫子夫留在世上唯一的血脉了：唉！好个廷尉监啊，这是天意。我真是罪孽深重，我得赎罪，我要大赦天下，你们去办吧。

随后没多长时间，汉武帝就死了。

这个刘病已怎么办呢？大赦天下了，终于不用在监牢里待着了，犯人们都回家了，包括那两个照顾小病已的女犯人也都要被释放了，而他无家可归。

怎么办呢？这位廷尉监正犯愁呢，手下人给他出主意：大人啊，要不就把这孩子送到京兆尹那儿去，让他们管吧。

结果，京兆尹不接受。

廷尉监对两个女犯人说：你们先不能走，在这孩子心里你们就是亲妈，你们再给看一段时间，我抓紧找找孩子的姥姥家还有什么人。

于是，廷尉监自己掏钱又养了这孩子好几个月。最后，小病已的姥姥家没找着，不过找到了他爸爸的姥姥家，也就是他奶奶的娘家。

他奶奶也就是刘据的女人，是比太子妃低一级别的，叫史良娣。

史良娣的母亲还活着，是一个非常慈祥善良的老奶奶。闺女不在了，竟然留下这么个孙子，真让人爱怜，于是，小病已就被送了过去。

又过了几年，宫里面出来一道诏书：

后有诏掖庭养视，上属籍宗正。——《汉书·宣帝纪》

意思就是，重新承认小病已的皇族身份。属籍宗正，就是重新被写入皇族的花名册里了。

第 46 回 天上掉下来的皇位

小病已终于可以回家了，可以回皇宫了。但是，不可能给他住王爷府，只能在掖庭收拾出一间屋子来，有个住的地方，一日三餐免费供应，也就这样。

掖庭也是皇宫的一部分，大致相当于偏房，主要是妃子、宫女还有宦官这些层级相对低的人居住的地方。

小病已到了掖庭之后又遇到一个贵人，就是负责管理掖庭的掖庭令——大宦官张贺。

张贺是著名的酷吏张汤的儿子，也是霍光的副手张安世的哥哥。他怎么成宦官了呢？

因为他之前是太子刘据的手下，当时其他的太子手下全部被杀了，张安世拼了命保着，张贺没被杀，但"死罪可饶，活罪难免"，就被施了宫刑。然后，他就到了掖庭当了大总管，即掖庭令。

这位张贺，别看他是受刘据的牵连才被施了宫刑，可他一点也没有怨恨刘据，反而一直感念刘据当年对自己的提携。所以，他对小病已非常关照：

奉养甚谨，以私钱供给教书。——《汉书·宣帝纪》

张贺自己掏钱请来名师教小病已读书。

张贺甚至还想把女儿嫁给他，因为此时刘病已已经是十六七岁的翩翩少年了，书读得好，人长得精神，而且身上有股豪杰气，跟刘邦当年的感觉差不多，跟汉武帝年轻时也很像。他结交了很多江湖上的小弟兄，而且好赌，经常混迹于民间，长安周边方圆数百里，没有他玩不到的地方。

据说他也有几分神秘气，他脚心上长着毛，而且他待的地方常常有一种光。

这些事张贺都知道，隐隐有一种感觉，这孩子会成事儿。而且他跟刘病已相处的时间很长，他知道这个孩子性格特别好，重情重义，所以他就想结这个亲。

可是，他把这个想法跟他兄弟张安世一说，张安世坚决反对：大哥，你念当年太子刘据的旧情我理解，可是这孩子现在能保住命就不错了，哪天皇上要是起个什么念头斩草除根,再把这孩子废了、杀了,到时咱家又受牵连啊,这事你别再提了。

张贺没办法,现在兄弟是辅政大臣、一家之主,话说得也有道理:好吧,听你的,闺女不嫁他了。

然后,张贺又琢磨:病已该谈婚论嫁了,我闺女不嫁他,但我也该给他找个媳妇了。

于是,他在家里摆了一桌酒菜,把同在掖庭的一个老部下叫来喝酒,这个人也是大宦官,叫许广汉。酒过三巡,张贺说:你觉得曾皇孙病已这孩子怎么样啊?

许广汉说:这孩子好,这孩子了不起,只可惜命不好。

张贺说:不对,说命不好,那已经是过去的事了,你得往后看,就凭他这个血统,将来怎么也得封个关内侯。

许广汉说:哎,您说得太对了,将来这孩子绝对有前途。

张贺一笑:我可听说你有个闺女已经十四五岁了,该谈婚论嫁了,要不要我给你撮合撮合,收了这个金龟婿啊?

许广汉高兴坏了:张大人啊,太谢谢您了。如果这位曾皇孙给我当女婿,那真是祖坟上冒青烟了。

张贺也很高兴:这个事包在我身上。

酒足饭饱,许广汉告辞回家。虽说他妻子不很乐意,但他思来想去,最终还是感觉这门亲事不错。刘病已就跟许家闺女结婚了。

婚后小两口非常恩爱,一年后就生了一个大胖儿子。又过了半年,天上掉下来一个大馅饼,就是皇位,刘病已一跃成了皇帝。

当上皇帝的刘病已将要怎样报答这些帮助过他的人们呢?现在说这个话可能还为时尚早,因为霍光还在,刘病已会不会重蹈刘贺的覆辙呢?

第47回

权臣覆灭的
惨痛教训

公元前 74 年的秋天，汉武帝跟卫子夫的曾孙刘病已被霍光拥立为帝，也就是汉宣帝。

宣帝，这是谥号。谥号不是随便起的，是依据谥法对皇帝一生功绩、功德的概括评价。

圣善周闻曰宣。——《汉书注》

意思就是，得非常聪明，非常有才能、智慧，做事周密的帝王将相才能用"宣"的谥号。可见，汉宣帝绝对是非常了不起的一代帝王。

那么，他是怎样展示出那种"圣善周闻"的感觉的呢？

首先是他处理与霍光及霍家的关系很有一套。

汉宣帝即位时只有十七岁，此前他一直过着底层平民的生活，忽然就当了皇帝，一步登天，但他表现得非常沉稳，没有半点喜形于色，为什么呢？因为他很清楚自己的处境。霍光既然可以废掉刘贺，当然也能废掉他。所以，他得做个乖孩子，霍大将军说什么，他就听什么。

不过有一个问题，汉宣帝可是打定主意了，什么事儿呢？就是立皇后的事儿。

汉宣帝已经娶了许广汉的女儿，两人非常恩爱，而且刚生了儿子，但是许广汉只是一个掖庭里的宦官，这身份太低贱了，让这样一个宦官的女儿来当皇后是不是有损国家形象啊？

谁合适呢？不仅公卿大臣们，就连下面的老百姓都在聊这个话题。有小道

第 47 回 | 权臣覆灭的惨痛教训

消息说是霍大将军的闺女。

很快，这个霍大将军的闺女要当皇后的消息就传到了汉宣帝耳朵里。汉宣帝怎么办呢？他早想好了：来人，我要下一道诏书。

求微时故剑。——《汉书·外戚传》

我在身份微贱时佩戴过一把宝剑，我每天都戴在腰间，形影不离，非常爱惜。可惜我进宫的时候不知道丢到哪儿了，你们跟霍大将军商量一下，看看怎么办。

霍光一听这个，立马明白了：好聪明的小皇帝啊，做事情不着痕迹。于是他找人上书，提议立许家女儿做皇后。

于是，许广汉的女儿真就成了皇后。

这个故事不仅是一段爱情佳话，而且精妙之处还在于汉宣帝对与霍光之间君臣关系的把握，他们两方面的表现都很值得称道。霍光并没有以势凌上，而汉宣帝则用一种最不对抗的方式坚持了自己的意见，把问题化解于无形。

转过年来，霍光要稽首归政：皇上，经过这几个月，各方面的情况您也都熟悉了，以后您就亲政吧。

小汉宣帝谦让：霍大将军啊，我还太年轻，您还受累继续主持朝政吧。

霍光立马就坡下驴：好吧，谢谢皇上的信任，那老臣就再盯盯吧。

其实霍光只是做这么个姿态，并非真心归还朝政。所以，在接下来的五六年中，大将军霍光仍然把整个大汉帝国牢牢抓在手里。

汉宣帝则一直老老实实地等着，熬着……一直熬到公元前 68 年。这一年，辅佐过汉武帝、汉昭帝、汉宣帝的三朝元老，执掌大汉帝国二十年的一代权臣霍光终于病逝了。他的葬礼要多隆重有多隆重，跟皇上的差不太多。

二十三岁的汉宣帝终于熬出了头，亲政了，但是，他依然保持一种隐忍克制的状态，一切都很平静。

又过了两年多，汉宣帝突然亮剑，杀了霍光全家。霍光的老婆、儿孙、女婿全部被汉宣帝杀光！

这是怎么了？霍光对大汉有多大的功劳啊！

受襁褓之托，任汉室之寄。——《汉书·霍光传》

汉武帝把只有几岁大的小弗陵托付给霍光，把整个大汉江山托付给霍光。这是多大的信任，多重的担子啊！

霍光没有辜负这种信任，稳稳当当挑起这副重担。中间他也克服了很多困难，包括挫败上官桀和燕王刘旦的夺权企图，还有及时废掉可能是昏君的刘贺，最终，把大汉江山稳稳当当地交到汉宣帝的手里。即便商朝的伊尹、周朝的周公这两位名臣，他们的功勋也比不过霍光。

可是，这么了不起的霍光为何落得这样的结局呢？

然光不学亡术，暗于大理，阴妻邪谋，立女为后，湛溺盈溢之欲，以增颠覆之祸，死财三年，宗族诛夷，哀哉！——《汉书·霍光传》

这段话的主要意思有三个，是霍光的三大问题：一是不学亡术，暗于大理；二是阴妻邪谋，立女为后；三是湛溺盈溢之欲。

先说"不学亡术，暗于大理"，这是什么意思呢？

大致来讲，就是说霍光他不是一个有学问的人，他可能很精明、能干、严谨，所以能得到汉武帝的器重，也能处理一些执政的难题，但是他对于自古以来的生死兴衰、人生福祸这些"大理"及其中的规律则缺乏认识。这个"大理"用司马光的话讲就是：

夫威福者，人君之器也。人臣执之，久而不归，鲜不及矣。——《资治通鉴·汉纪十七》

霍光的摄政之权抓得太久了，那个权力本来是属于皇帝的，你一个大臣抓住不放，你的威权比皇帝都大，怎么可能有好结果呢？

如果他早一点"稽首归政",不是做做样子,而是真的把朝政交还给汉昭帝或汉宣帝,功成身退,应当就不是这个结局了。对此,民间还有一种说法:

霍氏之祸萌于骖乘。——《汉书·霍光传》

汉宣帝即位之后,得到宗庙去拜列祖列宗的牌位。在去宗庙的路上,霍光跟汉宣帝乘一辆车。

在这个车上,汉宣帝在前面,霍光在后面。汉宣帝当时总感觉霍光一直在后面盯着自己,从这一刻,霍光的结局可能就已经注定了。

不过,造成这个结局的更直接的原因是第二条:"阴妻邪谋,立女为后。"

霍光曾有心把自己的小女儿立为汉宣帝的皇后,所以民间才有传闻。但是,汉宣帝跟结发妻子许氏感情很深,最终立了许氏。

霍光多多少少有点失望,不过也没太往心里去,但是有个人可往心里去了,就是他夫人。他夫人叫霍显,一听说汉宣帝不立她女儿当皇后,她立马疯了:凭什么不让我女儿当皇后,不行!可许皇后已经立了,也挑不出什么毛病来,不可能废掉。怎么才能换我女儿当皇后呢?除非许皇后死了!

转过年来,机会来了。许皇后要生孩子了,病了,给她看病的是个女医生,叫淳于衍。

这个淳于衍也经常给霍家人看病,所以跟霍显很熟。这天,淳于衍到霍家串门,想托霍显给她丈夫调换个职位。

霍显眼珠一转,把身边人都打发出去,拉着淳于衍的手:淳大夫啊,这事包在我身上,你放心,我保准给你办好。不过呢,我也有点事得麻烦你。

淳于衍受宠若惊:夫人啊,看您说的,您有什么事尽管吩咐。

霍显就把底牌亮出来了:女人生孩子就是闯关,都是九死一生的。我想让你趁这个机会给许皇后下点药,把她药死,这样我小女儿就能扶正当皇后了。事成之后,荣华富贵咱一块享。你看如何呀?

淳于衍吓得一哆嗦:霍夫人,这宫里用的药都是好几个医生一起配的,为的就是互相监督,而且皇后服药之前都得有人先尝一下,就是防备人投毒的。

这事恐怕做不成。

霍显看着淳于衍微微一笑：事在人为。有我家大将军在这儿，你怕什么呀？你要是不敢，那就当我没说，出了这个门，你可要小心一点……

霍显的脸色就沉下来了。

淳于衍直冒汗：我要不答应，还出得了这个门吗？这个……好吧，霍夫人，我尽力而为。

淳于衍找了一大把附子，附子是有毒性的一味中药，她把附子捣成粉末偷偷带进宫中。等到许皇后生完孩子，按当时常规要给产妇吃点补气血的中药。这时，淳于衍便偷偷地把附子粉掺了进去，端到许皇后面前。

许皇后想都没想就喝了。很快地，许皇后大出血，死了。后宫顿时乱作一团，淳于衍趁乱出宫，立即跑去见霍显。

霍显这会儿也害怕了：好了，我知道了，你先回去歇着吧，就当什么事也没发生。我这儿有二两金子你先拿着，其他的以后再说。

这么大的事宫里面当然要追查，虽然当时没人确认这是一起谋杀，但起码是个医疗事故。

汉宣帝痛不欲生：把他们全部抓起来给我的皇后偿命！

霍显之前根本没考虑这个，现在慌了：皇宫这么严厉追查，肯定得把淳于衍抓了啊，淳于衍要把这个事供出去，这可怎么办呢？

她这才跟霍光说出真相，霍光当时就傻眼了，但最终，霍光把这个事情压下去了。霍显如愿以偿，小女儿霍成君成功上位，被册封为汉宣帝的第二任皇后。

不过，四年后，霍显又想让她小女儿生的皇子当上太子，将来再当皇帝，可是这个希望落空了。

当时霍光已经死了，汉宣帝把他跟许皇后生的儿子刘奭立为太子。

霍显让女儿毒死那个小太子，所幸的是，小太子身边的人都非常谨慎，小太子不论吃什么喝什么都经过层层检验，这样霍皇后才没有得手。

从这娘俩的所作所为可以看出，霍光身后的霍家多么骄狂，欲望太大了，也就是《汉书》说的霍光的第三个问题："湛溺盈溢之欲。"整个霍家的权势太盛、太满了，而且在霍光死后也丝毫未减。当时，霍光的外孙女还是皇太后，小女儿是皇后，儿子霍禹是右将军，几乎是接霍光的班，比大将军稍低一点，掌握军权。

霍光的侄孙，也就是霍去病的孙子霍山领尚书事。按以往的规矩，下面上报皇帝的所有机要文件都一式两份，其中一份都得先给尚书看。尚书要是看哪个文件不适合让皇帝知道，就会直接扣下。

另外，霍光的几个女婿，包括名将范明友，也都掌握着重要兵权。可以说，在霍光死后，霍家仍然掌握着大汉帝国的半壁江山。

上面有霍显带头，骄佚淫逸，挥霍无度，所以下面这帮霍家子弟出门也都横着走。

有一次，霍家的一个家奴跟御史大夫魏相家的一个家奴在路上打起来了。霍家的家奴追着魏相的家奴打，竟然一直追到魏相的府上。那个被追打的魏家家奴插上门躲在屋里面，霍家家奴站在院里喊：你小子快出来……

魏相正好在家，急忙跑出来，一看是霍家的家奴，立马拱身施礼：老兄啊，得罪了，给我个面子吧，随后我教训他。

这样霍家家奴才走。

御史大夫位列三公，是监察百官的，只比丞相差一点，这样的高官都得央求霍家的奴才。

霍光在时没人敢说什么，霍光不在了，可就说什么的都有了。渐渐地，关于许皇后是被霍家毒死的说法就传到了汉宣帝的耳朵里。

汉宣帝呢，还是不动声色，继续宠着霍家，今天给封个侯，明天给一堆赏赐。一开始霍家还很开心，可慢慢就发现不对劲儿了。

明面上汉宣帝是给升官，实际上都是虚职，兵权都被汉宣帝一点点收走了。而且下面人的上书也不一式两份让尚书把关了，可以直接密奏皇帝。

霍家人有点茫然。

霍山就问霍显：太夫人啊，到这时候也别藏着掖着了，我怎么听外面传言说许皇后是咱家人毒死的呢，到底有没有这事啊？

霍显不能再瞒了：唉，是真事……

霍禹、霍山等听罢大惊失色，他们意识到没有退路了。公元前66年的五六月间，霍家开始谋划要发动政变。

七月，汉宣帝果断出手，一举将霍家灭掉，牵连上万人被杀。这个事体现出汉宣帝跟汉武帝一个相同的特点：极其冷血无情。

霍光和霍去病这兄弟俩给大汉帝国立下多大的功勋啊，而且汉宣帝跟他们还是亲戚。汉宣帝不管这些，一个血脉都没给他们留下。霍皇后没被杀，只是被废掉了，十多年后她自杀了。对此，司马光有点看不下去，他认为：

虽应夷灭，而光之忠勋不可不祀；遂使家无噍（jiào）类，孝宣亦少恩哉！——《资治通鉴·汉纪十七》

后期霍家确实有罪，家里一个能嚼东西的活人都没给留，以后都没子孙给霍光供牌位、烧香了。这事做得太绝了，汉宣帝真是寡情少恩！

杀完了霍家之后，汉宣帝对此前告发霍家谋反的一些人进行了封赏，封侯的、封官的、发赏金的都有。

这时，茂陵有个书生徐生上书汉宣帝，说：皇上，您不能光封赏他们，也得封赏我，因为此前我已经三次上书提醒您：

霍氏泰盛，陛下即爱厚之，宜以时抑制，无使至亡。——《汉书·霍光传》

霍家本来就太盛了，天下人都盯着他们家，您应当早点抑制他家。霍光去世之后，就该早些把他的子弟都安排到不那么显要的官位上去，而不能再让霍禹、霍山他们继续掌握那么大的权力，这样才能避免他们犯上作乱，才不至于覆亡。

我三次上书都提醒您这个，您都有批示，说明您都看了，可是您一点也不采纳，继续宠着他家，结果他家果然就谋反了，从而导致这个结局，霍家彻底完了，国家也投入那么多人力、物力，损失也很大。您要早听我的，这个事根本就不会发生。

这就像有一家的灶火挨着柴火垛,有人提醒他家:你们这样太危险了,灶火里要是蹦出火苗来就得把柴火垛引着了,就得把你家房子烧了。赶紧把这个柴火垛挪远点吧。

可是这家人不听,不当回事。结果,有一天真着火了,邻居街坊都来帮着救火,费了半天劲,终于把火灭了。

这家人感激不尽,宰了牛办酒席,感谢这些帮着救火的人。被烧伤的街坊都坐上座,这家人好一通敬谢。

这时,有人提醒这家主人:您要是早听那个人的,把柴火垛挪开,哪有这场灾啊?您得把人家请来。这家主人才醒悟,赶紧去谢那个提醒的人。

皇上啊,我这个提醒的人您不得好好赏赐吗?

汉宣帝看完上书,微微一笑:来人,赏这个徐生帛十匹,另外,给他个郎官做吧。

汉宣帝的这一笑,大有深意。用司马光的话讲,霍家最终走向这个结局,固然有霍光方面的很多原因,而更主要的,可以说是因为:

亦孝宣酝酿以成之也。——《资治通鉴·汉纪十七》

汉宣帝是故意不把柴火垛挪走,等着它着火,这样才好下手!

这么有心机、冷酷无情的汉宣帝还有怎样的故事呢?另外,灭霍家这么大的事汉宣帝肯定得有得力的帮手,都是谁呢?

第48回

帝国巅峰的皇帝与丞相

汉宣帝即位时虽然只有十七岁，但表现得成熟老练，能够韬光养晦，后来又不动声色地削夺了霍家的兵权，最后果断出手，把整个霍家灭了。

满朝文武一看，不论是他的性格、才能，还是文治武功，确实很像他的曾祖父汉武帝。

具体怎么个像法呢？主要是两方面：一内一外，安内攘外。安内主要是靠用人，汉宣帝一朝名臣辈出，像丙吉、魏相、张安世、夏侯胜、黄霸、韩延寿、龚遂、疏广、赵广汉、萧望之等这些名臣也许我们不太熟悉，其实在古代的知识分子阶层，他们的名气都很大，跟汉初和汉武帝时期的名臣都有一拼，起码都有好故事。

汉宣帝驾驭这帮大臣也很有一套，可以说这些人都是死心塌地效忠于他。上回讲了汉宣帝灭霍家，可为什么要等霍光死后三年才动手呢？

这里面有一个关键没有讲出来，就是他需要时间，他要一点一点地把原本依附于霍光和霍家的大臣都抓到自己手里。这时，他才能动手。

史书里提到一个相关的小情节值得关注。

汉昭帝即位不久，霍光作为辅政大臣，完全就是代理皇帝的感觉。有一天夜里，皇宫里闹鬼怪，宦官、宫女、值班的大臣等都乱作一团。霍光想：哎呀，那个传国玉玺可千万别让鬼怪摄去啊。于是，他赶紧让人把管玉玺的尚符玺郎召来，让他把玉玺带过来。很快地，这个尚符玺郎抱着个大盒子就来了。

霍光迫不及待：快快快，快给我看看，看看玉玺还在不在？

这个尚符玺郎说：在啊。

霍光说：你快拿过来，给我看看。

尚符玺郎没动地儿，霍光着急啊，上前一步，想一把抢过来。

没想到这个小小的尚符玺郎大怒，手按佩剑：大将军打住！玉玺是只能给皇上看、皇上摸的，您不能，您要我的脑袋行，要玉玺，不可能！

这一下子把霍光就给镇住了：好吧，玉玺还在就好，你去吧。

从这段小故事可以看出，年轻的汉宣帝之所以能够顺利地灭掉霍家，主要得益于汉武帝推崇的儒家思想，儒家思想最强调忠于君主，这个观念已经深入人心了。霍光再怎样厉害，再怎样大权独揽，在人们的心目中，甚至在霍光自己的心目中，他也只是帮着看家的，这个家到什么时候都是刘家的。

汉宣帝在用人方面也跟汉武帝相似，就是他也非常狠，翻脸无情，不管你是什么名臣、重臣，说杀就杀。

总之，他在用人方面很有威权，国家内部的治理没问题。外部呢？汉武帝一直没有解决的匈奴问题，汉宣帝几乎彻底解决了。在他执政期间，匈奴单于向大汉投降；正式成立了西域都护府，把西域并入了大汉版图。这个丰功伟绩在整个历史上也是非常突出的。

汉宣帝比汉武帝更高的是他没有犯什么错误，没有穷兵黩武。他之所以能把匈奴拿下，可以说是他比较幸运，正赶上匈奴分裂内乱的时期，根本不用打仗。

所以，汉宣帝主要的精力都放在了发展民生上，社会经济水平大幅度提高。史书里说，汉宣帝时期的手工业技术水平、产品质量达到西汉的最高峰，不但超过西汉前期的水平，而且比西汉后期汉元帝、汉成帝时期的水平也要高。

也就是说，汉宣帝时期是整个西汉社会经济发展、综合国力的顶峰，再往后就开始走下坡路了，直到隋唐时期才能跟汉宣帝时期持平。所以，这一时期被称为"孝宣之治"。

汉宣帝绝对是西汉乃至中国历史上最了不起的帝王之一。他死时四十二岁，在位二十五年，但天下治理得非常好。

汉宣帝为什么能取得这样的成就呢？一方面得益于汉武帝，汉武帝已经给他打好了一个政治、文化、军事方面的基础，包括霍光，也是汉武帝的政治遗产。"孝宣之治"是在霍光治理天下二十年的基础上实现的。另一方面得益于他曾经经历的苦难，得益于他在社会底层的生活经历。用史书里的话讲，汉宣帝是在底层长大的，有他的世故，有他的人情练达，而且知道社会底层的真相。这是那些"生于深宫之中，长于妇人之手，未尝知忧，未尝知惧"的皇家子弟们比不了的。

而他之所以能从那番底层的苦难经历中挺过来，进而成为皇帝，又成为一代圣君，他首先要感谢的人是丙吉。

霍光废掉刘贺之后，正是丙吉建议可以考虑让武帝爷的曾皇孙刘病已继位，霍光采纳了这个建议。

丙吉对刘病已的帮助可远远不止于此，他对刘病已最大的帮助是什么呢？是救命！

丙吉就是当年那个救了小病已的廷尉监，是他在牢里找了两个女犯人，把襁褓之中的小病已养活了，中间还顶着被满门抄斩的压力抗旨不遵，保住了小病已的命。这些事儿，丙吉从没有跟任何人讲过。

小病已后来被赦免，丙吉把他送到史良娣的娘家。那时小病已只有四五岁，也记不住什么事。史良娣的母亲当时在社会底层，也搞不清这个来送孩子的人是怎么个情况。所以，丙吉对小病已的救命之恩、养育之恩几乎没人知道。

直到公元前64年，按照《资治通鉴》记载的，是汉宣帝即位十年之后，一个掖庭里的老宫女托人上书汉宣帝，说：皇上，您小时候关在大牢里时吃过我的奶，我养育过您，您得封赏我。这个事我有证人，丙吉丙大人他知道，他能给我证明。

汉宣帝便派人领着这个老宫女去见丙吉，老宫女见了丙吉赶紧磕头：丙大人啊，你快看看我，还认得出我来吗？

丙吉端详了一会儿，还真认出来了：哦，你不就是那个……那个坏奶妈吗？你还跑来跟皇上邀功呢，你忘记当年你怎么虐待小皇上了，忘记我怎么处罚你了吗？真正对小皇上有养育之恩的，是一个姓胡的和一个姓郭的大姐，她们那是真尽了心了。

这个老宫女吓哭了：丙大人啊，没想到您记这么清楚，您可千万别跟皇上说我没好好照顾他啊，皇上一生气再杀了我。

汉宣帝没有杀这个坏奶妈，而是把这个老宫女免为庶人，不用再在掖庭当女奴了，赐钱十万。那两个好奶妈——胡大姨、郭大姨已经去世了，子孙皆受厚赏。

汉宣帝这才知道这些往事，他十分感激丙吉：大恩人啊，您对我有这么大的恩情，咱们君臣这么久了，您竟然一点也没跟我提，也不跟外人说，您真是太了不起了！我得怎样才能报答您的恩情啊？来人，去准备下，我要给御史大夫丙吉封侯！

当时丙吉已经位列三公了，做过太子太傅，然后做到了御史大夫，而且已经被封为关内侯，那是之前为了感激丙吉的拥立之功。关内侯是最低一级的侯爵，有封号没有封国，只有百十户的食邑。现在，汉宣帝要正式封丙吉为博阳侯。

封侯是大事，得择个吉日，需要符合春庆、夏赏、秋罚、冬刑，所以，得等到次年春天才能办正式的封侯仪式。临近这个吉日时，丙吉突然大病不起。

汉宣帝很着急：我这个大恩人如果死了，我这个恩就报不了了。干脆也别等什么吉日、办什么仪式了，我让人直接把侯爵的印绶给他送家去吧。

汉宣帝身边有个高参，叫夏侯胜，太子太傅，他说话了：皇上莫急，您放心吧，丙吉肯定死不了的。

臣闻有阴德者，必飨其乐以及子孙。——《汉书·丙吉传》

什么叫阴德？做好事不留名，不让人知道，就是阴德。丙吉救了汉宣帝的命，又有养育之恩，却不让人知道，这就叫阴德。

做好事留名，让人知道，那叫什么呢？那叫阳善。其实，这种观念是儒家、道家、佛教都强调的，也就是做好事不留名，不求回报，这样上天才可能给你大的回报，甚至惠及子孙。

夏侯胜是个大儒，他也是这个意思，他认为丙吉早年救助小汉宣帝，然后绝口不提，正是在积阴德，有这么大的阴德，不可能享受不到被封侯的福报就死了。

汉宣帝一听：有道理，那就再等等吧。

果然，到了正式封侯的日子，丙吉的病好了。五年后他又升为丞相，最后成为一代名相。丙吉也留下了几段好故事。

丞相府下面有很多掾吏，各个层级的官吏。当然也是什么人都有，有称职的，也有不称职的，还有各种各样有毛病过错的。有时，有打小报告的告到了丙吉这儿，但丙吉并不说什么。作为位列三公的朝廷大员，直接管下面小官吏的这些是是非非好像不太对。于是，慢慢就形成了一个传统，大官不直接管小官的事。

这一点也正体现了丙吉"上宽大，好礼让"的为官做人风格。展现他这种宽宏大量风度的还有一个故事。

丙吉有个车夫很爱喝酒，有一天车夫喝多了，驾着车拉着丙吉，吐了丙吉一车。管理车夫的官吏看不下去了，他说：丞相啊，都是我们管理不到位，您千万别生气，我们马上就把他开除，给您换一个稳当的车夫。

丙吉确实有点生气了，不过他还是很包容：不要紧的，因为这么点事把他开除了，他得多丢脸啊。跟他说说，让他下次注意点就行了。

这个车夫很感激丙吉：丞相对我这么好，我得给丞相好好效力。

之后有一天，正好这个车夫休班，他骑着马在外面转悠。忽然迎面一匹快马飞驰而来，他想这准是边塞出什么事了，这是来给朝廷送警报的。这个车夫的老家是边塞的，对于边塞上遇到紧急情况怎样向朝廷送警报，送警报的驿骑怎样穿着装扮及什么程序都很了解。

他拨马追上这个驿骑：我家就是边塞那边的，我现在在丞相府做事，你这么急有什么事吗？

车夫跟驿骑攀谈了一通，就知道了这个警报的大致情况。他飞速到了丞相府，向丙吉做了汇报：丞相啊，我觉得您得抓紧了解一下那两个郡的官员情况，看看有哪些适合带兵，哪些不适合。

丙吉非常重视：有道理，来人，把那两个郡的两千石以上官员的档案都给我提来。

丙吉刚看完这些官员的档案，宫里宦官就来了：丞相，皇上有急事，召您赶紧过去。

过去干什么呢？正是研究这个边境警报的事。汉宣帝就问丙吉和其他几个重要的大臣：各位爱卿，现在这两个郡的主要官员都有谁啊，他们能顶得起来吗？

其他几个大臣都含含糊糊，只有丙吉把云中郡的太守是谁，郡监、郡尉是谁，都多大年纪、什么出身、阅历如何等讲了一通。

汉宣帝大悦：丞相啊，有您在我就放心了。你们都得好好跟丞相学啊，罚你们半年俸禄。

丙吉的第三个故事，还出了个典故——"问牛相业"。

丙吉有一天外出，正好碰上一伙打群架的，路边上躺着的有死的、有伤的。丙吉坐在车里，一声都没言语，就跟没看见似的，手下人也都不敢问，直接就过去了。

又走了一大段路，丙吉忽然喊：停车。

手下问：怎么啦，丞相？

丙吉说：你到后面，刚才不是看见一个赶着几头牛的人吗，你去把他叫过来。

那个赶牛的人到了丙吉跟前：参见丞相老爷。

丙吉说：我且问你，你赶着这几头牛是打哪儿来？上哪儿去？这是走了多远的路了？

那人详细地回答了。丙吉点点头，若有所思，沉默了片刻：好了，没事了，你走吧。咱们也继续走吧。

然后，走着走着，手下人问道：丞相大人，卑职有一事不明。前面咱遇上那个打群架的都打死人了，您都不问一声，怎么看见这几头牛却这么上心呢？

丙吉一脸严肃，说：前面那个打群架的再怎么热闹，有长安县令或者京兆尹去管，那都是他们的职责，用不着我这个丞相管。我作为丞相，只管在年终的时候考察一下长安县令、京兆尹他们的政绩功过就行了。可是刚才这几头牛，你们注意了没有，现在还没到暑天伏天，还在春天里，它们就大口喘气。如果不是赶了很远的路的话，那就说明今年的气候有异常，天地间的阴阳不调和了，这方面动物比人要敏感。如果真是这样，老百姓今年的收成就会受很大影响，这个事才是丞相必须要管的。明白了吗？

丙吉做了五年丞相就去世了。临去世前，汉宣帝亲自到丙吉家中看望：老丞相啊，万一您去世了，谁能接您的丞相之位呢？

丙吉客气了一下：皇上啊，这满朝文武的品行能力，您不都在心里装着呢吗？您肯定比老臣清楚啊。

汉宣帝执意问：老丞相啊，您不要客气了，您就说说吧。

最终，丙吉推荐了三个人：杜延年、于定国和陈万年。

汉宣帝随后果然照办，依次把这三人都提成了御史大夫，按照惯例，都是御史大夫接丞相的班。所以丙吉死后，接他丞相之位的就是当时的御史大夫黄霸，杜延年接黄霸的御史大夫之位。

杜延年是酷吏杜周的儿子，非常有治理之才，不过他年纪大了，身体也不好，在御史大夫任上就退休了。于定国就接任御史大夫，然后顺利地接了黄霸之后的丞相之位。

接于定国御史大夫之位的陈万年，最早只是一个郡吏，通过"察举制"被举荐提拔做了县令，又做了太守，一直做到太仆，位列九卿。《汉书》上说，陈万年的德行很好，为官清廉，秉公办事，处事公平，修身齐家也都做得很好。

可是，《汉书》又说：

然善事人。赂遗外戚许、史，倾家自尽。——《汉书·陈万年传》

陈万年的另一面是他巴结权贵，舍得送礼，特别是给汉宣帝最亲近的许家和史家这两大外戚家，他倾尽所有。

那他是不是也给丙吉送钱呢？《汉书》里没写，但描述得很巧妙，说在丙吉生病期间，朝里一帮大臣一起去看望。看完之后，丙吉让家人把大臣们都送出门。于是这帮大臣各自散去，各回各家，唯独一个人没走，就是陈万年。他在丙吉家待到半夜才走。

不久，丙吉病危，就向汉宣帝推荐了他。他稳稳当当地做了八年御史大夫，在任上得以善终。

临死之前，陈万年的身体已经很虚弱了，有一天，他把儿子陈咸叫到床前，说：儿啊，我时间不多了，咱爷俩好好聊聊。我听说你现在做个小郎官，总是上书"刺讥近臣"，或者给权贵们挑毛病，这可不行啊！爹这辈子为官做人是这样的……

他一直说到了大半夜。他儿子陈咸呢，并不认同他的这一套人生智慧、官场智慧，听得昏昏欲睡，最后坐着就睡着了，一下子栽倒，头撞在旁边的屏风上。

陈万年气坏了：我这提着半口气要把平生所悟教给你，你竟然睡着了！

陈咸赶紧磕头：爹，您别生气，您的这番话我一句也没落，都听着呢。总的意思，您就是教给咸儿一个字——谄，谄媚的谄。我理解得没错吧？

陈万年不说话了。

接着说丙吉。丙吉死后，他的子孙世袭封爵，一直到王莽篡权才完。

汉宣帝与丙吉这对君臣，跟刘邦与萧何这对君臣有几分相像。没有萧何的帮助，绝对没有刘邦的成功；没有丙吉，也绝对没有汉宣帝的辉煌。

一个人想从底层崛起，可能都少不了一个萧何或者丙吉这样的人的支持与帮助吧！

第49回

一代名相的阴阳之道

汉宣帝跟丞相丙吉的君臣搭档，与刘邦和萧何的搭档有几分相像。班固也是这样的感觉，他在《汉书·丙吉传》的结尾强调了一个观点：

君为元首，臣为股肱，明其一体，相待而成也。——《汉书·丙吉传》

君主好比人的脑袋，大臣好比胳膊和腿，必须配合好了，才能把天下治理好。

拿西汉来讲，哪些君臣配合得最好呢？班固说：

高祖开基，萧、曹为冠，孝宣中兴，丙、魏有声。——《汉书·丙吉传》

刘邦下面有两个好丞相，萧何和曹参；汉宣帝手下也有两个好丞相，"丙、魏"声望很高，丙是丙吉，魏就是魏相。注意，班固没提汉武帝，因为汉武帝是君强臣弱，他手下十三个丞相，除公孙弘是个出头的外，其他的都不行。所以，汉武帝君臣间谈不上什么配合。

魏相是丙吉前一任的丞相。前面讲霍家上下骄傲盈满，有个家奴跑到魏相的府上大闹，当时魏相是御史大夫，竟然给这个家奴谢罪。那么，这件事是否说明魏相这个人很软弱呢？

不是的，魏相可不软弱。他当时很可能是装的，是想故意渲染一下霍光有多盛气凌人，而自己多么受委屈。

第49回 一代名相的阴阳之道

经过这么一次,他肯定会更恨霍家。为什么说更恨呢?

因为很早之前,他可能就已经恨上霍光了。怎么回事呢?得从头说起。

魏相最早只是在基层做事,因为精通《易经》,被地方作为贤良之士推举上来,经过"对策"(应当是汉昭帝即位不久后霍光主持的),他的成绩比较靠前,就被任命为茂陵县令。

在茂陵县令任上,他干了一件出彩的事儿。有一次,御史大夫桑弘羊的一个手下到茂陵来,把茂陵县丞给抓起来了,说这个县丞怠慢了御史大夫。魏相急忙赶到现场,了解情况之后,断定此人是打着桑弘羊的旗号来挑事的,于是把这个骗子给抓了,先打了一顿!

这个人承认后,便被魏相杀了。

一下子,茂陵就被震住了:咱们这个县令够厉害啊,御史大夫的手下,他说砍就砍了!

全县上下都老实了,大治。

魏相此举虽然得罪了桑弘羊,但赢得了霍光的好感。加上他政绩不错,所以,不久之后他被提拔成了河南郡的太守,为政作风非常刚猛,对于各种违法犯罪严厉打击,对手下的官吏监察管理也都非常严格。

这样干了两年,出事了。丞相车千秋死了。车千秋的儿子本来在魏相手下,负责洛阳武库,官不大,但很重要,比较容易滋生腐败。以前有老爹在上面坐镇,他心里比较踏实。现在老爹死了,他坐不住了,他给魏相留下一封信就跑了,要跑回长安。

魏相赶紧派人追,真追上了,可是怎么劝也不回来。

魏相一跺脚:唉,坏了,霍大将军准得生气。

霍光真就生气了。他听说车千秋的儿子因为怕魏相收拾就弃官而逃,大怒:好你个魏相啊,你这也太势利了。你能当太守,也是我跟丞相提拔的。这会儿丞相刚死,你就要对他儿子下手,这样的人我怎么能用呢?

这时,正好有人控告魏相滥用职权、滥杀无辜。也不知是真的假的,还没搞清呢,霍光就把魏相拿下了,直接关进了大牢。

魏相当然很委屈,可是也无可奈何。

河南郡的老百姓不干了：我们魏太守绝对是好官，他这两年把河南的贪官污吏、黑恶势力都消灭了，我们老百姓的日子一天比一天好，这样的好官怎么能抓起来呢？

当时，河南郡有两千多人正在长安服役，这些人联合起来拦轿喊冤。于是，一大帮人就把霍光堵在半路上：霍大将军！冤枉啊，我们魏太守冤枉。即便他真有一点罪过，我们这两千人也愿意在长安多服役一年来为魏太守赎罪。请立即释放魏太守！

霍光是老政客，什么场面都见过，他说：好，你们放心吧，你们反映的问题我们一定好好研究，好好解决。就这样，他把这帮人给打发了。

魏相照样还是在牢里关着。

河南郡的老百姓一看不行，他们联名上书汉昭帝，请求放了魏太守。

可是汉昭帝说了不算，这事还得是霍光定。霍光仍然是不为所动，生生把魏相关了半年多。赶上大赦天下，魏相这才出狱，到底有罪没罪，还是不清不楚的。不久后，魏相再次被起用，做茂陵县令，而且升任了扬州刺史。

汉武帝划分天下为十三州一部，每个州设一个刺史，负责监察这个州内的官员。当时刺史的级别不如太守高，只有六百石，太守是两千石，但是刺史的权力不小。

魏相还是很严酷的，出手比较狠，查办了不少两千石的官员。

一个朝中的好朋友提醒他：老魏啊，朝廷现在已经很了解你的才能与政绩了，正准备提拔你到更重要的岗位上去呢。这个时候你得慎重啊，多一事不如少一事，不要再露锋芒为好。

魏相一听：有道理，是得柔点了。

果然，魏相柔了不长时间，再次被提拔，又做回了河南太守。

这个提醒他的好朋友是谁啊？正是丙吉。

那么，在这个重新崛起的过程里，魏相是怎样协调与霍光的关系的呢？史书里也没有细讲。估计霍光不认为魏相在恨着他，因为最早魏相通过对策被提拔为县令，进而做到太守，都得说是霍光的提携。

虽然让魏相受了一通牢狱之苦，但之后不久又重新起用了，所以霍光以为这个事就过去了，否则他也不可能提拔一个自己的冤家对头。

霍光有这样的感觉肯定也跟魏相的表现有关。史书没有细写魏相在出狱之后怎样协调跟霍光的关系，不过，我们可以想象一下，魏相当时的表现肯定是柔的，一定不会上门去把霍光骂一通的，很可能是上门磕头谢罪，就像后来他给霍家的家奴鞠躬行礼一样。

魏相身上既有很刚的一面，又有柔的一面，这一点应当与他精通《易经》有关。

公孙弘曾建议汉武帝，能精通一部经典的儒生就可以举荐出来做官。魏相就是因为精通《易经》才走上仕途的。

《易经》讲的就是怎样面对人生中的阴面；怎样做到阴与阳、刚与柔的平衡；怎样顺势而为，趋吉避凶，转祸为福；怎样把握时机等，都是《易经》里最突出的智慧。对此，魏相应当是谙熟于心的，而且是知行合一的。

总之，从魏相这次重新崛起可以看出，魏相绝不是一个简单人物，他肯定是极有政治智慧、极其善于协调各种复杂关系的。

汉宣帝即位之后，魏相被征入朝，做了大司农，随后升任御史大夫。

三年后，霍光去世。这时，作为御史大夫的魏相立即密奏汉宣帝：皇上啊，霍大将军去世了，他这个大将军之位太重要了，不能空着。

毋空大位，以塞争权，所以安社稷绝未萌也。——《汉书·张汤传》

谁接这个位置，是关系社稷安危啊，这个人选必须尽快落实到位，这样才能避免权力争夺，避免出乱子。

微臣认为，车骑将军张安世接任这个大将军最合适。另外，张安世此前担任的光禄勋可以由他儿子张延寿接任。请皇上速速定夺。

魏相这么急切地提这个建议是为什么呢？因为确实事态很紧急。就在霍光死的当天，汉宣帝就封了霍光的儿子霍禹为右将军，跟大将军只差半格了。看样子，汉宣帝下一步就得把大将军之位给霍禹。那样的话魏相就麻烦了，后面的事就很难再收拾了。

而张安世呢，魏相是了解的，张家跟霍家是两码事，对汉宣帝，对刘姓江山，张家有着深厚的感情。张安世作为车骑将军一直是大将军霍光的副手，他接大将军之位也是顺理成章。

如果张安世做了大将军，那他不可能再兼光禄勋。光禄勋也是非常重要的职位，就是以前说的郎中令，汉武帝后期改称光禄勋，相当于皇帝手下的秘书长，负责皇宫的全部事务，包括保卫工作，整个羽林军也都归光禄勋统领。这个职位可以说是攥着皇帝的命，太重要了，不能落在霍家人手里，所以，魏相推荐张安世的儿子接任这个光禄勋。

那么，汉宣帝接到魏相这篇密奏之后怎么做的呢？他并没有照办，他只是把大将军这个职位暂时空着，封张安世为大司马、车骑将军，领尚书事。稍后，又封霍光的侄孙，就是霍去病的孙子霍山为侯，也领尚书事。

这之前霍光就是领尚书事，下面的各种上书都要一式两份，先交到尚书这儿审核。皇上怎么还让霍家人来"领尚书事"呢？

魏相心想：皇上还是没明白我的意思，没意识到霍家问题的严重性，我必须明确地表明我魏相跟他霍家的对立立场了。可是，万一皇上不领情怎么办？或者皇上以为我在试探他怎么办？正所谓"交浅不可言深"，这么大的事该怎么跟皇上说呢？魏相很着急，眉头紧锁……他想到可以通过一个皇上绝对信任的人来讲这番话。

最终，魏相通过汉宣帝的老丈人许广汉再次密奏：皇上啊，《春秋》中孔子对于一些诸侯国的名公巨卿世代专权的情况深恶痛绝。宋国、鲁国都因为这个问题而使国家出现动乱，国君要么被杀，要么被流亡。现在霍家也有这个架势了，霍光摄政专权二十年，他死了，他的儿子、侄子、女婿继续掌握军政大权，后宫里太后、皇后也都是霍家的人，他们进出皇宫一点限制也没有。这太危险了！现在您要再不想办法"损夺其权，破散阴谋"，将来后悔可就来不及了！

汉宣帝呢，虽然说他对这个问题是有意识的，他早考虑到了霍家对皇权的威胁，但是当许广汉这么明明白白地当面说出来时，还是给了他很大的震动：这个……您觉得魏相可靠吗？

第49回 一代名相的阴阳之道

许广汉说：可靠，皇上啊，您放心吧，他的情况，他跟霍家的关系，我都清楚。

汉宣帝问：那么该怎么限制霍家呢？硬来恐怕不行吧？第一步该怎么做呢？

许广汉一挠头，说：这个啊，我再问问魏相吧。

随后，魏相再次通过许广汉密奏汉宣帝说：原来下面的上书都一式两份，先交给领尚书事的官员，霍光也这么做。皇上知道的事他都知道，皇上不知道的事他也都知道。他想让皇上知道什么事，就能让皇上知道什么事；想不让皇上知道什么事，就能让皇上不知道什么事。这就叫"雍蔽"，把皇上蒙在鼓里了。您现在要对付霍家，可是您抓什么牌、打什么牌都让人家看着，所以，这一步必须改革。

汉宣帝于是一下旨，以后的奏折不用一式两份了，直接给朕一份。另外，让魏相任给事中，可随时进宫与朕商议国事。

"给事中"类似皇帝的助理。这也是制度问题，魏相本来已是御史大夫，位列三公，可是他跟皇帝间的交流如果没有这个"给事中"的头衔，似乎还是要走程序，不那么方便直接。

魏相跟汉宣帝的这个君臣搭档大致就支起来了。一年后，魏相升任丞相。又过了一年，就灭了霍家，彻底解决掉了这个可能威胁刘氏江山的大隐患。

魏相一共做了九年丞相。汉宣帝在位二十五年，亲政十九年，也就是说，"孝宣之治"的前半期都是在魏相的辅佐下完成的。

总的来讲，魏相的治理思想是接近于道家的，或者说是儒家里接近道家的那一面。他特别重视《易经》里的一个说法：

天地以顺动，故日月不过，四时不忒；圣王以顺动，故刑罚清而民服。——《易经·豫卦》

主要就是强调一个"顺"字。顺什么呢？首先是顺阴阳。治理天下要顺阴阳、顺四时，顺应自然规律，保持人与天地自然、人与人之间平衡和谐的状态。特别是对于君主，要顺应民心、民意，推行各种政策都要顺，不要拧着劲生推。

《易经》是儒道两家共尊的经典，这种顺的思想也是儒家、道家都强调的，不过，一般道家强调得更多。所以说，魏相的思想接近于道家。

另外，从这个"顺"也可以引申出"因循"的意思，这也是道家思想。魏相的治理也讲究因循，因循汉初的治理思路。

《汉书》说他特别喜欢研究汉初以来的各种记载和文献，包括各种政策、制度、大臣的奏折、皇帝的诏书等，他认为这里面有很多非常好的经验、做法，都可以借鉴过来继续施行。对此，他进行了梳理和总结，包括贾谊、晁错、董仲舒等人的一些没有被施行的政策，也都被融入到他的治理思想中。

他还特别重视民生，说自己作为丞相，很多老百姓仍然"有饥寒之色"，自己实在是"罪当万死"。他跟汉宣帝讲：

> 臣谨案王法必本于农而务积聚，量入制用以备凶灾。——《汉书·魏相传》

这基本是贾谊和汉文帝的思想，重视农业发展，重视财富积累和粮食储备，要量入为出，以防备灾荒之年。他说，《礼记》中讲，国家如果没有储备可供六年开销的粮食和物资，那就很危险……这种饿死人的情况是魏相最为担心、最不能接受的，所以，他要全力以赴发展农业，要储备粮食。

魏相特别关心的另外一个问题是民风。

公元前64年，因为灾荒、分裂而实力大挫的匈奴再起兵端，他们要跟汉朝争夺西域小国车师的控制权。因为车师是农业国，种粮食，匈奴是游牧民族，不种粮食，所以，匈奴跟西域是一种依存关系。当时汉朝已经基本控制了西域，大将郑吉带着七千兵力在车师跟匈奴相持，请求朝廷发兵。

汉宣帝和赵充国等将领都想趁着匈奴比较弱，大举出兵打匈奴。

魏相反对：臣以为，这些年来匈奴有向大汉示好的意思，没有侵扰边塞，有时抓住老百姓也不伤害，都送回来。他们争夺车师并没有触犯咱的核心利

第49回 一代名相的阴阳之道

益，因此大举攻伐有点师出无名。更主要的是，现在老百姓，尤其边塞的老百姓非常贫困，没穿的、没吃的，勉强找些草籽、野菜吃，这怎么去打仗啊？即便打胜了，也可能引发新的祸患，就像古人说的"军旅过后，必有凶年"。

民以其愁苦之气，伤阴阳之和也。——《汉书·魏相传》

因为治理天下要顺阴阳，战争之后死很多人，人民生活更困窘，老百姓悲伤、忧愁、痛苦，这些情绪会影响天地阴阳的和谐，天地间会生出一种戾气，所以就会出现凶年。

今年发生了二百多起儿子杀父亲、弟弟杀哥哥、妻子杀丈夫的案件。这都不是一般的恶性案件，这是民风出了问题，是阴阳出了大问题，这是一种灾异的信号。现在关键矛盾不是外患，而是内忧；不是攘外，而是要安内。

汉宣帝听了这番话，决定向匈奴做点让步。大汉这种示弱的姿态恰恰收获了道家所谓"柔弱胜刚强"的效果。之后，匈奴分裂进一步加剧，最多时有五六个单于，都是自封的，他们互相打，败了的都跑过来向大汉投降。

另外，平定西羌之乱、设立西域都护府，这都是在魏相担任丞相的任内完成的。

总之，魏相绝对是西汉乃至整个中国古代非常了不起的丞相之一。班固所谓的"萧、曹为冠，丙、魏有声"也是后世之公论。

魏相做了九年丞相后死在任上。丙吉继任，做了五年。之后，接丙吉的这个丞相黄霸，也是历史上著名的大臣。黄霸后面是丙吉推荐的于定国。这前后四位丞相都很得力，辅佐着汉宣帝，开创了"孝宣之治"。

第50回

八世封侯的
汉朝第一望族

汉宣帝手下有两大名相——丙吉和魏相，他们君臣携手开创了西汉的中兴盛世，史称"孝宣之治"。

这其中，魏相的功劳尤其大，特别是在汉宣帝灭霍家这个事上他发挥了主要作用。不过魏相毕竟只是个文官，他不掌握军队，而这种层面上的权力争夺，关键还得看谁抓得住军权。所以，在汉宣帝和魏相的背后还有一个掌握军权的关键人物。

这个人是谁呢？就是张安世。

张安世是著名酷吏张汤的次子。当年张汤被三个长史陷害而死，汉武帝很自责：我对不起张汤，我得补偿他一下，提拔他儿子吧。他儿子都干什么呢？

下面人说：回皇上，张汤的大儿子叫张贺，在太子手下做事。还有一个儿子叫张安世，现在是个郎官，喜欢读书，字也写得好。

于是，汉武帝委派张安世管奏折、诏书。张安世这个秘书干得尽心尽力。

精力于职，休沐未尝出。——《汉书·张汤传》

节假日也不休息，天天干，而且他非常有心，读书、学习、工作都很下功夫。

有一次，汉武帝出去视察。他又想起一本书，可就是找不到，张安世正跟着，他问：皇上啊，您找这本书想要看里面哪一段啊？

汉武帝说：有那么两段，我记不清了，大致是……

张安世说：皇上，微臣知道了，您说的这两段微臣也看过，大致记得是这样写的……

说着，张安世便把这两段内容背诵出来了。

汉武帝大悦：你这好记性啊，快给我写下来，我再好好看看。

事后，汉武帝找到了那本书，跟张安世背写下来的那两段一对，一字不差！

汉武帝：好！张汤这儿子真是奇才，升官！升尚书令！

随后，张安世又被升为光禄大夫，是光禄勋的副手，相当于掌管整个皇宫事务的副秘书长。

汉武帝死后，霍光本来是跟上官桀等几个顾命大臣一起辅佐汉昭帝的，随后发生权力斗争，剩下他一个了，那么多机要的政务他一个人忙不过来，得找个帮手。

霍光跟张安世的关系一直都很好，他们都是特别有心、性格相近的人。所以，霍光就把张安世提拔起来了，当自己的副手，做右将军、光禄勋。

汉昭帝去世前，张安世还被封为富平侯。

汉昭帝去世后，废刘贺，立汉宣帝，这些重大事件都是张安世帮着霍光一起做的。废刘贺时，刘贺手下二百多人就是张安世亲自率领羽林骑抓捕的。

汉宣帝即位后，张安世可以说是仅次于霍光的二号人物。所以，霍光去世后，魏相第一时间向汉宣帝建议，让张安世来接霍光的大将军之位，避免霍光的儿子霍禹来接这个位置。

当时，张安世的权力与威望是够这个分量的，这是一方面；另一方面，魏相知道张安世与汉宣帝的关系是非常亲近的。

汉宣帝最大的恩人，除了在死牢里养活了他四五年的丙吉之外，还有一个人，就是张安世的大哥掖庭令张贺。张贺自掏腰包给小病已请老师，教他读书做人，还给他张罗着娶了媳妇。要不是张安世拦着，张贺就直接收他做女婿了。

那么，对此汉宣帝会不会对张安世有点怨恨呢？没有。汉宣帝很理解，因为张安世这样做其实也是在保护当年那个小病已。

若干年后，汉宣帝就曾主动跟张安世提起过这个事情，说：当年你大哥张贺总是捧我、举我，说我多有才能，能封侯，又说我有什么神奇的事儿。可是，每次你都制止，不让你大哥说这些，你这样做非常对！我得谢谢你！

张安世赶紧磕头：谢谢皇上理解啊，皇上圣明。

如果当年小病已早早地就露出了锋芒，可能早就没命了。所以说，虽然表面上是张贺在照管小病已，其实背后一直是有张安世参与的。而且张贺成宦官之前有个儿子，夭折了，他过继了弟弟张安世的小儿子张彭祖。这个张彭祖从小跟小病已一起读书，关系非常好。

汉宣帝即位时，张贺已经去世了，为了报恩，汉宣帝给张彭祖封侯。

总之，张安世跟汉宣帝是非常亲近的。

所以，**魏相推荐张安世接霍光的大将军之位**，汉宣帝立马同意，只是不叫大将军了，叫大司马、车骑将军，领尚书事。随后，又改封张安世为卫将军，统领整个长安城的军队，包括北军。与此同时，他一点点收回霍家的军权。可见，张安世在灭霍家的过程中所起的作用是举足轻重、至为关键的。

可是，灭了霍家之后怎么办呢？张安世当时是有点紧张的，他怕汉宣帝杀红了眼，收不住手，虽然亲近，但他也很紧张。

张安世有个孙女嫁给了霍家的亲戚，被株连也得杀头。他很疼这个孙女，可也不敢找汉宣帝求情，但是心里着急啊，在汉宣帝面前表情便不大自然，欲言又止的样子。

汉宣帝有所察觉，了解后马上传旨，把张安世的孙女赦免释放。

张安世更紧张了，心想：皇上是惯用这招"将欲取之，必先予之"啊！怎么办呢？他只能是更加谨慎小心，更加低调，凡是出头露面、显示自己权势的事，能推出去的就推出去，能躲的就躲，实在躲不了的、必须干的，就越低调越好。

比如，汉宣帝有一些重大的决策要找他商量，商量完了，他就立马请病假。过了些天，这个决策要正式施行了，他假装不知道。

有一次他举荐了一个官员，随后这个官员被汉宣帝正式提拔任用，官员就到张安世家登门致谢，带着货礼什么的。

张安世生气了，把这个官员骂了出去：你谢我干什么？你这置我于何地啊？我作为皇上的重臣，举荐你，是因为你贤良有才能，这是我本该做的事。你走，以后不许再来我家！

还有一次，有个官员登门也是带着货礼：张大人啊，您是了解我的，我这人不是那种跑官、要官的人啊，我只知道工作。可是呢，我这么多年成绩也可以啊，为什么一直就原地踏步呢？您还是关照一下吧！

张安世也是生气了：你这些年是有一些成绩，这个我清楚。你作为一名中层官员，受了这么多年儒家经典的教育，一点操守也没有吗？踏踏实实工作吧，怎么还自己来邀功呢？就冲你这行为，你也别想被提拔了，拿上你的东西走，以后再也不许登我的门！

于是，这人灰头土脸拎着货礼就回去了。一晃半年过去了，他还是原地踏步，但之后很快就升官了。应当还是张安世帮他说话了，不过，张安世做得尽量不着痕迹，这就叫：

匿名迹远权势。——《汉书·张汤传》

隐藏名声，疏远权势。

另外，《汉书》里还讲了两个张安世为人处世的特点，一个是：

隐人过失。——《汉书·张汤传》

手下人要是犯了什么错，他不但不追究，还都尽量帮着掩饰。

他当光禄勋时，手下有个郎官喝醉了酒，在宫殿里撒尿，被人逮住了，押到了张安世面前：大人啊，您看是砍头还是发配，还是治什么罪？

张安世说：打住！你有什么证据啊？

逮人的这位被问愣了：大人啊，您可以去看看，那一片还湿着呢！

张安世说：湿着怎么了，那就不能是他洒的水吗？这点事儿至于这么小题大做吗？这事过去了，谁也不许再提了！那谁，以后多注意点，扣你一周工资，下去吧！

张安世的另一个特点是"勤俭持家"。张安世特别能过日子，他虽然位极人臣，是万户侯，有上万户人家给他交租子，可是他特别节俭，平常穿的衣服虽然也是丝绸，但是那种最粗糙的绸子。他夫人也是很尊贵的，可是她每天亲自纺纱织布。闺女、儿媳妇、用人更是这样做。

> 家童七百人，皆有手技作事，内治产业，累积纤微。——《汉书·张汤传》

他家简直就是一个家族企业，七百多个家人、童仆都有分工，都有赚钱的手艺，一点点经营，一点点积累，这使得他们家实际的家财比霍光家都多。

可是，他一点都不露富。对于权力，张安世也不贪恋，主动把儿子调出权力中心，调到一个不起眼的郡做太守。自己也向汉宣帝递交辞呈：皇上啊，我老了，身体也不好，干不了了，这个卫将军的印绶，还有富平侯侯爵，您都收回吧，让我退休回家吧！

汉宣帝极力挽留：我还倚仗您给我坐镇呢，不能退！

汉宣帝自始至终都不忘张家的旧恩与新情，并没有把张安世作为威胁。

最终，公元前 62 年，张安世病逝，得以善终。张安世死后，谥号是敬侯。

他可不是一般的善终，张安世后面的子孙太兴旺了，从汉宣帝、汉元帝，直到东汉班固写《汉书》的时候，张家都是高官望族，出了十几个高官，还不是两千石以上的，他家都是中朝官，都是皇帝的亲信嫡系，这才叫权贵、显贵。

后面即便经历了王莽篡汉，王莽当皇帝的那十多年里，张家仍然是有侯爵封邑的，还是富平侯。当时，继承侯爵的是张安世的第五世孙张纯。

张纯修养极高，而且酷爱读书学习，对于西汉的各种典章制度、政策法令都了如指掌，很有张安世的遗风。

王莽覆灭之后，张纯又深得东汉光武帝刘秀的尊宠，官至大司空，改封武始侯。

张纯的儿子张奋继承侯爵，后来也做到了司空。直到张奋的孙子张吉，因无子不能再继承封爵，这才算结束，总共八代，代代为侯，传了二百多年。

类似地，金日磾的子孙也很强，《汉书》上说：

> 功臣之世，唯有金氏、张氏，亲近宠贵，比于外戚。——《汉书·张汤传》

在所有功臣的后代里，金日磾、张安世的后代最得皇室宠信，跟外戚的地位差不多。

实际上，金家比张家还是差不少的。金日磾直系的子孙并没有传下来，是他兄弟的子孙比较强。

对于张家如此兴盛这个特殊现象，班固在《汉书·张汤传》的最后也做了分析。首先他讲了一个传闻，说张安世的祖上其实跟张良是一家的。这么光彩的身世背景，司马迁在写《酷吏列传》时竟只字未提，为什么呢？很可能是司马迁对张汤有什么成见，所以评价张汤：

> 汤为人多诈，舞智以御人。——《史记·酷吏列传》

为人狡诈，玩弄巧智以驾驭他人。

其实这话也未必客观。班固认为：虽然张汤是个酷吏，用法严酷，给很多人定了死罪，但是他能举荐贤才，也做了很多好事。最后是被人陷害而死，他的子孙兴旺，很可能是冥冥中对他这种结局的一种补偿。

他的两个儿子都太好了，对于家族传承做出了重要的贡献。班固这样评价：

> 安世履道，满而不溢。贺之阴德，亦有助云。——《汉书·张汤传》

张安世极富为官为人的智慧，一辈子小心谨慎，一点儿差错闪失都没出过，虽然位高权重，就像一盆水，非常满，但他能一直保持着一点也不溢出来。张贺则不忘旧主之恩，无私地关照抚育小病已，这也给张家子孙积下了阴德。

再补充两点，其实也都是班固《汉书》里讲的，两段小故事，两个家风关键词：

一个是谦俭，即谦逊、节俭。

张安世的重孙叫张临。张临和他的父祖辈一样谦逊、节俭，时刻以桑弘羊、霍光家的教训为戒。他死时把自己大部分财产都分给亲友，"薄葬不起坟"。

另一个关键词是好学。不一定读书才是好学，凡事走心就是好学。

有一次，霍光派大将范明友出兵打乌桓，他儿子霍禹和张安世的儿子张千秋都跟着，出去历练一下。

打完仗回来后，霍光把儿子霍禹叫到跟前：你给我说说，这次战役都怎么个情况？都用的什么战略战术？怎样的山川形势？

霍禹一问三不知，再问张安世的儿子张千秋，张千秋对答如流，还在地上画出各种示意图，要多详细有多详细。霍光当时就大发感慨：

霍氏世衰，张氏兴矣！——《汉书·张汤传》

第51回

颍川之治

汉宣帝在位的二十多年间，名臣辈出：

是故汉世良吏，于是为盛，称中兴焉！——《汉书·循吏传》

跟汉武帝时期不一样，汉武帝时期也出了很多有名的大臣，像苏武、董仲舒、张汤、主父偃、汲黯、公孙弘、桑弘羊等，这些文官有个特点，就是他们几乎都不是地方官，至少不是因为做地方官而出名。

而汉宣帝的"汉世良吏，于是为盛"主要是针对地方官讲的。整个汉朝，论地方官的政绩、执政能力，汉宣帝时期是最强的。

这也是所谓"孝宣之治"达到西汉经济社会发展顶峰的一个关键原因，地方管理很强、很有成效。在这中间，地方长官，特别是郡的长官，也就是太守，发挥着关键作用。

汉宣帝非常重视太守的选拔和任用，他认为：太守是吏治的根本，也是治理百姓的根本。

凡是任命哪个人去一个地方做太守，汉宣帝都亲自召见：你要去上任了，你先说说你打算怎么治理那个郡啊？

这个新任太守便说一通：皇上啊，我是这么个思路……

汉宣帝说：好，都给他记下来，年底考核时就按他说的这个一条一条对，看看到底开展得怎么样、落实得怎么样。

随后，真到考核了，考核成绩好的，就通报表扬，涨薪水、赐奖金，还封爵，优先提拔。这已经是比较现代的干部管理制度了。

还有一点是，地方行政长官在一个地方的任期一般比较长。

汉宣帝认为：太守也好，县令也好，如果干不了一两年就调走，那这个地方的吏治就总是不稳定，对一个地方的持续发展肯定是不利的。

汉宣帝不但对这一点看得很清楚，而且他还有更高的着眼点，他着眼于教化，希望一个官员能够较长时间地扎根于某地，树立起个人的权威，从而推行教化。

当然，教化的前提是法治，是维护社会公平，保护百姓权益。汉宣帝认为：

庶民所以安其田里而亡叹息愁恨之心者，政平讼理也。——《汉书·循吏传》

要想让老百姓能安居乐业、心情舒畅，有幸福感、获得感，就必须维护社会公平、正义，要有公正透明的法治环境，司法诉讼能得到公平的审理。在此基础上，再去推行教化。

这叫儒法兼用，这是汉宣帝治理天下的一个大方针。那么具体到地方治理，地方官们是怎样操作的呢？可以看一下当时的一个大郡——颍川郡的治理。

汉宣帝时期，颍川郡前后有三任太守都非常著名。

头一位叫赵广汉。赵广汉是从基层干起来的，做过县令，政绩很好，一步步被提拔成"守京兆尹"，大致就是代理首都市长。

他上任不久，就赶上了汉昭帝驾崩。当时赵广汉手下有一个豪吏叫杜建，就是那种黑白两道通吃的地头蛇式的官吏。

杜建负责汉昭帝陵墓的修建工作。这是大工程，他是个豪吏，所以很自然地中间就有钱权交易。

赵广汉知道后，立即派人找杜建谈话：杜建，你不能再那么做了，你得到了什么好处赶紧上交，我就不再追查了。

杜建不以为然，还不收手。赵广汉大怒，派人把杜建给抓了，要秋后

第51回 颍川之治

问斩。

这一下长安的黑白两道可炸开了锅，好多达官贵人、皇亲国戚都来找赵广汉，有施压的，有说情的。赵广汉不为所动：我就不信没有王法了，我要是办不了这么一个恶吏，我这守京兆尹就不干了！

杜建这边呢？既然白道上的不管用，黑道上便有人放出话来——要劫法场，把杜建抢出去！

赵广汉一听这个，乐了：查清楚，都有谁，干什么的，住哪儿。他们真敢来劫法场，本官就把他们全灭了！

真到行刑的日子，赵广汉只打发了几个衙役、刽子手去办理此事。别说劫法场，连收尸都没人敢来。就凭这一手，赵广汉在长安官场和百姓中间便有了口碑。

汉宣帝即位，赵广汉升任颍川太守。

怎么代理首都市长去做太守还是升任呢？古今官制不同，赵广汉虽然是守京兆尹，但他可能还是"比两千石"，有点低职高配。颍川太守是"两千石"，上面还有"中两千石"。两千石分三级，比两千石最低，中两千石最高，一般九卿是中两千石。再上面的三公是"万石"。

赵广汉到了颍川之后，发现颍川这个地方不好管。它不像长安，长安虽然说有很多皇亲国戚、达官贵人惹不起，但毕竟是天子脚下，方方面面都治理得比较规范。

颍川呢，长期缺乏像样的治理，方方面面都很乱，很多民间的事务都被当地一些豪门大族控制。其中最厉害的是原家和褚家，户门大，人多有钱，有实业，黑白两道都有出头露脸的人物，到处都是他们的关系，原来的太守根本管不了他们，甚至都被他们架空了。这两家的人做了不少坏事，也没人管，逍遥法外。老百姓敢怒不敢言。

而且这些豪门大族之间还互相通婚，这样一来，强强联合，这势力就更强了，盘根错节的。

面对颍川的这种局面，初来乍到的赵广汉研究、琢磨，发现这些豪族大姓虽然在同姓、亲缘、血缘、姻亲之间形成一种利益集团，但也不是铁板一块，也会分裂，也有竞争、博弈。

于是，他就想办法搞分裂，激起颍川这些大家族之间的矛盾。他先是单点突破，比如盯住原家的一个人，狠狠地查，查出很多问题来。这时，赵广汉先不抓这个人，而是私底下把这人叫来：你这些罪证都在这儿呢，我告诉你，你现在还有一条活路，你只要检举揭发褚家×××的罪行我就算你立功，就放了你。你放心，我会给你保密的。

原家这人揭发后，他再严查那个褚家的人，从重从严，一查到底。与此同时，他还让手下人放出口风，说赵太守之所以盯着褚家这个人，都是原家人背后检举的。于是，这些豪门之间就开始互掐。

赵广汉觉得还差点劲儿，就又想了一个办法：

又教吏为缿筒。——《汉书·赵广汉传》

这下子，普通老百姓也都参与进来了，匿名举报。

赵广汉来颍川不到一年，当地的豪门望族就四分五裂，都成冤家对头了。赵广汉再要查办谁，便没有什么阻力了。

最终，他把原家、褚家几个罪大恶极的头子都斩了，整个颍川郡太平了。

他的那些缿筒则继续发挥作用，很多坏人、盗贼因为老百姓能及时检举、揭发，也都无处遁形，全被抓了，没人敢作案了，颍川郡基本上实现了法治。

这也给赵广汉赢得了很大的名声，威名远播匈奴。

不久后，他被调回长安，做了正式的京兆尹。

赵广汉卸任颍川太守之后，他的继任者叫韩延寿。韩延寿的父亲叫韩义，当年在燕王刘旦手下，刘旦想争皇位，韩义坚决反对而触怒了刘旦，被杀。这叫"文死谏"，很了不起。

当魏相作为贤良文学之士被举荐上来，对策的时候他提到了这个事，认为朝廷应当大力表彰韩义，让所有官员和士人阶层都向韩义学习。怎么表彰呢？

第51回 颍川之治

> *宜显赏其子，以示天下，明为人臣之义。*——《汉书·韩延寿传》

朝廷应当直接重赏韩义的儿子，以此向天下人昭明做人臣的道理。这样最实际，最能收到激励人心的效果。

当时霍光很认同，于是，韩延寿从一个最基层的小官员被提拔到朝廷做谏大夫，又被提拔成了淮阳太守，之后调任颍川太守。

韩延寿到了颍川一看：这个地方有问题，虽然说治安不错，但是民风不行。这个地方的人怎么那么爱告状呢？一件小事就闹上公堂，低头不见、抬头见的都成冤家对头了，家家都一脑门子官司，说起来都是一肚子怨气。

一问手下人才知道，以前也不是这样的，这都是赵广汉治理颍川留下的后遗症。赵广汉光考虑推行法治了，让人们互相告发，但他没太考虑老百姓的感受。于是，韩延寿改弦更张。

> *延寿欲更改之，教以礼让。*——《汉书·韩延寿传》

赵广汉法治的那一套不用再强化了，得推行教化了。韩延寿要教老百姓"礼让"，也就是文明守礼、恭敬谦让。这是典型的儒家思想。

可是，怎么推行教化呢？

法治用的是国家机器，是强制执行的，老百姓不敢不听。教化很虚，老百姓会遵从吗？

韩延寿一琢磨，派人去把颍川各地德高望重的老前辈们找来，每个县找两个代表。韩延寿亲自招待，一个一个地座谈。

韩延寿说：说说你们当地的风土人情、风俗习惯吧，老百姓现在有什么难事都说说。

代表们一个一个地都说完了。

韩延寿说：好，大家都说完了。对于经济发展的问题，这个不用我多说，政府尽量少收租税、少干预，老百姓只要克勤克俭，日子肯定会越来越好的。我想多说两句的是怎样改善民风，让人们不论是在村庄里还是在县城里，都能彼此和睦、友善、守望相助，而不会有那么多的仇怨或者冷漠。即便遇到一些问题、出现一些矛盾，我也希望通过乡规民俗协调解决。

韩延寿把他推行教化的想法说了一通，包括很多具体的风俗礼仪，都依据儒家经典里的描述做了规定说明。

代表们听完都很拥护，积极落实，随后，韩延寿的这场教化民众的运动便在颍川慢慢铺开了。具体他都怎么做的呢？《汉书》里讲到几点，其中最让我眼前一亮的是头一条：

令文学校官诸生皮弁执俎豆，为吏民行丧嫁娶礼。百姓遵用其教，卖偶车马下里伪物者，弃之市道。——《汉书·韩延寿传》

这段话太重要了，在中国文化史上的意义太大了！为什么这么说呢？

"文学"就是文学贤良之士，大致就是地方上的儒家学者，应当是享有政府津贴的，也算是官员待遇。"校官"，大致就是管理地方文化教育的人。汉武帝"罢黜百家，独尊儒术"，以儒家思想取代黄老道家作为主导的治国思想。在这个过程中，公孙弘等儒家出身的大臣大力推行教育，在各个郡县和诸侯国都建立学校，都有专门负责的官员，也就是"校官"。

"诸生"包括文学贤良之士、校官，还有优秀的儒生。命令以上这些人干什么呢？

"皮弁执俎豆"，戴上皮弁——正式的礼帽，拿上俎豆——礼器，这是一身参加儒家正式仪式的行头，到民间去，到群众中去。

"为吏民行丧嫁娶礼"，按照儒家经典里的规范，去教老百姓举行葬礼、婚礼。

"百姓遵其教"，老百姓都很欢迎：好，这都是古礼啊，最正规了。以前我们不懂，葬礼都用泥塑的偶车、偶马，看来不符合古礼。

由此，卖这些东西的商家都卖不出去了，干脆就扔街上不要了。

为什么说这在中国文化史上有很重要的意义呢？因为这是儒家思想在中国底层民众中的推行。在葬礼和婚礼上，除了仪式，更多的是要对生死做出一种

第51回 颍川之治

解释，要阐述出一套人生观、世界观、价值观来让人信仰，这是教化的根本，是一整套的信仰体系。

除对民众葬礼、婚礼的介入外，他还表彰道德模范、建设学校，组织"乡射礼"等传统节日活动，建立文艺团体，陶冶老百姓的情操，推行各种文明礼仪。另外，他还组织老百姓开展都试。

都试讲武，设斧钺旌旗，习射御之事。——《汉书·韩延寿传》

都试，是当时的一项制度，各郡每年都要搞一次大型军事演习。好多地方不过是走个形式，韩延寿则正规其事，都按着古代经典上相关的说法进行。

这里还要讲一个关于教化民众的关键问题，就是韩延寿作为太守对自己有怎样的要求，怎样以个人的魅力去感化、感召民众。

《汉书》里讲了两个小故事，其中一个是说韩延寿对手下的官员都非常关照，不论是在工作上还是在生活上。同时，他对手下的要求也很严格：大家有什么事需要我帮助的，我绝对全力以赴，我希望你们对工作也要全力以赴，能干什么，不能干什么，千万不能含糊。

偏偏有一个韩延寿特别器重的手下背着他贪污、渎职，有人就告到了韩延寿这儿。

韩延寿非常惊讶，也非常难过，想跟他当面谈谈。

那个手下感觉没脸再来面对韩延寿，竟然拔刀自杀了。

还有一次，韩延寿到下面一个县里视察，亲自审案。正赶上一对亲兄弟来打官司：太守啊，我哥多占了我二亩地，他太过分了。哥哥说：明明是你侵占了我的地，你才过分呢！兄弟两人在公堂之上连吵带骂。

韩延寿长叹一声：我天天喊着教化民众，结果亲兄弟为了二亩地来对簿公堂，我这不是白推行教化了吗？退堂！

韩延寿气呼呼地回到住处：别给我送饭了，我不吃了，我要闭门思过！

弄得这个县长都慌了，守在门外不知所措。

最后，这两兄弟负荆请罪：太守大人啊，我们知道错了，我们和好了，不告状了，您快吃饭吧。

韩延寿这才出来，宴请两兄弟：这就对了，世上还有谁比兄弟更亲啊？打断骨头连着筋，兄弟亲情、传统的家族观念一定要好好维护。家庭和谐了，国家不就和谐了吗？

这样，前有赵广汉的法治，后有韩延寿的教化，颍川的治理大致就贯彻了汉宣帝儒法兼用的思路，从而得到了很好的发展。

几年之后，韩延寿调任东郡太守，接他颍川太守之位的就是黄霸。

黄霸靠着韩延寿打下的底子，再接再厉，继续实行以儒家教化为主、以法治为辅的治理模式，使颍川的社会经济文化发展达到了顶峰。他被汉宣帝提拔做了丞相。

第52回

循吏列传

颍川之治中，颍川郡先后有三任太守，先是赵广汉的法治，再是韩延寿的教化，然后是黄霸。黄霸的故事是写在《汉书·循吏传》里的。

前面讲过《酷吏列传》，是照着《史记》讲的，里面的人物都是汉景帝、汉武帝时的著名酷吏。《史记》里也有《循吏列传》，是与《酷吏列传》对应的。在《循吏列传》里，司马迁说：

奉职循理，亦可以为治，何必威严哉？——《史记·循吏列传》

不一定非要像酷吏那样，用特别严酷的手段才能治理好一个地方。凡事都依照法律，依照风俗常理，照样可以做一个好官，可以把工作做得很好。这样的好官就叫循吏。

《汉书》对于怎样才算是循吏讲得更详细，有这么两句话：

谨身帅先，居以廉平，不至于严，而民从化。——《汉书·循吏传》
所居民富，所去见思，生有荣号，死见奉祀。——《汉书·循吏传》

合在一起，大致就是说：循吏都得有很好的个人操守，清廉、公道，能成为众人的榜样；在治理上都是重礼乐教化，而不是重严刑峻法的；更关键的是能富民，能让老百姓吃得饱、穿得暖，过上好日子，这一条最重要。

这几条都有了，肯定深受老百姓爱戴，哪天离任了老百姓也会怀念他。另外还得是善终，死后还能得到官方和民间的褒扬，这才算循吏。

第 52 回 循吏列传

例如韩延寿，前面几条他都占了，有操守、重教化、能富民，但是最后他犯了死罪，被汉宣帝杀了，晚节有问题了，这也不能算是循吏，也进不了《循吏传》。

所以，历代的官员，最终能列入《循吏传》的是非常不容易的。西汉以来那么多的官员，竟然没有一个入司马迁眼的，最终入选的五位循吏都是春秋时期的。这应当也是一种春秋笔法，寄寓着司马迁的褒贬、讽刺和批判。

那么，司马迁选的这五位循吏都有谁呢？分别是楚国令尹（相国）孙叔敖、郑国相国子产、鲁国相国公仪休，还有一个叫石奢，一个叫李离。

班固《汉书》里的《循吏传》写得则比较详细，他是有意识地要梳理总结出循吏们的治理经验。他主要讲了六位西汉循吏。

头一位是文翁。

文翁于汉景帝末期、汉武帝初期在蜀郡做太守，他的治理经验主要是兴办教育，选派子弟到长安跟着博士们学习进修，还兴建学校。班固说：

> 至今巴蜀好文雅，文翁之化也。——《汉书·循吏传》

到东汉时，巴蜀地区的文化水平、文化气息都是全国靠前的，这得益于文翁在这方面做出的贡献。

第二位西汉循吏叫王成。

王成做胶东国的丞相，跟太守的级别、职权都差不多，他的政绩很好，被汉宣帝公开表扬，赐爵关内侯，升为中两千石，眼看着就要位列九卿了。这个封赏刚下来，王成却死了。

随后，胶东国"上计"，就是年终到长安做工作总结汇报。汉宣帝便让人借这个机会好好地跟胶东国来上计的官员座谈，总结一下前胶东相王成的治理经验。谁想到这个官员说王成的那些所谓政绩都是虚报的，比实际增加了好多，为的就是骗取封赏。

第四位循吏叫朱邑。朱邑做过北海太守。

> 以治行第一入为大司农。——《汉书·循吏传》

政绩考核时他是天下第一，被升为大司农，位列九卿。

朱邑为人淳厚，生活节俭，工资俸禄都拿出去接济亲友乡党了，家无余财。他有个朋友叫张敞，也是汉宣帝时期的名臣，建议朱邑多为朝廷举荐贤才。朱邑从善如流，举荐了很多人，被人称道。不过，朱邑最打动人的一个故事是他临死时嘱咐儿子，要把自己葬在一个叫桐乡的小地方，这是一个小乡镇，他最早做过这里的乡长，深受当地人的爱戴。

他跟儿子说：我相信，我的后辈儿孙给我祭祀扫墓肯定不如桐乡百姓更尽心。

于是，他儿子就把他葬在桐乡了。果然，桐乡百姓给朱邑修缮坟墓、建立祭祠，到东汉的时候依然香火不绝。

《汉书·循吏传》中的第五位，他叫龚遂。

龚遂最早是昌邑王刘贺的郎中令。刘贺当了二十七天皇帝就被废掉了，同时他的整个班底，手下二百多个官员都被霍光、张安世杀了。龚遂因为此前对刘贺的无道行径多次规劝被免了死罪，但剃了光头，罚作筑城的劳役。

当时龚遂已经很大年纪了，估计也没真去筑城，最多做几天样子就保释回家养老了。

汉宣帝亲政之后，特别重视吏治，连选派郡国守相都亲自督办。

当时勃海郡闹饥荒，人们都没饭吃，于是盗贼并起，朝廷先后派了两三任太守来都无法平息。

这时就有人推荐了龚遂，说他绝对是个能人，相当有水平。

汉宣帝立即召见，但走跟前一看，他直皱眉：七十来岁，个头不高，还佝偻着腰，白发苍苍的，一点儿精气神也没有，这人行吗？不过既然来了，那就聊聊吧。

汉宣帝问：勃海郡现在遍地土匪，形势逼人，你打算怎么去平息他们啊？

龚遂表情淡定：皇上莫急，对于这些所谓的土匪，老臣是这样看的，他们只不过是一些普通百姓，被饥寒所迫，当地官员也没有给他们什么救助，他们就闹起来了。这其实不算是造反，最多就像您的小儿子，小孩儿淘气，跟您闹着玩，偷了您的几件兵器到池塘边上耍弄一通……

龚遂这话讲得可太绝了，他既引导着汉宣帝生发爱民之心，又像在说当年汉宣帝的爷爷太子刘据跟汉武帝之间的那些事儿。

龚遂继续讲：对于勃海郡的这些乱民，您是希望老臣用暴力手段去战胜他们，还是希望老臣去安抚他们啊？

汉宣帝说：当然是安抚啊，对待百姓得有父母之心。

龚遂笑了：皇上圣明，皇上仁厚，真是黎民之福啊！既然用安抚，那您就不能着急。治理乱民就像解一团乱毛线绳，不能着急，得一个一个来，一着急、一使劲儿，那就更没法解了。另外，皇上，微臣还得求您一件事，您能不能跟丞相、御史说一下，他们不是监察百官吗，他们监察到我这儿的时候，能不能别拿那些管理条例的条条框框来约束微臣，让微臣怎么方便、怎么管用就怎么来。

无拘臣以文法，得一切便宜从事。——《汉书·循吏传》

汉宣帝立即批准：好！准了。你就放手干吧！

汉宣帝也没什么顾虑了：真是人不可貌相，这老头太有思路了，见识高明。

随后，龚遂赴任。勃海郡这边的官员听说新太守来了，赶紧调集地方军队来迎接。

龚遂眼一瞪：来这么多人干什么？

迎接的官员说：太守啊，人少了我们怕不安全，这边土匪太厉害了，别伤着您。

龚遂摇摇头：你们甭担心我，都回去吧，我嫌人多闹腾。另外，马上发布安民告示，就说新来的太守说了，所有闹事的一概既往不咎，特别是手里只拿着个锄头、镰刀的，那都是良民。官府要打击的是那些拿着刀、弓箭等正经武器的，那才是土匪，才是盗贼，不过这些人只要放下武器，咱也概不追究。

龚遂独自一人平安到了治所上任。勃海郡的动乱也很快平息了。

接下来，龚遂怎么施政呢？他发现勃海郡这块属于齐国北部，民风比较浮华，老百姓都对种地不太认可。于是龚遂亲自示范带动，勤俭务农，发展农业，卓有成效。虽然盐碱地的产量低，但品质高，这里的很多农产品味道都比别的地方要好，农业的发展空间也很大。

在龚遂的治理下，勃海郡变得政通人和，老百姓安居乐业。随后，汉宣帝征调龚遂回朝。

龚遂手下有个小官叫王生，他说：龚太守啊，您把我带上吧，我给您打下手。

有个副太守提醒说：您可千万别带上他，他这人太好喝酒，别让他给您耽误了正事。

龚遂不好意思驳王生的面，就把王生带上了。

一路上，王生抱着个酒葫芦，没事儿就喝两口，哪里是给龚遂打下手，差一点就得让龚遂伺候他了。龚遂也不在意。

到了长安，龚遂把官服、官帽整理一番要进宫觐见皇上了。

这时，这个王生醉醺醺地说：龚……龚太守啊，一会儿见了皇上，皇上肯定得问……问您都是怎么治……治理勃海郡的，怎么治理得这么好呢？您怎么说啊？

龚遂说：我就照实说，我怎么发安民告示、怎么发展农业、怎么选贤任能等。

王生说：错……错了！您听我的，您得这样说：

非臣之力，尽陛下神灵威武所变化也。——《史记·滑稽列传》

龚遂大笑：好！就这么说。

结果跟汉宣帝见了面，汉宣帝真就问：龚爱卿啊，把勃海郡治理得这么好，您都怎么做的啊？

龚遂答：皇上啊，我有什么能耐啊，勃海郡能治理好，还不全靠您的神灵

第 52 回 循吏列传

威武变好的吗？

汉宣帝龙颜大悦，笑了半天：我怎么听着这不像您的说话风格呢？

龚遂也不隐瞒：皇上圣明，这都是老臣手下的王生教的。

汉宣帝很高兴：好，是个人才，把他也留在京师吧！封您为水衡都尉，这可是个肥差，管铸钱的，您就在这个职位上养老吧，让那个王生给您做副手，做水衡丞。

其实《史记·滑稽列传》里也讲了这个故事，不同的是说成汉武帝时期的故事了。

对于这位王生的表现，《史记》用了一句老子的话来称赞：

美言可以市，尊行可以加人。君子相送以言，小人相送以财。——《史记·滑稽列传》

漂亮的言辞可以换取财宝，高尚的行为能赢得尊重。关键时刻高人送给你一句话，那是比多少钱财都宝贵的。

《汉书·循吏传》讲的第六位循吏叫召（shào）信臣。

召信臣的治理经验主要就是富民。他通过兴修水利，大力提高农田产量，让老百姓过上了富裕的生活。这是抓住了为政的根本。

召信臣后来也是位列九卿，也给皇上提过不少好的建议，其中有一条很具有科技方面的价值，说：

太官园种冬生葱韭菜茹，覆以屋庑，昼夜燃蕴火，待温气乃生。信臣以为此皆不时之物，有伤于人，不宜以奉供养。——《汉书·循吏传》

汉代宫廷，太官冬天在园子里种植葱、韭等这些原本春天才有的蔬菜，用廊屋遮盖，从早到晚点着蕴火，用暖气使蔬菜生长。

这可能是人类关于冬季温室蔬菜种植的最早记载，大致是公元前 33 年汉元帝时期的事，在这方面就已经有很成熟的技术了。

但召信臣认为，这种反季种植出来的蔬菜对健康不利，建议皇上不要再种了。

《汉书·循吏传》中的第三位就是黄霸。《汉书·循吏传》写他的文字占了将近一半的篇幅，可以说黄霸是西汉第一循吏。

那么，他都是怎么干的呢？

第53回

西汉
第一循吏

黄霸是整个西汉循吏的第一人。

可是，仔细一看他的经历，还是挺让人大跌眼镜的。首先他的官是买来的。他本来是阳夏的人，在今天河南太康县，在这里出生长大。

他们家属于豪杰，有钱有势，后来被强制搬到了长安的云陵。云陵本是钩弋夫人的陵墓，逐渐发展成一个小城邑。

黄霸"入钱赏官"，就是买了个官。

张释之、司马相如都是"以赀为郎"，出钱换个郎官，这叫"赀选制度"，是合法公开的官员选拔制度。汉文帝、汉景帝时都颁布过"卖爵令"。汉武帝打匈奴，国库的钱都花光了，更是放开了卖爵位。

这种制度下产生的官员，也出了不少很厉害的，黄霸就是其中的杰出代表。

黄霸买官还不是买了一次，他第一次买官后不长时间，他的一个兄弟犯罪，他被连累了，官也丢了。他不死心，再次给下面一个沈黎郡捐了一大批粮食，这次直接就换得了左冯翊一个两百石的小官。

黄霸花这么大的本钱买官，当上官之后会不会变本加厉地捞回来呢？没有！他比谁都清廉。

有的人当官就为了发财，黄霸不是这样的，当官对他来说是人生志向。《汉书》说他跟张汤有点像，从小就学法律法规，就想着长大后为官从政。

为人明察内敏，又习文法，然温良有让，足知，善御众。——《汉书·循吏传》

第53回 西汉第一循吏

他善于观察而且思维敏捷，又通晓法律条文，温和善良又能谦让，足智多谋，善于治理民众。

综合在一块，这个黄霸就是一个当官的料儿。第二次买官之后他便一路高升，做到了河南太守丞，相当于河南郡的副太守，而且官声甚佳。

当时大多数官吏都还是沿袭汉武帝时期的酷吏做派，谁对老百姓更严酷，谁就更露脸。

黄霸不这样，他的治理比较宽厚温和，讲究的是：

当于法，合人心。——《汉书·循吏传》

不论处理什么事、解决什么问题，都是既符合法规政策，又顺应民情民心。

这样的作风使他比较突出，容易形成自己的声誉。连还在长安民间的小汉宣帝刘病已都听说他了。

汉宣帝即位之后，虽然大事还是霍光说了算，但他还是有一些权力的，他就把黄霸调回了朝廷，先在廷尉干，随后又任命为丞相长史。

就在这时出问题了，黄霸犯事了，他被一个叫夏侯胜的大臣连累了，关进了死牢。

这位夏侯胜是个大儒，他叔叔就是个大儒，很得汉武帝的欣赏。夏侯胜的父亲去世早，他从小就跟着这位大儒叔叔学，学儒家的经典，后来又转益多师，学问便更厉害了，尤其对于灾异很有研究。

夏侯胜就被征辟入朝，做了博士、光禄大夫。

夏侯胜刚到任不久，汉昭帝就死了，昌邑王刘贺继位。

有一次，刘贺坐车出宫，突然听到车队前面人声嘈杂。下面人赶紧过来说：皇上，前面有个白胡子老博士挡住了路，说有急事要跟您说。

刘贺说：好吧，让他过来。

这个老博士正是夏侯胜，他扑通跪倒：皇上，您不能出宫啊！

刘贺问：我为什么不能出宫啊？

夏侯胜说：皇上啊，因为有灾异。微臣是研究灾异现象的，现在有个情况我得告诉您。

刘贺问：噢，什么灾异？

夏侯胜说：皇上，您看看长安这天气，这么些天，天天阴沉着，可就是不下雨，这就是灾异。这个灾异预示着下面有大臣要谋害君上。您现在出宫，那个奸臣不正好动手吗？

刘贺立马生气了：这不扫我兴吗？来人，把这老头抓起来，交给霍大将军发落。

下面人便把夏侯胜押到了霍光面前。

霍光很紧张：我这刚有心要废刘贺就有说这个的了，难道有人泄露了消息不成？他派人去把车骑将军张安世请过来。

张安世来了后，霍光把身边人都支开，质问：你怎么泄露了这个事？我可只跟你一个人说过。

张安世又是诅咒又是发誓地解释了一通：大将军啊，您还不了解我吗，我怎么可能说出去啊？要不提审一下那个老博士，听听他怎么说。

于是，他俩把夏侯胜叫来问话。

夏侯胜说：我不是妖言惑众，我是有经典上的依据的。

《洪范传》曰：皇之不极，厥罚常阴，时则下人有伐上者。——《汉书·夏侯胜传》

这话明明白白的就是这个意思啊，天人感应，当今皇上是新帝即位，天久阴不雨，正是有下臣要谋害君上的预兆。

霍光、张安世暗暗惊叹：这老头真有学问啊，儒家的这些经典真了不起。看来这也是天意，我们顺从天意吧！

随后，他俩就废掉了刘贺，并且提拔夏侯胜做了上官太后的老师。

汉宣帝即位，虽然他还主不了大事，但有些务虚的事还是可以做的，霍光也支持，这样看上去颇有君臣之分。

汉宣帝提了一件事，认为曾祖父汉武帝的"庙乐未称"，也就是他的庙中还没有与他的功绩相称的音乐。于是，汉宣帝下了一道《议武帝庙乐诏》，并请大臣们来商量。

大臣们都随声附和：皇上圣明，确实武帝的"庙乐未称"。

唯独有一个人反对，就是夏侯胜，他说：皇上啊，我不赞同。

武帝虽有攘四夷广土斥境之功，然多杀士众，竭民财力，奢泰亡度，天下虚耗，百姓流离，物故者半。蝗虫大起，赤地数千里，或人民相食，畜积至今未复。亡德泽于民，不宜为立庙乐。——《汉书·夏侯胜传》

这可以说是历史上第一篇完整保存下来的对汉武帝的批判稿，毫不留情，应当是客观的。

武帝虽然确实有打败四夷、开拓疆土的功绩，但造成大批士兵和民众死亡，弄得民穷财尽，生活奢侈，挥霍无度，以致国家财力耗尽，国库空虚，百姓流离失所，死去的人超过一半。再加上蝗虫等灾害，数千里地寸草不生，有的地方人吃人，整个国家的财力和物力，经过汉昭帝十几年的休养生息都不能恢复到以前的水平。汉武帝对老百姓一点恩德、福泽也没有，不应该给他制定庙乐。

这个批判太尖锐了，而且跟汉宣帝的诏书针锋相对。好多大臣劝夏侯胜，可他一梗脖子：

人臣之谊，宜直言正论，非苟阿意顺指。议已出口，虽死不悔。——《汉书·夏侯胜传》

当臣子的职责就是直言不讳，而不是光顺着皇上、讨好皇上。我的观点已经说出口了，我绝对对此负责，死也不后悔！

汉宣帝气坏了。丞相等人立即给夏侯胜定了个诋毁先帝、大逆不道的罪名,并把他关进了死牢。

黄霸当时是丞相长史,事先知道夏侯胜的观点而没有举报,犯有包庇怂恿之罪。他也被牵连了,被关进了死牢,两人进了一间牢房。

开始的几天,他俩还很紧张、痛苦,不知哪天就得被行刑了。后来,他俩慢慢就适应了。

黄霸是个闲不住的人,他天生是当官的料儿,在牢里每天什么事也没有,他就想找点事干,他说:夏侯老先生啊,这样吧,咱闲着也是闲着,干脆您教我学问吧。我从小学的都是律令方面的知识,您老人家教教我儒家的经典吧!

夏侯胜一撇嘴:没准过几天就被砍脑袋了,还学什么经典啊?

黄霸笑了:孔老夫子有句话,"朝闻道,夕死可矣"。

夏侯胜听黄霸这么一说也很兴奋:好一个"朝闻道,夕死可矣",咱们开学!

两年后,他们很"幸运"地赶上了一场大地震。这场地震的规模相当大,四十九个郡同时受灾,死了六千多人。那时地广人稀,又都是小平房,死六千多人是很严重的。那么,为什么还说幸运呢?这么大的地震就是大灾异。面对灾异,皇帝就得反省,于是汉宣帝下诏:灾异都是上天对皇帝的警告,说明我做错事了,我有罪过。大赦天下吧,我积点仁义之德吧!

因为这次大赦,黄霸和夏侯胜出狱了。

夏侯胜威望太高了,很快便官复原职,深得汉宣帝的宠信。

黄霸在狱友兼老师的夏侯胜的帮助下,也很快重新崛起,先是做了三年扬州刺史,之后就被提拔做了太守。哪儿的太守呢?颍川太守。

继赵广汉、韩延寿之后,黄霸做了颍川太守,继续实行韩延寿的治理模式,以儒家教化为主,教化不了的再用法。

除了因循前面韩延寿那些好的经验和做法,《汉书》里说,黄霸特别重视宣讲。宣讲什么呢?一共有两样,其中一个是皇帝的诏书。

当时汉宣帝已经亲政了,花了大量的心思研究地方治理,多次发布这方面的诏令,可是,各地官员接到诏书之后看几眼就扔一边了,都没有向下传达,老百姓根本不知道。于是,黄霸在颍川专门派人宣讲皇帝的诏书:

第 53 回 | 西汉第一循吏

> 选择良吏，分部宣布诏令，令民咸知上意。——《汉书·循吏传》

也就是抽调最好的官员成立宣讲队，深入各个地方宣讲诏书、法令，让老百姓及时了解，从而有利于贯彻和落实，也让老百姓能感受到皇帝对底层人民的关心。

在这个过程中，老百姓当然也会依据皇上颁布的诏书和法令来审视、评判郡县政府的工作，这样，整个行政过程就更加透明。

另一样宣讲的是什么呢？是条教。相当于地方性的政策、法规，它们对于老百姓生产、生活的方方面面都做出规范性的指导，包括怎么防范盗贼、怎么耕种、怎么养蚕、怎么经营手工业、怎么种树、怎么养殖畜禽、怎么饲养马匹等。

> 米盐靡密，初若烦碎，然霸精力能推行之。——《汉书·循吏传》

像数米粒、盐粒一样细密的条教，最初显得烦杂碎乱，然而黄霸却全力以赴地加以推行。

老百姓乍一听有点不好接受，感觉太琐碎了。可是，黄霸在宣讲后还扎扎实实地推进落实，老百姓逐渐接受了这些条教，照着做了，慢慢就发现好处了，生产效率大幅提高，治安等方面也都越来越好。于是，颍川郡人口大量增加，治理水平天下第一。

这种治理成效的取得，很大程度上也得益于黄霸在吏治方面的能力。手下的官吏也让他调教得都非常得力。

黄霸在吏治方面的另一个表现是他特别维护照顾老官吏。有一次，手下向他请示：太守啊，那个老陈太老了，耳朵背了，交代他事情扯着嗓子跟他喊他都听不清，干脆把他辞了吧。

黄霸一瞪眼：什么太老了，老陈干了这么多年，尽职尽责的，现在年纪确实大一点，但日常工作还能应付。咱们得关爱他，哪天他自己要说不干了那再说。

有人很不理解，说：太守，您用那些年轻的多顺手，干工作劲头多足啊！

黄霸说：都用了那么多年了，谁什么人品、什么水平我都心中有数。新人我还得挨个了解，得花多少时间啊！而且一旦让老的下去换上新的，新老官吏交接的过程中很容易出现贪腐之类的问题。老子曾经说过：

凡治道，去其泰甚者耳。——《汉书·循吏传》

治理天下也好，治理一个郡也好，不能太过苛求，不要总想着追求什么目标、成效、成就，只要你把局面维护好不出问题，顺其自然就可以了。

黄霸做了八年颍川太守，汉宣帝非常欣赏，提拔他做了御史大夫，后又接替丙吉做了丞相，也被封侯。

当丞相后，黄霸的表现不尽如人意，有点让人失望。用《汉书》里的话讲就是：

霸材长于治民，及为丞相，总纲纪号令，风采不及丙、魏、于定国，功名损于治郡。——《汉书·循吏传》

他做太守，做地方官，直接治理老百姓，是一把好手。可是，当丞相是治理天下，要驾驭整个帝国的官僚体系，要处理好与皇室的关系，处理的问题、接触的人物都不是一个层次的，整个的做法也不一样。

另外，黄霸在朝廷里也没有什么根基。他是底层豪杰出身，最早是买来的官，只是把一个郡治理得不错，这个政治资本还是差点分量的。所以他这个丞相干得就比较吃力，远不如德高望重的丙吉、魏相干得好，也不如后来的于定国。

《汉书》里讲了两段黄霸当丞相期间的糗事。

一个是他上任不久，正赶上各郡国来丞相府做年度汇报。这天正好飞来了一群鸟，好几百只，都落在丞相府的房檐上。

第 53 回　西汉第一循吏

黄霸眼前一亮，心想：这是不是个祥瑞啊？于是，他让身边人看这是什么鸟。

丞相府里的官吏立马明白了黄霸的心思：丞相，我们还真没见过这种鸟，这是不是传说中的神雀啊，这是祥瑞，得上报皇上。

黄霸这篇奏疏还没写好，京兆尹张敞就先向汉宣帝汇报了：皇上，黄丞相看见一群野麻雀就要当祥瑞向您汇报呢，现在人们都拿这个事当笑话啦！另外，现在各郡国来"上计"，黄丞相正要向各郡国推广他的颍川经验呢，他那个条教都是瞎搞。咱们大汉朝上百年来制定的这些政策法规，下面只要执行好了，都没什么问题，这个条教纯粹是地方官为了显摆自己而制造的一种噱头。依微臣看，再有这种地方官自立名目就该杀头，黄丞相这个得赶紧叫停。

汉宣帝赞同张敞的意见，直接把张敞这个报告批复给了各郡国来"上计"的官员们。

还有一个糗事是，黄霸推荐汉宣帝的表叔史高做太尉。他这是想跟皇室外戚套近乎还是出于公心，也不得而知。

结果，被汉宣帝臭骂一通：我说黄丞相啊，丞相、太尉这种三公级别的官员都应该是我这个当皇帝的亲自选拔任用，你有资格推荐吗？再说了，史高是我表叔，天天在我身边，我从小就跟他在一起，你了解他还是我了解他？我用得着你来推荐吗？

黄霸当时羞愧得差点没找一面墙撞上去。

最终黄霸也得以善终，而且当丞相的这些糗事也没太影响他的名声，人们评价他：

言治民吏，以霸为首。——《汉书·循吏传》

西汉第一循吏的宝座，黄霸稳坐了两千多年，远比赵广汉、韩延寿要幸运得多。

第 54 回

汉宣帝杀掉的两个"好官"

前面提到，颍川前后三任太守治理百姓都很有一套。先是赵广汉用法治，再是韩延寿和黄霸重教化，最终使颍川大治。他们也都得到了升迁，其中赵广汉被调到长安做京兆尹，相当于首都市长；韩延寿也被调到长安做左冯翊，跟首都市长差不多。

这是什么意思呢？稍解释一下。在汉景帝之前，整个长安京畿地区只设一个长官，叫内史。

内史，周官，秦因之，掌治京师。——《汉书·百官公卿表》

从周朝、秦朝到汉朝，掌治京师的官都叫内史。

公元前155年，长安地区分成两大块，设两个长官：一个右内史，一个左内史。

汉武帝在公元前104年又做了一次调整，把长安京畿地区分为三块。右内史改叫京兆尹，左内史改叫左冯翊。另外，各自划出靠西的地区，设立右扶风。这样，长安地区就由京兆、左冯翊、右扶风这"三辅"组成。

这里面分量最重的还是京兆，京兆尹责任重大，而且不易干，因为辖区里的官员太多了。

赵广汉是从底层起来的，靠的就是不停地干工作，能干、会干、敢干，这样才有了政绩，才从底层崛起。

《汉书》中讲：

> 广汉为人强力,天性精于吏职。见吏民,或夜不寝至旦。——《汉书·赵广汉传》

赵广汉为人刚强,有毅力,天性精于官吏职守。接见官吏百姓,可以通宵达旦。

赵广汉的另一个特点是,

> 尤善为钩距,以得事情。——《汉书·赵广汉传》

非常善于用"钩距"的方式来掌握各方面的情况。什么叫钩距呢?大致就是推理。什么事,他只要抓住一点线索,就能结合相关的资料推理出整个的来龙去脉。而且他有很多线人耳目,他的"触角"无处不在。比如,有一伙人要打劫,正商量着,还没动手呢,赵广汉就派人过去给拿下了。

另外,赵广汉对手下官吏特别好。对谁都是和颜悦色的,谁要有点功劳,他都向上极力保举推荐。遇到上面有什么表彰,他就把这些受累的官吏往上推:这不是我的成绩,都是他们干的。

他还积极地给基层的巡捕、狱吏争取待遇,涨工资,所以,手下人都对他非常爱戴,拿他当知己,拼命报答他的这种知遇之恩。甚至,他抓的人对他也很爱戴。

有一次,有个富人被两个劫匪绑架了。赵广汉亲自带人到了现场,站在院里面,打发手下朝屋里喊话:屋里的贼人听着,咱们京兆尹赵大人亲自来了,你们绑的这个人不是一般的富人,他现在还有一个身份,是郎官,是皇上的宿卫之臣,关系重大。所以,赵大人请求你们给个面子,千万不要伤害人质。希望你们放下武器出来投降,我们一定会优待你们,以后没准儿遇上大赦还能重新做人……

这两个劫匪本来是想鱼死网破,同归于尽,因为绑架是死罪,如果跑不了干脆杀了人质,找个垫背的。

第54回 | 汉宣帝杀掉的两个"好官"

结果一听京兆尹赵广汉亲自来了，还"请求"放人，于是他们放了人质，出来谢罪投降。

赵广汉非常客气，拉住两人：两位壮士，谢谢你们给我这个面子，你们真要把这位郎官杀了，我也得"吃不了兜着走"。等你们到了牢里，我一定让人好好照顾，给酒、给肉。

这两人还没赶上大赦，就到冬天了——砍头的季节。临行刑前，赵广汉派人给他们家里送去了棺木、寿衣，这两人很感动。

皆曰：死无所恨！——《汉书·赵广汉传》

讲到这儿，似乎过于温情了。

而在"颍川之治"时的赵广汉，完全是酷吏的做派，打击豪强不择手段，作风彪悍，甚至匈奴那边都知道他的威名。

他做京兆尹大致也还是酷吏做派。前期的赵广汉依附霍光，霍光在后面给他支持。不过，霍光老成持重，他并不支持赵广汉太放开手脚。后期霍光死了，汉宣帝开始削夺霍家的权力。人们都还没有察觉这种政治趋向时，赵广汉便察觉了。他立即"调头"，跟霍家做切割，他做得很绝。

有一天，他亲自带着一帮人冲进担任大司马的霍光的儿子霍禹家，去搜查私自酿酒、卖酒的罪证，好几个房间进不去，他直接砸开，还砸了好几个大缸。

整个京城都震惊了，霍光的小女儿是皇后，跟汉宣帝大哭大闹：皇上啊，您得给我们霍家做主，得收拾这个赵广汉。

汉宣帝召见赵广汉，那种赞许之情溢于言表，君臣心照不宣。

赵广汉心中窃喜，自己顺利地跟霍家切割，现在皇上成了自己的后台了。从此，他更加放开手脚，对什么样的权贵进行执法都毫无顾忌，非常霸气。而且赵广汉爱用年轻人，就要那种年轻气盛的热血青年，什么案子都敢往上冲的，能打出气势来的。

这些年轻人的优点就是敢闯敢干，工作效率高，能出成绩。

几年下来，赵广汉领导着这个年轻的官吏团队，把整个京兆治理得非常好，豪强们都不敢挑事，老百姓安居乐业，社会稳定。很多上年纪的老人都说，汉朝数十年来，赵广汉得说是干得最好的一任京兆尹。

治京兆者莫能及。——《汉书·赵广汉传》

可是，这个年轻班底的缺点是考虑事情不周全，急躁，最终，赵广汉就败在了这一点上。

当然也不只是这么简单，在赵广汉受吏民爱戴的官员形象背后，他还有另一面。赵广汉本来是依附霍光的，可是霍光死后，他立即带人到霍家搜查，这就算是他的另一面。

西汉时，酒都是官营的，私酿、私售是违法的，要打击。可是，赵广汉搜查了霍家，他自己有个朋友卖私酒，他却睁一只眼闭一只眼，不管。结果，虽然他不管，可有人管。丞相府的几个官吏把他这个朋友的店给查了。

这个朋友就来找赵广汉，说：这事儿准是一个叫苏贤的军官捣的鬼，是他告到丞相府的。

赵广汉立即派长安县的一个官员去调查苏贤，找了几个罪名把苏贤抓起来了。

苏贤家这边也有背景，他们家反告赵广汉滥用职权，还真把赵广汉告倒了，还把长安县抓苏贤的官员定罪杀头了。赵广汉也差点被抓起来，正赶上大赦，从轻处理，只给了个处分。

之后，赵广汉开始反击。他查出苏家背后有一个叫荣畜的豪强支持。赵广汉罗织了几个罪名把荣畜抓了，后来给杀了。然后，苏家和荣畜家再次联手状告赵广汉。这次又是丞相府组织御史查办。

赵广汉又很被动。这时他才意识到，自己的对手根本不是什么苏家、荣家，而是一个非常强大的人，谁呢？就是当时的丞相魏相。是魏相在盯他，抓住他不放。怎么办呢？赵广汉有很多耳目眼线，其中一个眼线就是在丞相府看门的。这个眼线向赵广汉汇报，说不久前丞相的一个贴身婢女自杀了，事情比

第54回 汉宣帝杀掉的两个"好官"

较蹊跷。赵广汉怀疑这个婢女跟魏相怎么着了,丞相夫人吃这个婢女的醋,就把这个婢女逼死了。他越推理越觉得是这么回事。

赵广汉立即找了一个中间人,给魏相传过话去:魏丞相啊,得饶人处且饶人吧,你的把柄也在我手里攥着呢!

可是,魏相不为所动,反而加紧了对赵广汉的调查。

赵广汉为难了,毕竟他手里没有实际的证据,只是推测。他想去提审丞相府的人,又没有这个权力。直接去跟皇帝告发吧,万一最后不是这么回事,诬告丞相那还了得啊!

赵广汉找了一位精通占星、望气的太史。这位太史算的结果是今年会有重臣被处死。赵广汉大喜,这重臣肯定是魏相啊!

于是,他立即向汉宣帝告发。汉宣帝授权他进丞相府查。

此时,留给赵广汉的时间已经不多了,他立即带领巡捕官吏冲进丞相府。

当时魏相不在府中,他把丞相夫人叫到院子里,让其跪在地上接受质询,还抓了十多个奴婢回去审问。

魏相来找汉宣帝:皇上啊,那个婢女的死跟我妻子没关系。您可以换一个官员来调查这件事,别让赵广汉查了,他这样做完全是为了胁迫我,逼我不再调查他的犯罪情况。

于是,汉宣帝命廷尉接手调查丞相府婢女自杀案。最终查实确与丞相夫人无关,那个婢女是自杀的,谁也怪不着。而赵广汉则被查实有陷害人、胁迫丞相、枉法弄权等犯罪事实。

汉宣帝大怒,《汉书》里的原话是:

宣帝恶之。——《汉书·赵广汉传》

汉宣帝觉得赵广汉很可恶。于是就把赵广汉抓了,关入了死牢。

随后又发生了一件事让汉宣帝很惊讶,更加深了他这种"恶之"的感觉。什么事呢?赵广汉被打入死牢这件事惊动了全长安的老百姓,好几万人,干什么的都有,甚至也有京兆的官吏,都聚集到皇宫门前请愿。

很多人失声痛哭：皇上啊，我们愿意替赵京兆去死，留下这个好官吧，让他再给老百姓多服务几年，让老百姓多享几年福吧！

这让坐在皇宫深处的汉宣帝情何以堪！最终，赵广汉被腰斩于市。

直到东汉班固写《汉书》时，长安百姓依然对赵广汉充满感激和怀念。

那么，该怎样评价赵广汉呢？一个如此受吏民爱戴的官员，却被皇帝厌恶，而且他也确实有问题，有性格人品的问题，也有违法犯罪的问题。

韩延寿的情况与之差不多。韩延寿用儒家思想教化百姓，在中国文化史上有着重要的意义，做颍川太守使颍川大治，随后又做了东郡太守。

他做了三年的东郡太守，有令必行，有禁必止，违法犯罪率降到最低水平。另外，他也对手下官吏非常好。总之，韩延寿绝对是一个深受吏民爱戴的好官。

但是，最后他在左冯翊的任上以死罪被杀。原来韩延寿也是跟一个汉宣帝最器重的大臣杠上了。

赵广汉是跟魏相杠，韩延寿则是跟萧望之杠。

韩延寿当左冯翊，他的前任就是萧望之。当时萧望之升任御史大夫，御史大夫是监察百官的。结果，萧望之刚上任就监察出事来了，下面有人向他汇报说韩延寿有问题。

在东郡时放散官钱千余万。——《汉书·韩延寿传》

他在东郡没有经过朝廷审批的支出有一千多万。

这个支出可能是做好事，散给老百姓或救济鳏寡孤独了，但那也不行，没有经过审批就是违法的。

萧望之向当时的丞相丙吉做了汇报。丙吉是特别宽大的作风，他认为这中间已经有过大赦，这些都是大赦之前的事，不必再追究了。

可是萧望之不行，他打心眼儿里不大服气丙吉。正好他手下的御史到东郡例行巡察，他就交代要专门调查这件事。

韩延寿怎么做的呢？他立即派手下调查此前萧望之在任时的违法行为，并

第54回 汉宣帝杀掉的两个"好官"

且抓了一个可能涉事的官员，严刑拷打。这个官员屈打成招，招认自己此前受萧望之指使，也有放散官钱的违法行为，涉案金额上百万。

韩延寿立即向汉宣帝报告。他以为可以先下手为强，如果这时萧望之再向皇上报告他"放散官钱"的情况，好像就跟有意报复他似的。

可是他没想到，这一点儿也没难住萧望之，反而更让萧望之有理了：皇上，韩延寿这是恶人先告状。我正在调查他的情况，初步情况是这样的……韩延寿这是心虚了，所以诬陷我，想阻挠我对他的调查。

汉宣帝：这好办。来人，把这两位反映的情况都去查查。

结果这一查，萧望之"放散官钱"的事纯属子虚乌有。

韩延寿的则是事实，证据确凿，而且还查出韩延寿更大的问题来了。

相比这个"更大的问题"，"放散官钱"根本不叫事儿了。什么更大的问题呢？韩延寿僭越，他玩了皇帝才能玩的，摆了皇帝才能摆的谱，大逆不道。怎么回事呢？

前面讲过，韩延寿在民间推广儒家的教化，儒家讲究的是礼、乐、射、御、书、数这六艺。其中射和御类似于军事训练，射是射箭，御是驾驶战车。

正好当时有个"都试"制度，就是要求各郡每年搞一次军事演习。别的地方都是走个形式，韩延寿则大张旗鼓，聚集了成千上万的民兵，分多少个阵营，也设置将军、士兵、兵器、战车等，完全跟国家正规军一样，他乘的那个战车甚至仿照了皇帝御驾亲征时车的样子，等等。史书上写得很细致：

放效尚方事。——《汉书·韩延寿传》

就是说都跟皇上的差不多。

这是大忌讳，在那时绝对是死罪了。在汉宣帝和很多大臣的眼里，韩延寿表现得很可恶，不但犯下这些罪行，而且还恶人先告状，想通过诬陷查办他的大臣洗脱罪名。

他最后给汉宣帝留下的印象也跟赵广汉一样，被深深地厌恶。

韩延寿给老百姓留下的印象同样跟赵广汉一样，被深深地爱戴。

《汉书》上讲，行刑前，韩延寿坐在囚车里，好几千人给他送行，有老百姓，也有他手下的官吏，一直送到渭城。

送行的人们不是空着手来的，好多人都是带着酒、带着肉来的，拉住韩延寿的囚车：韩大人啊，干了这碗酒您再上路吧！

韩延寿接过来就干了：好酒！谢谢了！

紧接着旁边一位又捧上一碗酒来：韩大人啊，我给您送行来了，干了这碗酒您再上路吧！

韩延寿也接过来干了。然后，马上又有人递上酒来……

延寿不忍距逆，人人为饮，计饮酒石余。——《汉书·韩延寿传》

韩延寿来者不拒，一共喝了一石多酒。这应当是夸张了。

老百姓没有不掉泪的。

另外，韩延寿临死前嘱咐他的儿子们要引以为戒，以后再也不要做官了。儿子们很听话，都辞官回家。后来，他有个孙子又出来做官，一直做到了将军级，也是一个好官，"能拊众，得士死力"，可最终也是因为"奢僭"被处死。

人们常说"盖棺定论"，人死了，他的功过好坏才有定论。可是，又该给韩延寿和赵广汉他们怎样的定论呢？

第55回

盖宽饶:
我乃酒狂

上回讲了汉宣帝杀掉两个名臣，一个赵广汉，一个韩延寿。接下来再说两个人，一个清官，一个名士，他们的死也很让人惋惜。这回先讲这位清官，他叫盖宽饶，是汉宣帝手下一个特别清正廉洁、刚直不阿的官员。

盖宽饶字次公，魏郡人也。明经为郡文学，以孝廉为郎。举方正，对策高第，迁谏大夫。——《汉书·盖宽饶传》

盖宽饶，字次公，老家在魏郡，是从底层起来的，先后通过举明经、举孝廉、举贤良方正，被一级一级举荐提拔，直到做了谏大夫。

明经、孝廉、贤良方正是西汉察举制的三大考察科目。

明经，就是对儒家经典特别精通，这样的学者有机会被举荐。

孝廉，就是孝敬双亲，敬重长辈，廉能正直，这样人品特别好的，也有一定能力的，就有机会被举荐。不过，这个概率是非常小的，每年大约从二十万人里挑一个。

贤良方正，也是德行特别突出的，跟孝廉的区别在于它不是从底层平民中推举的，而是从一般官吏里推举的，可能也是每个高官每年只能推举一个人，机会很难得。

盖宽饶从底层入仕，一路走来，把这三个科目都占全了。先是通过明经举荐，做了下面郡里的一个小官；随后通过孝廉举荐，到了长安做郎官；最后通过贤良方正举荐，并且经过对策，还"高第"，就是成绩很靠前。这些经历说明盖宽饶这个人的学问、人品、能力都了不得。

第55回 盖宽饶：我乃酒狂

盖宽饶对策高第之后，做到了谏大夫，"掌论议"，大致就是在皇帝身边，跟着评议人、事，提点意见，算是天子近臣。

结果，他干了没多长时间就被撤了。怎么回事呢？因为他太较真了，让你评议人、评议事，可是，什么人、什么事，该不该说，你也得掂量一下啊！他不，他上来就把当时汉宣帝跟前的一个大红人得罪了。

谁啊？张彭祖。盖宽饶劾奏张彭祖。张彭祖是张安世过继给大哥张贺的儿子，是汉宣帝的发小。有一次，张彭祖乘车从宫殿门口经过时没下车，这在当时就是不敬之罪。可是也没有证据，张彭祖当然不承认。

最后认定盖宽饶劾奏不实，撤掉，降级使用，贬去做卫尉手下的左司马。

卫尉私人有点什么活、什么事都交给左司马去办。之前的人都是这样，到盖宽饶这儿不行了。卫尉让他出宫去买点东西，因为卫尉是负责皇宫保卫的，平时都在皇宫之内，盖宽饶转头出去了。

出宫买东西去了吗？没有。他先跑去向尚书汇报：我们领导让我出宫给他买东西，我按照相关制度先来向您汇报，您看行不行？

尚书一瞪眼：不行！这违反制度！

然后尚书就来质询卫尉：你怎么能私自派手下人出宫呢？这种违反制度的事我们要向皇上反映，以后这种行为绝不允许再有了。

盖宽饶就是这么较真，不管你是谁。上级可能不喜欢，不过下面的卫兵们都很喜欢他，因为盖宽饶经常跟底层的卫兵们在一起，一点儿也不官僚，对他们很关心。

汉宣帝时期的风气比较正，身边坏人少，所以这样的左司马盖宽饶竟然慢慢地有了很好的声望，连汉宣帝也有所耳闻。于是汉宣帝又提拔他，一路做到了司隶校尉，两千石的高官。

司隶校尉是很重要的官。当时天下分十三州一部，每州设一个刺史，刺史就是管监察这方面的事的官吏。一个州设一个，一共十三个刺史，是六百石。一部，就是长安周边这一片，叫部。负责监察整个司隶部官员的就叫司隶校尉。前面讲巫蛊案时，江充就是司隶校尉，他是第一任司隶校尉，手下有一千多人，连皇后、太子都能监察，这个权力是相当大的。所以，司隶校尉的级别比刺史高不少，是两千石。

盖宽饶做这个司隶校尉仍然特别较真，严格执法。司隶部的大小官吏，不管你是什么皇亲贵戚，有一点毛病的，他都揪出来移交廷尉审理。

廷尉处其法，半用半不用。——《汉书·盖宽饶传》

当时司隶校尉和刺史应当只有监察权，没有审理处置权，审理处置在廷尉。就像现在检察院和法院的关系，司隶校尉检举、劾奏某个官员，然后廷尉依法审判。

结果盖宽饶公诉的这些官员到了廷尉这儿，一半判了，另一半放了。

盖宽饶的监察标准太严苛了，他疾恶如仇，有种"宁可错杀一千，不可放过一个"的感觉。有这个力度在，整个司隶部的官场都老实了，吏治清明。

权贵们对盖宽饶都心存忌惮，礼让三分，他对权贵们则很冷漠。比如有一次，最大的权贵、汉宣帝的老丈人许广汉搬新家，几乎满朝的文武重臣和京城两千石以上的官员都来道贺，都带着礼物，唯独盖宽饶没来。

许广汉专门派人去请，他才来。来了之后，他自己单独坐在一边。

许广汉满脸笑容，亲自招呼盖宽饶，给他倒酒：你来晚了，得罚酒三杯。

盖宽饶赶紧端杯，往后抽手：

无多酌我，我乃酒狂。——《汉书·盖宽饶传》

您别给我倒，我是酒狂，我要是喝醉了会发酒疯。

许广汉一时不知说什么好了。

这时，旁边的丞相魏相笑道：你这哪里是酒狂啊，你这都没喝，还清醒着呢，这不也要疯吗？连许老的面子都不给。

魏相这话说玩笑是玩笑，说不是玩笑也不是玩笑，谁都知道魏相跟许广汉不是一般的交情。

盖宽饶的表情就不大自然了，也没法接这个话。

第55回 | 盖宽饶：我乃酒狂

在座的权贵们立马幸灾乐祸：你看，这小子就欠让魏丞相治他，他没脾气了吧！

不过，这个小插曲很快就过去了。觥筹交错，人们都开怀畅饮。

中间，有个官员是那种比较爱搞笑的人，也喝高了，他又是耍猴拳，又是学狗叫，一会儿猴跟狗还打起来了，就跟演滑稽戏似的，把大伙逗得前仰后合。

盖宽饶呢，他看不下去了，端起一大杯酒一饮而尽，仰头打量着许广汉的豪宅，发了一通感慨，既像是自言自语，又像是发表演说：

美哉！然富贵无常，忽则易人，此如传舍，所阅多矣。唯谨慎为得久，君侯可不戒哉！——《汉书·盖宽饶传》

好气派啊！好阔气啊！可是，富贵这东西变化快，今天在你家，明天就指不定到谁家了。要想让富贵停留得久一些，就得多加谨慎，你们这些侯爷、权贵们难道不懂这个道理吗？

说完，他拂袖而去。

大伙都愣住了，这盖宽饶真是酒狂啊，一点面子也不给人留。

更让人想不到的是，转过天来，盖宽饶就向汉宣帝劾奏了那个搞笑的官员：太不成体统了，宴会上扮猴子、扮狗，恬不知耻，建议将其拿下，查办他。

汉宣帝说：好吧，查他。

这是打许广汉的脸。许广汉跑进宫里央求了好几次，这事儿才不了了之。

是不是感觉盖宽饶很不近人情呀？人家不过是酒场上开开玩笑，这不单是打许广汉的脸，而且把当时在场的所有官员，包括魏相的脸也打了，甚至把汉宣帝的脸也打了。这简直就是与整个官场为敌。

那么，盖宽饶的勇气何来呢？一个人的勇气，那种大勇气，肯定是来自他的信仰。

盖宽饶是"明经"出身，精通儒家经典，儒家思想中有一种极致的理想主义精神，这也是盖宽饶和后世无数不同流合污、特立独行的"清官"的信仰所在。

盖宽饶绝对是个清官。《汉书》中说他：

> 家贫，奉钱月数千，半以给吏民为耳目言事者。——《汉书·盖宽饶传》

当着这么显要的官竟然还家贫，每月俸禄几千钱，还要拿出一半赏给当耳目送消息的吏民。

当时是全民皆兵的兵役制度，男子成年后都有服兵役的义务。不过，有点条件的家庭都会花点钱雇人去顶这个人头，这也是合法的。

盖宽饶的儿子成年了，要去服兵役，他拿不出这个钱，儿子就步行去边郡服役。派个车送送不行吗？不行，公家的，一点儿便宜也不能占。

他工作尽职尽责，能力也很强，还有学问，这么好的官员哪儿去找啊？这得再提拔重用啊，但是并没有。

他这个司隶校尉一干就是好多年。好几个同僚以前都比他级别低，水平也比他差，但都被提拔了，位列九卿，下一步都可能有三公之位了，但汉宣帝偏偏就是不提拔他。

这一委屈，一有情绪，盖宽饶就表现得有点过激了。对于一些司隶校尉职责之外的国家事务，他也经常发表意见，批评哪个政策不行，哪个人用得不对，古代的经典上不是这样讲的，等等。他认为这是尽忠言，是忠臣的职责。

有个小官王生很仰慕盖宽饶的为人，就给他写了一封信，说：盖大人啊，您得悠着点。您干好自己的司隶校尉就行了，就够得罪人的了，别的事就别参言了。您现在总拿那些远古的三皇五帝怎么做来教训皇上，想把皇上领到您认为的正确道路上来，皇上不听，您还三番五次地讲，捎带着把皇上身边的人也教训了。这样恐怕不好啊！

这可不是博取名声、保全性命的路子啊！现在这些权贵不好惹，他们精通法律，您说什么话、做什么事他们都能给您编织成罪名。

第55回 | 盖宽饶：我乃酒狂

> 君子直而不挺，曲而不诎。——《汉书·盖宽饶传》

君子正立直行，但在遭遇时变时，暂时纡曲回避一下，本来的志向也不会屈服的。

《诗经·大雅》中说的"明哲保身"，就是这个意思。希望您好好琢磨琢磨啊！

这番劝告很真诚。盖宽饶看完后感动了半天，可之后还是老样子，一点儿也没收敛。

不久，他就又扔了一个炸弹，他上书批评汉宣帝：皇上，您现在太重用宦官了，拿他们当周公、召公这样的重臣来对待。另外，您太重用刑法，法家思想占主导了，不拿《诗经》《尚书》这些儒家经典当回事了。我得提醒您，您这要跑偏啦！

汉宣帝看到后非常不舒服，不过勉强还能忍。可是，他接着往下看，下面一段话汉宣帝忍不了了，这是盖宽饶引用《韩氏易传》里面的一句话：

> 五帝官天下，三王家天下，家以传子，官以传贤，若四时之运，功成者去，不得其人则不居其位。——《汉书·盖宽饶传》

《韩氏易传》是汉文帝时期的博士韩婴注解《易经》的一本书，其中的这句话在后世特别有名，因为在整个皇权时代它都太扎眼了。在整个儒家思想中，这个思想似乎也太突兀了。它的意思就是，五帝以天下为公，三王以天下为家，以天下为家传给子孙，以天下为公传给贤人。就像四季的运行一样，事功已成的人就离去，不是恰当的人就不在其位。也就是说，天下不是谁家自己的天下，天下是天下人的天下，不贤者不应居于高位。

执掌天下的皇位也应当如此。一个人在皇位上完成了他的任务，接下来如果不能胜任了，也应当换人。

汉宣帝看到这儿能不急吗？他就让人把这篇上书发给三公九卿传阅，让大家都评评，他是不是该退位。

这些官员看到汉宣帝批的盖宽饶的上书，立马就明白了汉宣帝的用意：皇上这是让我们看看给这个盖宽饶定什么罪！

有个大臣当即回复：皇上，盖宽饶大逆不道，他的上书分明就是想让皇上禅位给他！他是贤人，您得传给他。这也太险恶了，不杀不足以正国法！

其他几个大臣也都附和：确实，盖宽饶大逆不道，该杀！

只有一位谏大夫，叫郑昌，有公道之心，为盖宽饶说情：皇上啊，大山里面如果有猛兽，那就没人敢进去采野菜；国家要是有忠臣，那些奸邪小人就不敢起来挑事。司隶校尉盖宽饶正是这样的忠臣：

居不求安，食不求饱，进有忧国之心，退有死节之义。——《汉书·盖宽饶传》

这么多年来，他生活不求安逸，吃饭不求腹饱，做官得志之时有忧国之心，贫贱为民时有为节义而死的勇气。

他因为忠于职守，直道而行，秉公执法，什么靠山也没有，什么圈子也不加入，所以得罪了很多人，很多权贵都恨他，把他视为仇人，很少有人支持他。就拿这篇上书来讲，他可能是讲得重了，但绝对是出于忠心啊！可是，有人偏要做那样的解读，还请皇上明鉴。

汉宣帝铁青着脸，沉吟片刻：传旨，将盖宽饶拿下！

盖宽饶怎么做的呢？他在宫前北楼下引刀自杀了！

什么感觉？疼。清官死，当然让人心疼。还有赞叹，好一个酒狂！

"狂者进取"，敢言世人不敢言之言，敢做世人不敢做之事，威武不能屈。

"狷者有所不为"，不该做的事一点不做，不该得的利一毫不取，贫贱不能移。

盖宽饶都做到了！

第56回

史上第一桩
文字狱

酒狂盖宽饶凭着极致的儒家理想主义精神，大胆批评汉宣帝，最终把汉宣帝惹怒了，盖宽饶引刀自杀于宫前北楼下。

整个西汉士林为之惋惜，背地里对汉宣帝都有点不满：这么清廉的一个官直言进谏，你都容不下，真让人失望！

当然多数人只是心里想想，最多也就是好朋友见面时稍微提一下。因为即便最亲密的人在一起把话说明了，也怕传出去。有的话说了被人听去，是会惹麻烦的。因言获罪是中国古代政治的常态。

在漫长的皇权时代，不论你是一个官员，还是一个平民百姓，只因为说了一句违背某人或某个集团意志的话，都可能招来杀身之祸。特别是你的话不光说了，还写了下来，白纸黑字写成了诗文，那就更跑不了了。就像上回王生劝盖宽饶时讲的，即便你的诗文不是那个意思，他曲解成那个意思，照样可以治你的罪。

文字狱几乎历朝历代都有，这回要讲的这位主人公杨恽，据说就是历史上第一桩文字狱的受害者。

杨恽这个文字狱到底是怎么回事呢？这个得从他父亲开始讲。

杨恽的父亲叫杨敞，是霍光的亲信，在大将军府中做军司马，也就是高级参谋，是一个非常谨慎的人，甚至可以说是非常胆小怕事的人。

霍光可能正好看重他这一点，将他一路举荐提拔，最后在汉昭帝去世前一年，竟然让他做了丞相。

为什么杨敞胆小怕事霍光反而看好他，让他当丞相呢？很简单，胆小怕事就适合当个傀儡丞相，易于霍光摆布。这在《汉书》里是有记载的，杨敞的下一任丞相叫蔡义,霍光举荐蔡义当丞相时,蔡义已经八十多岁了,路都走不动了,得两人架着才能走。当时就有人批评霍光,说他根本不是推荐最贤能的人当丞相,只选适合当傀儡、好控制的人干,这样他好专权。

那么,杨敞都怎么胆小怕事呢?《汉书》里讲了两个故事。

一个是当年霍光跟上官桀争权的关键时刻,底下有个人站出来举报上官桀要谋反,这个人是先找杨敞说的。当时杨敞是大司农,他不敢直接把这个情况告诉汉昭帝和霍光,于是就找了当时做谏大夫的杜延年:现在我听说上官桀有这么个情况……我病了,我得赶紧回家歇着,你看是跟皇上和大将军汇报还是该怎么办?

随后,是杜延年出的这个头。最后那个举报的和杜延年都被封赏了,却没杨敞什么事。当然,如果最后是上官桀胜了,杨敞的责任肯定也小得多。

还有一个事是他当丞相之后的。当时霍光跟张安世商定好要废掉刘贺,派一个亲信来通知杨敞:杨丞相啊,大将军说要把皇帝废了,让我来告诉您一声。

杨敞一下子吓傻了:

> 不知所言,汗出洽背,徒唯唯而已。——《汉书·杨敞传》

吓得光冒汗了,也不知道该说什么了:哦……哦……

霍光的这个亲信正好要去方便,就扭头出去了。

这时,杨敞的妻子从旁边屋里走出来:老头子,你是不是还在算计这个事成败如何啊?我告诉你,这么大的事大将军提前来通知你,你不立即表态坚决支持,他肯定会杀了你!

杨敞这才明白过来:哦,对!对!对!

一会儿霍光的亲信回屋,杨敞立马明确表态:大将军决策英明,我坚决支持,听候盼咐!

之后,霍光他们就把刘贺废了。汉宣帝即位,杨敞病逝于丞相之位,得以善终,极尽哀荣。

杨敞这一辈子是非常成功的,这种成功也得益于他的胆小谨慎。

杨恽是杨敞的次子。杨敞死后，长子杨忠继承了侯爵和大部分家业。杨恽分得的家业也不少，而且他很有才能，文章写得好，能力也强，人品也好，当时的朋友都是各方面的精英、大儒。所以他在朝廷上下很有名望，是个名士，做着一个不大不小的官。

几年后，他也被封侯了。怎么得来的呢？告密，告霍家谋反。

霍光死后，汉宣帝一点点削夺霍家的兵权，最后霍家被逼到绝境了，便密谋要造反。

这时候，杨恽第一时间把这个事揭发出来。具体的情况史书没怎么写，估计是杨家跟霍家走得近，所以杨恽第一时间知道了这些内幕，而且他如果不告密，可能就得被霍家牵连。

他这一告密立了大功，在灭霍家这件事上帮了汉宣帝的大忙。汉宣帝大悦，不但给杨恽封侯，还提拔他做了中郎将，统领皇宫中所有负责安全的侍卫。

这期间，杨恽做了几件很露脸的事。

头一件是他被封侯之后，把之前他父亲留给他的五百万遗产都给亲戚、朋友分了。

不久之后，杨恽的继母去世。继母就是给杨敞出主意，要他立即表态支持霍光废刘贺的那位。这个老太太是个非常有智慧的人，她没有亲生儿子，死后把之前杨敞留给她的好几百万遗产也都给了杨恽。杨恽又都分了，全都送给了继母的娘家兄弟。

另一件事就不仅是露脸了，是对整个中国文化产生巨大影响的一件事。他把司马迁写的《太史公记》，也就是今天所说的《史记》的手稿进献给了汉宣帝，使这部中国历史、思想、文化巨著得以昭示天下，流传后世。

那么，他是怎么得到司马迁的手稿的呢？因为他是司马迁的亲外孙。杨恽的亲生母亲，就是司马迁的女儿。

司马迁被施宫刑时已经四十多岁了，早就有儿有女了。他写完《太史公记》后也不敢发表，就想"藏之名山，传之其人"。他把一份手稿，也许是一份副本交给了女儿保管，后来就传到了杨恽手里。

第 56 回 史上第一桩文字狱

> 恽始读外祖《太史公记》，颇为《春秋》。——《汉书·杨恽传》

杨恽从母亲手里接过手稿，第一次读就被震撼了，这简直跟孔子著的《春秋》一样的分量啊，太了不起了！

但是，怎样将这部巨著公之于世，书中的一些内容能否被当朝者接受，要找个怎样的时机来公布，这些都是问题。搞不好就会惹来麻烦，甚至书稿被销毁也是有可能的。

可见，杨恽在这个问题上肯定是动了很多脑筋的，也有可能他主动销毁了里面《武帝本纪》之类比较敏感的内容。具体的情况史书也没有记载。《汉书》里只有一句话：

> 宣帝时，迁外孙平通侯杨恽祖述其书，遂宣布焉。——《汉书·司马迁传》

怎么宣布的？到底是不是进献给了汉宣帝？是不是杨恽在做中郎将时进献的？史书没有明确的记载，但我感觉是。

总之，杨恽这个事情做得很漂亮！如果没有杨恽，这部经典也许会湮没于历史的尘埃之中，那样的话，对中国思想、文化的损失将是无法估量的。

杨恽做中郎将期间第三件露脸的事，是他整顿侍卫郎官队伍卓有成效。以前这支队伍很腐败，有各种各样的陈规陋习，杨恽都整治了，都革除了。

总之，在中郎将杨恽的领导下，这支侍卫郎官队伍风气大变，有功则赏，有罪则罚，令行禁止，风清气正。

汉宣帝非常满意：好一个杨恽，出身好，为官清廉，能力也强，还特别忠心，升官！

于是杨恽晋升为光禄勋，相当于皇帝的秘书长。此时的杨恽绝对是汉宣帝跟前的大红人了，可就在这时出事了，得罪人了。得罪谁了呢？太仆戴长乐。这个戴长乐不是一般人，他可以算是汉宣帝的发小，汉宣帝流落民间时两人就是好朋友了。

杨恽怎么得罪戴长乐的呢？史书上大致就是说，有人因为一件事状告戴长乐，戴长乐怀疑是杨恽教唆这个人干的。于是，他上书汉宣帝状告杨恽五条罪状。

头一条罪状说：此前有个官员乘的马惊了，撞在了皇宫门口。当时杨恽便跟人说：从前也有过一个类似的事，门都撞坏了，马也撞死了，事后不久汉昭帝就驾崩了。这准又是上天的一个预兆。皇上啊，您说杨恽这话说得用心何其险恶啊！

第二条罪状说：此前处决韩延寿时，杨恽曾上书为韩延寿求情。当时有人问杨恽：你能救下韩延寿吗？杨恽说：现在的朝政人人自危，我这样正直的人也未必能自保，哪敢说能救得下韩延寿啊！

第三条罪状说：有一回，杨恽参观一个类似画廊的地方。里面有很多前代的帝王，如尧、舜、禹、商汤、周文王等的画像，这些明君杨恽一概略过，最后偏偏指着夏桀、商纣的画像说：要是皇上哪天过来看看这二位，吸取一下他们的教训就好了。

第四条罪状说：杨恽曾说，秦朝要不是因为任用小人、残害忠良，很可能会传到现在的。而现在呢，"古与今如一丘之貉"。

戴长乐给杨恽列的第五条罪状是，杨恽前不久曾亲口对他说：正月以来，天久阴不雨，这正是当年夏侯胜讲的，是臣下犯上的预兆，所以皇上近期肯定不敢出宫。

戴长乐给杨恽列的这五条罪状，哪条坐实了，那都是大不敬，大逆不道。

所以，汉宣帝大怒：好个杨恽，让廷尉严查！

杨恽当然不承认，即便他真说过，可也没有证据啊！

当时的廷尉是于定国，后来做到丞相，也是一代名臣，铁面无私，办案能力超强。没有物证还没人证吗？除了戴长乐肯定还有证人。找证人！

最终，有证人证实杨恽确实说过类似的话，而且杨恽还威胁过他，让他别把这话说出去。

所以，廷尉认定杨恽有罪，大逆不道之罪。这要是别人，肯定拉过来就砍头了。

第 56 回 史上第一桩文字狱

不过汉宣帝还是非常爱惜杨恽，就手下留情了：这样吧，死罪饶过，免为庶人吧！

于是，杨恽算是躲过一劫，虽然官职没了，封的侯爵也没了，但他还是能够活得很滋润。

可是只过了三年，汉宣帝还是把他给杀了，为什么呢？因为"文字狱"，主要是因为杨恽的一封信，这封信让汉宣帝很厌恶。

是怎样的一封信呢？得说是中国文学史上极具文采的一封信，可以跟司马迁的《报任安书》相媲美，后人加的题目叫《报孙会宗书》，是杨恽写给他的朋友孙会宗的信。

先说杨恽写这封信的背景。杨恽本来被廷尉认定有罪，汉宣帝"不忍加诛"，把他免为庶人。我们可以想象一下杨恽当时的感受，虽然捡回一条命，可是在仕途上本来正春风得意，只不过因为私底下说了几句话，这一切就都没有了，而且说那些话时可能半点恶意也没有。这个大挫折、大屈辱怎么面对呢？

杨恽肯定想到了他外公司马迁是怎么面对的：发奋著书，扬名后世。

千金之家比一都之君，巨万者乃与王者同乐。——《史记·货殖列传》

只要足够有钱，什么高官、侯爵不都一样吗？于是，杨恽很快振作起来了，置了很多产业，建了一大片豪宅，每天声色犬马，吃喝玩乐，出来进去都是宝马香车。看上去比以前当中郎将、光禄勋时更潇洒，更让人眼红了。

他的朋友孙会宗当时在外地当太守，就给他写了一封信，说：杨恽兄啊，我怎么听说你现在过得很高调呢，我得提醒你：

大臣废退，当阖门惶惧，为可怜之意。——《汉书·杨恽传》

一个高官犯了错，被免官了，之后应该每天在家里自我反省，要有闯了祸特别害怕的样子。可你现在的风头比以前还足，声誉比以前还高，这样可不对啊！

杨恽一直是憋着一口气的，看了孙会宗的这封信他更委屈了：你怎么就不能理解我呢？

于是，他立即给孙会宗回了一封信，就是这篇《报孙会宗书》。大致就是：

孙会宗你什么意思啊？官不让做了，日子也不让过了吗？还给人活路吗？谁看得起商人啊？还有比商人地位更低的吗？我现在每天就干这个，还哪来的声誉啊？我建个大宅子跟妻妾们及时行乐怎么了？我花自己的钱过自己的日子没有妨碍谁吧？我白拿你当朋友了，怎么你也觉得我高调呢？怎么这么不理解我呢！咱"道不同，不相为谋"，以后各走各的路吧！

这算是一封绝交书。估计孙会宗看了杨恽的信肯定也很委屈，因为他劝杨恽的这句"大臣废退，当阖门惶惧，为可怜之意"，道理是非常深刻的，是真正为杨恽考虑，是诤友之言。

这是保命的道理啊！说到底，杨恽之死就是因为他没明白这个道理。

我们可以想象一下，当有人把杨恽的这个状态告诉汉宣帝时，汉宣帝是什么感觉？汉宣帝肯定会把它理解为一种叫板、一种示威：我杨恽的命运不是完全由你皇帝掌控的！

与此同时，汉宣帝又看到《报孙会宗书》中那两段让他厌恶的话，估计也就起了杀心。哪两段话呢？后人分析可能是这两段：

头一段是，杨恽跟孙会宗辩解，我不是没有闭门思过，我也悔罪了，也反省了。但是，即便国君、父亲死了，我给他们服丧送终也得有个头啊！到现在我已经被免官三年了，我还不能直起腰板来吗？

这是一段，汉宣帝肯定以为杨恽咒他死。

另一段是，杨恽卖弄了一下文采，说自己现在的心思就是尽情享受每一天，跟妻妾们喝酒唱歌——唱他自己写的诗。

其诗曰：田彼南山，芜秽不治，种一顷豆，落而为萁。人生行乐耳，须富贵何时！——杨恽《报孙会宗书》

后人分析，汉宣帝把这段理解成了杨恽对于朝政的暗讽。种的田都荒芜了，是说皇帝不理朝政；种了一顷地的豆子，等到豆子落地，只剩下了豆茎，是说贤才都被免为庶人了，光剩奸臣、庸臣了。

汉宣帝正厌恶着，正好赶上一次日食。日食在当时象征着灾异，这个灾异怎么应对呢？

有人上书：这个灾异肯定是因杨恽而起，因为他"骄奢不悔过"。

还有人证实，杨恽为盖宽饶、韩延寿的死鸣不平，骂汉宣帝：

县官不足为尽力。——《汉书·杨恽传》

这种皇帝根本就不值得为他尽力。当时称皇帝为"县官"。

最终，杨恽被腰斩于市，妻子、孩子被流放。

这个故事很让人感慨，不过班固在《汉书》里竟然一个字也没有评价。一般《汉书》写完哪个人的传，最后都有个"赞曰"，都得给这个传写几句评价。杨恽的传后面却没有评价。

不过在传的正文里，班固对杨恽的性格、为人有几句贬义的描述，诸如"性刻害，好发人阴伏""同位有忤己者，必欲害之"之类的。写盖宽饶时，也有类似的几句贬义的描述，诸如"深刻喜陷害人""好言事刺讥，奸犯上意"。这些都比较突兀，跟我们理解的这两个人物的形象——杨恽的轻财好义、盖宽饶的儒家理想主义——都有点矛盾。

人性当然是复杂的、多面的，但这里也有一种可能，就是班固在刻意地"为尊者讳"，他是故意加几句这样贬损杨恽、盖宽饶的话，以维护汉宣帝的形象，因为他自己仍然是汉朝的大臣。而司马光不是汉朝的大臣，他生活在一千多年后的宋代，所以他的"臣光曰"就比较客观。他说：

赵、盖、韩、杨之死皆不厌众心，其为善政之累大矣！——《资治通鉴·汉纪十九》

汉宣帝杀赵广汉、韩延寿、杨恽，逼死盖宽饶，这都是不让人信服的，都是他"孝宣之治"的污点。

司马光这样明确地指出这一点，是站在他作为大臣的立场上，提醒宋朝皇帝不要任性，要包容大臣。

总的来讲，在因言获罪是常态的古代政治环境下，古人论史、著史多数都有一种类似班固的感觉，说白了就是都存了一颗讨好皇帝的心。

这是我们读书时要注意的。孟子说："尽信书，则不如无书。"

杨恽被杀时，孙会宗及其他几个好友都受了牵连，被免官，其中有一个人很有故事。

第 57 回

海昏侯的
前世今生

讲历史，我们以帝王更迭为主线，围绕着一个个帝王讲清两方面的事：一是内忧，二是外患。

关于汉宣帝，内忧方面还有一个很重要的忧患，就是诸侯王问题。

在年轻的汉宣帝心中，他对当时的两个诸侯王仍然心存忌惮，头一个是此前做了二十七天皇帝的原昌邑王刘贺，另一个是汉武帝的四儿子广陵王刘胥。因为从与汉武帝的血缘关系看，这俩王都比他更近一些，都更应该当皇帝。只不过他们不入权臣霍光的眼，他才有机会的。

可是，如果哪天再冒出个权臣支持这两人来争皇位怎么办呢？这不是没有可能的。当然，开始时汉宣帝还顾及不到这方面，他那时最忌惮的还是霍光和霍家。直到公元前66年，汉宣帝灭掉霍家之后，他就惦记上这两个人了。

这时候刘贺在哪儿呢？在他原来的昌邑国，也就是今天的山东菏泽。

刘贺被废后，昌邑国改为山阳郡，由朝廷直管，刘贺被软禁在原昌邑王宫。汉宣帝还是不放心，毕竟他没见过刘贺，也不了解，万一刘贺哪天再卷土重来怎么办？于是，汉宣帝给当时的山阳太守下了一道玺书。

这是一道密诏：我要交代你的，就是要秘密监察刘贺跟谁有来往，及时发现可疑人员，别让他们串联什么事。另外，还必须保护好他，别让盗贼、坏人把他伤了。

当时的山阳太守是谁呢？就是张敞。

张敞可不是一般的官员，张敞是官三代出身，他爷爷曾做过太守，他父亲做到了光禄大夫，他自己先是一步步做到了太仆丞——太仆手下的一个官，然后做了一件出彩的事，一举成名。什么事呢？这件事跟刘贺有关。

当时刘贺刚当了十几天皇帝，太仆丞张敞便上了一道奏疏，说：皇上，我得提醒您，您犯了大错！

国辅大臣未褒，而昌邑小辇先迁，此过之大者也。——《汉书·张敞传》

朝中那么多重臣，您一点封赏、提拔都没有，怎么偏偏急着提拔昌邑国的那帮小官呢？大错特错啊！

满朝文武都震惊了，这么个小官敢言别人想言而不敢言者，了不起！

霍光也是眼前一亮：好一个张敞，提拔！

于是，他破格提拔张敞做了豫州刺史。

随后，汉宣帝上来，对张敞的印象也非常好。因为张敞很活跃，没事就上道奏疏，提点意见或建议，都能说到点子上，而且一点毛病也没有。

霍光跟汉宣帝一商量，又提拔张敞做了太中大夫、平尚书事，一下进了最核心的权力层。不过不久，不知道哪点张敞做得不入霍光的眼了，霍光又把他踢出来了，先是让他做了一段时间的函谷关都尉，随后又派他来监控刘贺，做山阳太守。

张敞当然不甘心。他耐心等着，便等来了一个消息：霍光死了。然后，他又听说汉宣帝开始频繁地调整霍家人的官职。

张敞眼珠一转：噢，皇上这是有想法了，这是个机会。

于是，他立即上书，讲了一通怎样平稳收回霍家权力的思路、建议，最后说：皇上，此事事关重大，您身边的近臣未必可靠，我又离着您太远了。

夫心之精微口不能言也，言之微眇书不能文也。——《汉书·张敞传》

那种特别精微的心思语言表达不出来，那种特别微妙的语言文字表达不出来。我只能给您写奏疏，可这种交流效果太差了。我必须跟您当面谈，那样效果才好。您快把我召回朝廷吧！

汉宣帝看完这篇奏疏，一笑置之。因为他有魏相辅佐，当时对付霍家已经胸有成竹了，所以没有召回张敞。

汉宣帝灭掉霍家后，给张敞发来了前面提到的那封密诏。

张敞多聪明，立即明白了汉宣帝的心思，马上回了一篇奏疏，详细汇报了这几年来对刘贺的监控情况，《汉书》全文抄录。这可以说是一篇很重要的史料。

张敞在这篇奏疏里先是对监控工作做了概述：皇上，您放心吧，刘贺和他的妻子、孩子，还有一百八十三个奴婢全部老实待在昌邑王宫里，不能随便出入。我派专人在门口守着，全天严密监控。除了一个负责买菜、买饭的每天可以出来进去，别人出宫必须向我报告，由我审批。而且除了食物，任何东西都不准带入王宫。另外我还用原昌邑王的钱雇用了一批守卫，在王宫四周负责保卫工作，绝对确保他们的安全。

随后，张敞详细地讲了一年多前他亲自进入王宫视察的情况。他知道汉宣帝对刘贺的长相比较好奇，所以他做了一番描述，说当时他看到的刘贺，有二十六七岁，面色青黑，小眼睛，小鹰钩鼻子，眉毛、胡子稀稀落落，个头很高，但是佝着腰、拖着腿，行走不便，这就是一个未老先衰的人啊！

张敞接着说，那天他进入昌邑王宫之后，刘贺穿着一身普通郎官的衣服来拜谒他。两人在院中聊了一会儿，其间，刘贺的妻妾和孩子们都出来拜见。刘贺一一介绍他的十六个妻妾，还有二十二个孩子，即十一个儿子和十一个女儿，介绍到其中一个女儿时，他说这个孩子的姥爷是执金吾严延年。其他的跟朝中大员都没什么联系。

中间，张敞想探探刘贺的内心世界，假装不经意地说了一句：你发现没有啊，咱昌邑这儿有不少的枭呢？

枭，就是现在的猫头鹰，在古代它被看作是一种不祥之鸟。

张敞的言外之意是：刘贺啊，你就不担心皇上杀你吗？

可是刘贺半点也没往这方面想，顺口接过来：是呢，以前这儿没这种鸟，现在也不知怎么回事就多起来了。

总之，通过这次跟刘贺面对面的交流，张敞得出一个结论：

第57回 海昏侯的前世今生

> 察故王衣服言语跪起，清狂不惠。——《汉书·武五子传》

通过观察前昌邑王刘贺的穿戴、举止，他认为刘贺不但身体不行了，而且意识不清。

张敞还提到一个情况，说之前刘贺的父亲死后，留下十来个宫女，都没有生孩子，按常规应当放出宫去。可是刘贺都留下了，名义上是给他父亲看管墓园。

张敞曾派人找刘贺：你这样不行，赶紧把这些女人都打发走，不然让朝廷知道了不好。

刘贺竟然回复：太守啊，她们以前就爱互相掐，现在把她们扔在墓园，她们怎么闹咱都不管，谁要是病了也不给她治，过不了多久就都死了，正好给我爹陪葬。

张敞说：从这点也可看出刘贺不但身体不行、脑子不行，而且心地也不行，一点也不仁义。简直一无是处！皇上，您就彻底放心吧！

汉宣帝看完这篇奏疏很高兴：这样的人肯定是不足为患了。既然如此，那我再给他一些恩惠吧！传旨，废帝刘贺封为海昏侯。

这是不是听着耳熟？近些年来轰动全国的考古事件，就是海昏侯墓的发现和发掘，在今天江西南昌。海昏侯墓出土的文物非常多，光西汉的铜钱、五铢钱就有十多吨、二百万枚，马蹄金之类的金器有一百五六十斤，还有好多春秋战国时期的青铜器、玉器。

这个墓的主人海昏侯不是别人，正是刘贺。

刘贺的墓怎么到江西南昌了呢？他被封为海昏侯，食邑四千户，就是有四千户的封地，这个封地也就是海昏侯国，在当时的豫章郡。豫章郡大致就是今天的江西省，其治所大致就是南昌。

"南昌"这个地名很可能就是"南昌邑"的简称，因为原昌邑王刘贺被贬到这里，相对的地理位置上，原来是北昌邑，这就成南昌邑了。

刘贺到了海昏侯国之后还有什么故事呢？《汉书》里记载了当地官员的两篇奏疏，都跟他有关。

头一篇是扬州刺史写的，豫章郡属于扬州刺史的管辖范围，这个刺史向汉宣帝告状，说豫章郡有个官员跟刘贺交往密切。

有一次，这个官员问刘贺：侯爷啊，当初霍大将军要废您的时候，您怎么也不反抗呢？当时您要是把宫门一关，发出道圣旨，杀霍光，谁敢不听啊！

刘贺答：你说得对，确实怪我错失机会！

这个官员还怂恿刘贺，让他争取做豫章王。这都得说是不小的罪过。

汉宣帝看完这封告状信很生气，立即派人调查，调查的结果是情况属实。正要处罚刘贺时，刘贺死了，这一年是公元前59年，他三十三岁。

关于刘贺的第二篇奏疏，是在他死的时候，当时的豫章太守向朝廷请示怎么安排刘贺的后事。大致是说，海昏侯刘贺生前曾上报朝廷，自己死后要把侯爵封地传给大儿子，可是这个大儿子比他死得还早。于是又上报朝廷想传给二儿子，结果二儿子也死了。可见这也是天意，奏请朝廷就把海昏侯国取消吧，别再往下传了。

宜以礼绝贺，以奉天意。——《汉书·武五子传》

应当采用个什么礼制，正式断绝刘贺这支皇族支脉，这也算是顺应天意。

朝廷批复：同意，就这么办吧。

至于怎么做才算是按礼制，这些由豫章太守自行安排。于是，这位太守把刘贺生前的所有财产——金子、铜钱、古董、书籍、吃的用的全部陪葬。反正也不往下传了，都跟他到地底下去吧，留在外面没准还得招惹是非。

于是就有了海昏侯墓里这么多的文物，而且刘贺的牙齿、临死前吃到肚子里的香瓜子等，都还保存得非常好。

刘贺的墓里陪葬了很多书，可见他生前一定是一个爱读书的人。从其他陪葬的物品也看不出他是一个喜欢吃喝玩乐的人，不应当是史书写的那么不堪的。史书里关于他的那些特别负面的形象，很可能是当权者故意抹黑的。

不过，总的来讲，刘贺的结局不算坏，虽然死时年纪不大，但毕竟还是善终。而且若干年后他的海昏侯国又被恢复了，汉元帝重新封他的儿子刘代宗为海昏侯，一直延续到东汉。两千多年后，他的这个墓也让他很风光。

而另外一个被汉宣帝忌惮的人——广陵王刘胥的结局就差一些了。

汉武帝死前看不上老三刘旦和老四刘胥的母亲，也看不上这俩儿子，就传位给了刘弗陵。汉昭帝死时，作为汉武帝唯一在世的儿子刘胥是有机会的。

可是霍光怕让刘胥即了位，他外孙女就当不了太后了。于是废长立少，让刘贺即位。刘贺被废之后，还是没刘胥什么事，反而让废掉的戾太子刘据流落民间的孙子来即位。可是刘胥一点反抗的实力也没有，只能任人摆布，于是他暗暗地诅咒这帮人：等你们都死绝了，我看谁还不让我当皇帝。

公元前54年，汉宣帝以诅咒天子的罪名派人调查刘胥，刘胥畏罪自杀。

他被立为广陵王有六十四年，估计是三四岁被立为王的。死后国除，广陵国划为郡县直管。

《汉书》上说，临死前，刘胥也有一个类似霸王别姬的场面，他把妃子们、子女们都叫到跟前，喝酒，唱歌跳舞。刘胥慷慨悲歌：

欲久生兮无终，长不乐兮安穷！
奉天期兮不得须臾，千里马兮驻待路。
黄泉下兮幽深，人生要死，何为苦心！
——《汉书·武五子传》

大意是说，人们都希望长生不老，可是如果不快乐，活那么久又有什么意思呢？而且生死有命，这是我的命，想多活那也是妄想，只可惜我这匹千里马一辈子被拴在路边。从来黄泉路上无老少，谁到最后也难逃一死，这也没什么好伤心的。孩子们，我走了！

史书不大可信，诗还是可信的。刘胥唱的这首绝命诗伤感至极，很见才情。

第58回

酷吏屠伯和张敞画眉

上回讲海昏侯刘贺时提到两个人：一个是当时的山阳太守张敞；另一个是刘贺一个女儿的姥爷，执金吾严延年。

这里讲的严延年不是执金吾，是一位酷吏，两人同名。酷吏严延年的成名也跟刘贺有关。

那时严延年还只是一个小御史，他竟敢弹劾霍光。他上书刚刚即位的汉宣帝，说：霍光废皇帝、立皇帝，这绝不是人臣所为，太大逆不道了！

擅废立主，无人臣礼，不道。——《汉书·酷吏传》

霍光这边正在气头上呢，严延年再次上书，弹劾霍光的亲信大司农田延年。这个田延年也是废立事件的主要参与者。

严延年后来因为一个大不敬的罪名被霍光揪住判了死罪，赶上一次大赦，死罪一笔勾销，又被重新起用。

严延年做过县令，也从过军，后来做到了涿郡太守。当时涿郡强盗横行，这些强盗都跟当地两大豪族有联系：一个西高氏，一个东高氏。当地老百姓有句话：

宁负二千石，无负豪大家。——《汉书·酷吏传》

太守可以惹，这两家子惹不起。

严延年到任之后，三下五除二就把这两高氏除了，一下子"道不拾遗"。

一般这个词都是讲酷吏时才用，因为人们被酷吏的严刑峻法给吓住了。

严延年也很严酷，《汉书》上说，他在涿郡干了三年，之后调任河南郡太守。河南人民送给他一个外号，叫"屠伯"。

他疾恶如仇，对那些违法犯罪的坏人，特别是那些豪强，不管是轻罪还是重罪，他都往死里整。因为他从小学习法律，所以只要是他亲自整理的案情材料，报到朝廷，都是报过去立马就被批了：好，罪大恶极，批准死罪，今冬问斩。

到了冬天，挑个日子，把全部死刑犯集合起来，好几百个，排好队，一声令下：斩！血流数里。所以，他就有了这个外号"屠伯"。

当时张敞正做京兆尹，他跟严延年是好朋友，就给严延年写了一封信：严兄啊，我得提醒你。

昔韩卢之取菟也，上观下获，不甚多杀。——《汉书·酷吏传》

韩卢是一种著名的猎犬，捕猎时它先看主人的眼色，主人让追它才去追。你明白我的意思吗？少杀点人吧！

严延年不以为然：张兄啊，你这叫什么话，田里的那些杂草比庄稼苗长得还茂盛，我这个农夫能不管吗？能不把它们都锄干净吗？

他的酷吏做派半点也没收敛。很快，他就知道张敞的高明了。

当时河南郡整体的治理还是不错的，各方面指标都比较靠前，严延年的政绩在所有太守中是比较突出的。按照惯例，地方上太守政绩突出的可以被提拔到长安做三辅的长官，也就是做京兆尹或左冯翊、右扶风。

那时汉宣帝就想调严延年来做左冯翊，调令都写好了，结果有人跟汉宣帝说，严延年是个酷吏，外号叫"屠伯"，这件事也就没下文了。

因为汉宣帝跟汉武帝不一样，他还是比较喜欢黄霸这样的循吏。

严延年当然很窝火，这是谁跟皇上说的呢？太可恶了。

原来是他手下的府丞义因为治蝗灾不力，被严延年臭骂了一通。他以为严延年要杀他，算了一卦后更认定了。

其实，严延年骂完也就完了，他还是很器重这个府丞义的。

吏忠尽节者，厚遇之如骨肉。——《汉书·酷吏传》

对于尽忠尽节的下级，他厚待他们如同骨肉。

可是，这个府丞义认定了严延年要杀他。于是他先下手为强，上书朝廷列举了严延年十条罪状，然后，"饮药自杀，以明不欺"，这一下子就把严延年置于死地了。

那么，这个府丞义都列举了严延年的哪十条罪状呢？史书没写，只说严延年以怨恨、诽谤朝廷政治、杀人无道之罪被处死。

坐怨望非谤政治不道弃市。——《汉书·酷吏传》

大致看，这又是一个文字狱，估计是严延年私下说了抱怨朝廷的话，这个府丞义记下了，编成了罪状，使得严延年被杀。

严延年都抱怨什么了呢？《汉书》说严延年曾经举荐过一个狱吏，后来这个狱吏贪污了，严延年也跟着挨了一个处分。严延年就抱怨：这样以后谁还敢举荐人啊？

这么点事就成了一条罪状。总之，单从处死严延年的这个罪名来看，严延年是挺冤的。不过，从另一个角度来讲，他的这个下场似乎又在意料之中，起码是在他老母亲的意料之中。《汉书》上是这样讲的，早在严延年被杀前一年多，他的老母亲从东海老家赶到河南郡来看他，那时刚入冬，老太太想来太守儿子这儿一块过腊八节，然后过个冬。

结果老太太刚到洛阳，正赶上严延年公开处决犯人。街头巷尾的老百姓都在谈论"严屠户"。

老太太大惊，于是就住进了客栈，不去严延年的太守府了。严延年听说母亲来了，赶紧来接，老太太却闭门不见。

严延年在门口磕了半天头，老太太才出来，把严延年大骂一通：有你这么当父母官的吗？就知道杀人立威，这是你做官的本意吗？

严延年紧着磕头：娘啊，您老别生气了，孩儿错了，赶紧回家再说吧。

费了很大劲，严延年才把老母亲接到家里。老太太只住了几天，一过腊八，立马收拾行李：套车，回家！

严延年赶紧拦着：别啊，娘，现在冰天雪地，过了冬再回吧。

老太太鼻子一酸，眼泪直流，说：

天道神明，人不可独杀。——《汉书·酷吏传》

儿啊，苍天在上，明察秋毫，你杀这么多人会遭报应的。我怎么说你也听不进去，我不能在你这儿住了，我都这么大年纪了，我怕在这儿眼睁睁地看着你哪天被人杀了。我回老家，把咱家的墓地先给你打扫出来。

一年多后，严延年的尸首真就运回了老家墓地安葬。

除了严延年，她还有四个儿子，全部官至两千石，当地人称老太太"万石严妪（yù）"。

接下来把张敞的故事再简单讲一下。

张敞不乐意当山阳太守，总想着再被调回朝廷，回到汉宣帝身边。他经常给汉宣帝写奏疏，又是秀才艺，又是表忠心。可汉宣帝就是没动静，怎么办呢？不能干等着，还得争取表现的机会。

有一年胶东国闹土匪，当地的官员制不住，汉宣帝也很着急。

张敞听说了，立马上书：皇上啊，山阳郡我已经治理得很好了，干脆调我去胶东吧，那边不是土匪猖獗吗，我去办他们。保准马到成功！

这回汉宣帝很痛快，立马批准。

张敞也不含糊，到了胶东一下就把土匪制住了。他是怎么做的呢？

《汉书》里记载的主要是两条：一是分化瓦解土匪，悬赏他们互相捕杀，有立功的可以招安，不再追究罪过；二是对追捕土匪有功的官吏大力保举，升县令的有好几十人。

当然他能保举成，也是因为临到胶东前他跟汉宣帝已经说好了：皇上，您到时得给我开绿灯，您要跟丞相交代好，我保举谁都得批，不能墨守成规，这样才有激励的效果。

总之，张敞又露脸了。

汉宣帝大悦：好，重用！回长安吧，来干京兆尹。

京兆尹这个职位不是一般人干得了的，那么张敞干得怎么样呢？他干得很好！

他非常干练，对手下的驾驭能力很强，赏罚分明，打击犯罪不遗余力。

他都怎么打击犯罪的呢？《汉书》里举了一个例子。

当时长安的小偷特别多，把那些市场上做生意的人都偷惨了。官府束手无策，连汉宣帝都知道了，对张敞说：叫你来当这个京兆尹，先不用打击豪强权贵，先把这些小偷制住。

张敞一拍胸脯：皇上，您放心吧。

随后，张敞下去调查，找基层的人了解情况。原来长安的这些小偷竟然是有组织的。小偷组织里有几个大头目，张敞也都摸清楚了。据说，在知情人眼中，这几个头目：

居皆温厚，出从童骑，闾里以为长者。——《汉书·张敞传》

从外表一点都看不出来，他们生活都十分富足，出门骑马，带着童仆，街坊邻居们平时还以忠厚长者相待。

这让张敞大跌眼镜，哭笑不得："擒贼先擒王"，先把这几个头目请来吧。记住，要秘密行动！

没过几天，张敞就把这几个头目全搞定了，都招安了。然后这几个头目回去组织小偷开大会，全长安的小偷都来了，一起喝酒，中间这几个头目给在场的每个人身上都做了一点记号。

随后，长安的捕快就按记号抓人，一天抓了好几百个小偷，一举歼灭。

总之，张敞在打击犯罪方面很有一套，不亚于赵广汉。

另一方面，张敞早年是学《春秋》的，很有学问。《汉书·郊祀志》里提到，有个地方出土了一个古代的鼎，上面有铭文，朝廷里那么多官员都是有学问的，可都不认得这些字，唯独张敞认得，并且引经据典地讲了一通，如这个鼎什么来头、什么用途、应当怎样处置等。

另外，张敞还能把学问跟政务很好地结合，《汉书》说：

以经术自辅，其政颇杂儒雅，往往表贤显善，不醇用诛罚。——《汉书·张敞传》

他是介于酷吏和循吏之间的一种为政风格，既有酷吏的那种刚猛，又有循吏的宽和，也很讲究儒家的教化，既讲法治，又讲礼治。

张敞一直很活跃，对于朝廷中的各种问题，他都积极上书汉宣帝发表自己的看法，都讲得很有道理，让人服气。

所以，可以说他是汉宣帝跟前的红人，文武全才，声誉很高。

那么，汉宣帝会不会再提拔张敞呢？毕竟京兆尹还只是两千石，上面还有三公九卿，那才叫权贵。提了吗？没有。为什么呢？

张敞的京兆尹做了九年之久，比赵广汉还多三年，可是一直也没被提拔。后来因为他是杨恽的朋友，受杨恽牵连还被免为庶人。

这中间还发生了一段小插曲。当时免除张敞京兆尹官职的正式文件迟迟没有下达，所以张敞就想着站好最后一班岗，照常工作，照常办案。

这时正好有个案子，他跟往常一样，派手下一个叫絮舜的人去办理。

而絮舜领了这个差事之后，出了官衙直接就回家去了，还跟人说：

今五日京兆耳，安能复案事？——《汉书·张敞传》

他还能干几天京兆尹啊，我伺候不着他了，他能拿我怎样啊？

张敞本来被杨恽牵连免官就窝着火，一听说这个一下子就炸了，让人将絮舜抓捕入狱，定了他的死罪。当时还有一两天就立春了，死罪就不能执行了，所以立即行刑。临行刑之前，张敞写了张便条，让手下给絮舜送去，上面

第 58 回 酷吏屠伯和张敞画眉

写着:

五日京兆竟何如?——《汉书·张敞传》

你不是说我是"五日京兆"管不着你了吗?怎么样啊?你是不是心里还盼着冬天一过就杀不了你了?妄想!他真就把絮舜杀了。

转过天来就立春了。絮舜的家人当然不干了,拉着尸首,拿着张敞写的那个字条告状。

下面人报给了汉宣帝。汉宣帝爱张敞之才,决定放他一马。他把告张敞的这个状子压下了,先把免张敞官的文件签了。张敞立即交回印绶跑了,藏起来了。

张敞在外面藏了一段时间之后放松警惕了,中间偶尔也偷着回家看看。

有一天,张敞刚回家就听见外面人声嘈杂,偷偷一看,是宫里来人了,已经进了院,有拿着兵器的,也有没拿的。家人都吓坏了,哭成一片。

张敞笑了:哭什么呀?这肯定是好事,是皇上要用我,所以派宫里的使者来了。否则我现在已经被免为庶人了,哪还用得着宫里的人来啊!

结果真是这么回事。

在张敞被免的几个月里,长安各种案子又多起来了,而且冀州那边又闹土匪了,别人制不住。

汉宣帝心中窃喜,幸亏留着张敞,让他去做冀州刺史吧!

张敞做了几年冀州刺史,又做了几年太原太守,都干得很好,但没再往上升。再后来,汉宣帝死了,汉元帝即位,想调张敞来做太子太傅,被当时的重臣萧望之劝止。

望之以为敞能吏,任治烦乱,材轻,非师傅之器。——《汉书·张敞传》

萧望之认为张敞能啃硬骨头,是治烦乱的能吏,但是张敞的问题是"材轻"，不适合做太子太傅。

那么，萧望之所谓的"材轻"是怎么回事呢？这可能就是张敞止步于两千石京兆尹，而不能被提拔到公卿之位的原因所在。

就在此前张敞作为京兆尹大得汉宣帝欣赏之时，有人曾弹劾过张敞，说他没有威仪。比如，有时退了朝，他坐着公务车走在公路上，他会自己驾车，还飙车。他这样显得轻薄。

所谓"材轻"，大致有点这个意思，当然也不完全是这个意思，他杀絮舜的做法更能显出"材轻"。

张敞还有一个更轻薄的事，至少在当时那些观念保守人士看来是更轻薄的事——他每天都给妻子画眉，而且整个长安都知道，张京兆画的眉太妩媚动人了。

当时汉宣帝看完这篇弹劾张敞的奏疏很好奇，他头一次听说张敞还有这手艺：张敞啊，你说说，是有这事吗？

张敞微微一笑，汉宣帝也是会心一笑。

不过，他最终也没有进一步重用张敞。

第59回

楼兰姑娘

前面着重讲西汉帝国内部的故事，但跟西域怎么样呢？接下来补上这块。就从公元前 90 年开始说。

这一年汉武帝六十六岁，派贰师将军李广利等率十几万大军北击匈奴。最终惨败，李广利投降匈奴。

这可以说是汉匈开战几十年来匈奴最大的胜利，重创大汉帝国。匈奴骄傲了，于是，匈奴单于派使者给汉武帝送来一封信，这封信写得咄咄逼人，一点书信的规矩礼仪也不讲，连个称谓都没有，开口就是：

南有大汉，北有强胡。胡者，天之骄子也，不为小礼以自烦。——《汉书·匈奴传》

南有大汉，北有强胡。我们胡人是天之骄子，我们不讲究你们汉朝那边的什么礼仪。

咱们有话就直说，我们匈奴想让你们汉朝重新开放边境的关市，还想娶你们的公主，另外，你们每年还得给我们进贡一万石糵米、五千斛稷米、一万匹丝绸布帛，还有就是以前和亲时的约定照旧。这样的话，我们就不来抢你们了。

这口气真是太狂了！汉武帝派出使者到匈奴这边来和谈。

匈奴又挖苦这位使者：汉朝使者啊，你们大汉整天说什么独尊儒术，用礼乐、礼义治国，怎么你们的太子跟皇帝还打起来了呢？还杀得你死我活的？

这个问题很难回答，可这位使者还真不含糊，说：大单于，这事您听错了。我们太子不是跟皇帝打起来了，是跟丞相打的。

确实，当时代表汉武帝带兵镇压的是丞相刘屈氂。汉武帝当时在甘泉宫养病，并没有到打仗的前线，所以使者这样讲也没错。

使者继续说：这个事情丞相是有罪的，所以我们皇帝把丞相处死了。太子当然也有罪过，但是这属于小罪过。总之，您由此质疑我们大汉朝的礼义文明是没有依据的。而您呢，您祖上冒顿单于弑父自立，老单于死了，新单于直接就娶了他的小妾小阏氏，禽兽不如！

单于恼羞成怒，把这位使者扣下，三年后才放回去。

那么，汉武帝到底有没有接受？应当没有，至少史书上没有记载。史书上只是说，就在接到匈奴这封信的同一年，汉武帝下了《轮台罪己诏》，反省了自己打匈奴的做法，然后直到他去世也没有再跟匈奴打。

贰师将军李广利投降之后本来很得匈奴单于宠信，单于把女儿嫁给他，还给他封王，恩宠竟在卫律之上。所以卫律很嫉妒他，就想算计他。

正好单于的母亲生病，一直也治不好，其间医巫并用，卫律便把治病的巫婆收买了，让这个巫婆去跟单于说：老单于的魂找我了，他很生气，说怎么以前总说哪天抓了李广利一定要杀了他祭天、祭我，可真抓住了却不杀了，还给他封王。

单于真信了，把李广利杀了。《汉书》里说，李广利死前痛骂单于：

我死必灭匈奴！——《汉书·匈奴传》

我李广利变成鬼也不会放过你们的，我一定要灭了匈奴。

对李广利、卫律如何评价？我们对一个人其实很难有非黑即白的评价，因为人都是复杂的，特别是历史人物，我们对他们的了解并不全面，只是一两个侧面。

卫律绝对是个反面人物，跟汉使苏武的正面形象正好对立。可是，《汉书》里却有这样一句话：

> 卫律在时，常言和亲之利，匈奴不信。——《汉书·匈奴传》

卫律作为被匈奴单于宠信的重臣，他一直都是呼吁匈奴与大汉和亲的。

我们回过头来看，卫律呼吁的和亲、和平，无疑是对双方都有利的。

李广利当然也有他的苦衷，他带着大军在前方跟匈奴浴血奋战，后面汉武帝却把他的妻子和孩子都抓了，罪名是跟丞相刘屈氂一起诅咒汉武帝，要立他外甥昌邑王刘髆为帝。而且刘屈氂全家已经被杀了，那时李广利还没想投降，还跟匈奴左贤王、左大将的精锐打了一次大仗，而且打胜了。随后又是跟单于主力苦战一番，最后败了，已经到了绝境，这才投降的。所以，匈奴单于才会那么高看他的。

李广利死前的这顿骂并不是轻飘飘的，他实实在在给了匈奴一种心理上的压力。就在李广利被杀之后，匈奴真就遭难了，一连数月的雪灾冻死了好多人和畜产，吓得单于竟然给李广利修建了祠堂祭祀他。

虽然说李广利不可能有那么大的威力，可是就在李广利被杀后，匈奴刚刚有要复兴崛起的样子，马上又开始走下坡路了。特别是公元前85年，也就是汉武帝去世的两年后，杀李广利的那个很强的单于——狐鹿姑单于死了。匈奴内部便陷入了各种权力争夺，整个匈奴就开始衰落了。

这时匈奴很担心汉朝趁火打劫，为了示好，才有了送还苏武的事。接下来便有了一段和平时期。

可是匈奴作为游牧民族，他们自己不种粮食，到最后还是得打汉朝的主意。比较大的一次战争是在公元前80年，也就是霍光灭掉上官桀父子的那一年，匈奴两万兵马南下，被汉军杀得大败。后面还有几次，匈奴也都没占着什么便宜。

于是匈奴转而打西边乌孙的主意。公元前71年，单于带着数万大军打乌孙。本来打了个大胜仗，可是天公不作美，回来的路上遭遇暴雪。一天工夫雪下了一丈多深（汉朝时一丈相当于两米多），最后单于数万大军回来的不到十分之一。

祸不单行，北面的丁令、东面的乌桓，还有西面的乌孙，他们以前总被匈

第 59 回 | 楼兰姑娘

奴欺负，现在都乘机一块来打匈奴。汉朝也派出三千多人来打，再加上雪灾，一下子匈奴就应付不过来了，差点灭亡了。

匈奴内部的分裂也在不断加剧，到公元前 57 年时，匈奴内部甚至出现了五个单于，各领一帮，互相打仗。最终剩下两个单于，一个叫呼韩邪单于，一个叫郅支单于。

公元前 51 年，呼韩邪单于来到长安朝见汉宣帝，向大汉称臣，他所带领的这部匈奴史称"南匈奴"。郅支单于带领的那部匈奴史称"北匈奴"，继续与大汉为敌。

从汉武帝死到汉宣帝，这段时期大汉对外方面比较有故事性的，是跟西域方面的情况。

一个是关于楼兰的。《汉书》上讲，西域本来有三十六国，后来又有分裂，发展成五十多个国。这些国到今天最有名气的可能是楼兰国。为什么楼兰最有名呢？因为《楼兰姑娘》这首歌。

在古楼兰国区域发现了一具少女的干尸，她头上插着翎毛，很像一个新娘。据研究，这具楼兰干尸死亡时间距今四千年左右。学者们给她进行了相貌复原，画了一张像，特别漂亮，于是就有了"楼兰姑娘"的说法，或者叫"楼兰新娘"。

楼兰东北方向不多远的一个地方叫居延，是当初汉武帝时的大将路博德建的一座城。20 世纪 30 年代以来，考古工作者在这里发掘了大量汉简，这就是著名的"居延汉简"。

楼兰，这么美的名字，却在公元前 77 年被改了，楼兰国改成了鄯善国。为何要改名呢？这还得从汉武帝征服西域说起，在西域的这三十多个小国中，楼兰离汉帝国最近，紧靠玉门关西边，就在今天罗布泊这儿，所以楼兰国就成为汉帝国进入西域、征服西域的第一站。

而汉帝国征服西域的最大阻力在哪儿呢？西域都是小国，都不足以跟汉帝国对抗，最大的阻力当然是匈奴。所谓汉帝国征服西域，其实就是在跟匈奴争夺对西域的控制权。

匈奴想继续控制西域，与汉帝国对抗，也是要先控制楼兰。于是楼兰两头受气，它哪边都得罪不起，都得任人摆布。比如，李广利第二次带兵打大宛，军队要从楼兰境内经过，楼兰王不敢说什么。匈奴想偷袭汉军，派兵到楼兰境内埋伏，楼兰王也不敢说什么。

随后汉朝知道了这个情况，就派玉门关的守将带兵过去把楼兰王抓到了长安。西域三十六国总共二十多万人，楼兰国只有一万多人，太小太弱了。此前汉军大将赵破奴带着七百壮士就抓过楼兰王，这次也没费劲就抓来了。

汉武帝质问他：你们怎么能这样呢？

楼兰王辩解：

小国在大国间，不两属无以自安。——《汉书·西域传》

陛下啊，我们楼兰这样的小国夹在两巨头中间，我不两头讨好怎么办呢？要实在不行，您干脆把我们收编了，我们楼兰人全都移到内地。

汉武帝感觉楼兰王也怪可怜的：好吧，你回去吧。

楼兰王松了口气，回去之后还是得两头讨好。这边给汉朝送一个王子当人质，那边也得给匈奴送一个王子当人质。

不过，总的来讲楼兰还是跟汉朝走得更近一些，因为汉朝更强。所以这任楼兰王死后，楼兰国请求汉朝把当人质的王子放回来接班即位。

汉朝这边竟然没同意，说：我们皇上太喜欢这个王子了，舍不得让他回去，你们看着立别人吧！

实际情况是这位楼兰王子因为犯了什么罪，已经被施了宫刑，无法回去当国王了。

于是楼兰只好在国内又选了个王子立为国王。新国王又送了王子到汉朝当人质，当然也送了王子到匈奴那边。过了几年，这个新国王又死了。匈奴那边先得到消息，立即把王子送回来，继承了王位。

现在这个楼兰王当然是亲匈奴的，汉朝这边召他到长安朝见他也不去，据说暗地里还串通匈奴劫杀过汉朝使者。

劫杀汉朝使者也是事出有因，因为汉朝使者出使西域都从楼兰经过，楼兰

第 59 回 | 楼兰姑娘

都派人当向导,迎来送往的,可是有的汉朝使者竟然还抢人家东西。

有一次汉朝又派使者到西域,到大宛去,中间经过楼兰,这位使者便来责问这位楼兰王。

楼兰王赶紧谢罪:这都是误会啊!我们可不敢……

这位汉朝使者不是一般人,他叫傅介子,军人出身,很强势,劈头质问:有什么可误会的,我问你,匈奴最近有使者到西域是不是都从你们这里过去的?

楼兰王答:确实,前几天刚有匈奴使者路过,我们也实在不敢得罪匈奴,还请大使体谅。

傅介子问:那些匈奴使者走的是什么路线啊?

楼兰王也如实说了。

随后傅介子出了楼兰,又到了龟兹,正迎上刚从乌孙回来的匈奴使者。傅介子带着手下人上去就把匈奴使者杀了,龟兹国也不敢说什么。然后傅介子顺利出使完大宛回到长安,来向霍光复命。

他向霍光提议:大将军,楼兰和龟兹这两个小国总是勾结匈奴挑事儿,要是不好好教训他们,没办法警示其他西域国家啊!

霍光皱着眉,点点头。

傅介子立马跟进:大将军,我知道您不愿意擅启兵端,您看这样行不行,我带点精兵过去把龟兹国王刺杀了,怎么样?您放心,我还是有把握的,此前我见龟兹国王的时候,发现这个国王接见人时一点防备都没有,要刺杀他应当很容易得手。

霍光想了一下:这样吧,龟兹离着咱太远,有点什么事也用不上。你先去把楼兰王杀了!

于是,傅介子再次以出使西域的名义来到了楼兰国。楼兰王戒心很大,接见傅介子时离得很远,勉强走了个形式。傅介子早有准备,带着手下人动身继续往下一国走。快出楼兰国界的时候,他故意把带的金银财宝露出来,露给谁看呢?

露给楼兰国这边接待的人看,于是这几个人赶紧向楼兰王汇报:国王啊,他们有好多钱，不弄点儿可惜啊！

楼兰王说：哎呀，快快把大汉使者接回来，我要设宴款待！

于是傅介子再次来到楼兰王面前，参加饮宴，很快，楼兰王和作陪的楼兰贵族都喝醉了。

傅介子感觉差不多了，端着酒杯站起身来：大王啊，皇上还让我给您带了两句话，不方便让别人听，咱到旁边去说。

楼兰王说：好，好，这边请……

于是傅介子跟楼兰王进了旁边的屋子。傅介子两个手下也紧随而入，一人一刀直刺楼兰王后背。

可怜了这位楼兰王，都没有挣扎就死了。场面顿时大乱，喝酒的楼兰贵族四散而逃。很快，楼兰士兵们都围上来了。

此时，傅介子毫无畏惧之色，大声宣布：楼兰王勾结匈奴劫杀汉使，死有余辜。我大汉皇帝现已调遣大军在玉门关集结，随时可灭掉楼兰。我是先行来诛杀楼兰王的，你们听我的还能保住国家不亡。

最终，真就没人敢动。傅介子带上楼兰王的人头安全返回。随后汉朝给楼兰国改立了新王，并改国名为鄯善。大致到了东晋时史料上还有提及鄯善国，再以后就消失了。是被灭了还是迁走了，也是个千古之谜。

还有一个对外战事方面的事件也由霍光授意，也很值得一说。

第60回

西域都护府

傅介子刺杀楼兰王,因为这个壮举他被封为义阳侯。与他同时被封侯的还有一个人,叫范明友。这个人是霍光执政时期西汉帝国的一位名将,可惜在汉宣帝灭霍家的时候自杀了,因为他是霍光的女婿。

公元前 78 年冬天到次年春天,跟傅介子刺杀楼兰王的时间差不多,范明友打乌桓。

这个乌桓国是什么来头呢?《资治通鉴》上是这样讲的:

初,冒顿破东胡,东胡余众散保乌桓及鲜卑山为二族,世役属匈奴。——《资治通鉴·汉纪十五》

匈奴大单于冒顿崛起的时候进犯东胡,当时打得东胡只剩下两个部落,差一点就被灭亡了。剩下的这两个部落一个在北面的鲜卑山区域,大致就是今天的大兴安岭区域,这部分东胡人慢慢就叫鲜卑了。另一个部落的东胡人在南边的乌桓山区域,就叫乌桓。

后来这两个部落慢慢又崛起了,实力大增,特别是鲜卑。这里先说乌桓,起初他们役属于匈奴,给匈奴交税上贡。这当然不好受。所以,汉武帝时期,乌桓一看匈奴挨打,便找机会投靠大汉了,因为他们紧靠汉朝边境。

当时汉朝设了一个官职,叫护乌桓校尉,监管乌桓不能再跟匈奴有来往。

到了公元前 78 年,乌桓进一步壮大,不愿意再受汉朝监管了,他们要完全独立。

于是,乌桓造反了。很快,朝廷得知了这个情况,立即商量怎么出兵镇压,忽然又得到一条情报说,乌桓跟匈奴也打上了。

霍光一皱眉:怎么办呢?是坐山观虎斗,还是出兵参战?

老将赵充国认为应当坐山观虎斗,先看看再说;时任中郎将的范明友则认为应当乘机打匈奴,大汉的劲敌始终都是匈奴,乌桓不足为患。

霍光很高兴,请求皇上让范明友带兵去打这一仗。于是,范明友被封为度辽将军,率领两万骑兵出兵参战。

临行之前,霍光把范明友叫到跟前:明友啊,有句话你知道吗?

兵不空出。——《汉书·匈奴传》

这是你第一次带领大军出战,一定要抓住这个机会建功立业。虽然这次出兵的目的是打匈奴,但是如果匈奴一看汉军来了就撤走了,怎么办?

范明友说:大将军,您说怎么办?还请明示。

霍光说:打乌桓啊!

结果真让霍光说着了,匈奴眼看着汉军上来了,担心腹背受敌,立即撤走了。

范明友率军直扑乌桓。乌桓刚跟匈奴打了一通,已经被削弱了很多,对汉军一点招架之力都没有,大败,被范明友斩首六千余级。

范明友一战成名。只可惜他站错队了,最终自杀。

上回说了,傅介子本来是跟霍光请示想去刺杀龟兹王。那么,龟兹是怎么得罪汉朝的呢?

这话说起来有点长,汉武帝晚年反省平生所为,认识到长年对外用兵让老百姓遭罪,很不应该,就下了一道《轮台罪己诏》。

之所以叫《轮台罪己诏》,是因为当时汉武帝下的这篇诏书也是对桑弘羊、车千秋等人建议在"轮台"驻军屯田的一个回复。诏书中否决了桑弘羊他们的建议,不过汉武帝的意思只是不搞大规模的驻军屯田。

小规模的驻军屯田其实一直都进行着,就在轮台,而且是不能撤掉的。轮台本来是一个西域小国,李广利打大宛,第一次带的兵少,粮也少,汉武帝给他定的战略是要打下沿途的西域各国，就地征粮。结果遭到轮台等国的坚决抵抗，当时轮台国就没有打下来。最终，第一次打大宛以失败告终。

之后李广利第二次打大宛，兵多粮足，多数西域小国都不敢抵抗，直接开城投降。因为轮台国坚决抵抗，李广利率领大军一连打了好多天才打下来，所以就屠城了，这个轮台小国就被灭掉了。

要想守住此地，必须驻军。同时这里又有屯田的条件，有现成的田地，而且都是好地。桑弘羊在那篇建议屯田的上书里讲轮台、渠犁：

地广，饶水草，有溉田五千顷以上，处温和，田美。——《汉书·西域传》

地广，水草丰茂，溉田五千顷以上，如果都种上粮食，确实是很大的一笔收入和军需保障。

可惜汉武帝没批，只留了几百人驻军屯田。

轮台几百人，东边的渠犁也是几百人，加在一起，大致就相当于汉朝在西域的一个军事基地，它要维护汉朝的利益，要保护西域各国与汉朝来往的使者，要监视西域各国的动静，还要防备匈奴。

作为一个军事基地，当然得有长官。长官叫什么呢？《汉书》上是这样写的：

置使者校尉领护。——《汉书·西域传》

汉朝设置了一个皇帝的特使，还有一个校尉，一文一武，来统领管理这个基地。这个皇帝特使，就是后来的都护使，即都护。

这个校尉的军职比将军低一格，但也是很高的。

龟兹之所以得罪汉朝，竟然是他们杀过一个这样的校尉。因为轮台紧挨着龟兹，龟兹这边很不满。龟兹国杀掉校尉后曾主动向汉朝谢罪，解释过这件事，以推脱责任。

汉朝当时没有追究这件事，但也没放下。所以，傅介子和霍光都是把龟兹王作为刺杀、惩治的首选目标。只是龟兹离得太远，霍光怕没有把握，才说先杀近处的楼兰王。

到真把楼兰王刺杀了，再想刺杀龟兹王估计就没那么容易了。

龟兹那边听说楼兰王这么死的，不可能还让汉朝使者靠近。而且傅介子一战成名，封侯了，他也不可能冲在最前面当刺客了，于是刺杀龟兹王的事一直没办。

那么，那位汉军校尉就白死了吗？不行，这个仇必须得报，只是还要等时机，等一个适合办这件事的人。最终谁办的这件事呢？常惠。

常惠是苏武出使匈奴时的副手，当年也是宁死不降，被扣在匈奴十九年，到汉昭帝时跟苏武一块被释放回来，被封为光禄大夫。

公元前72年，乌孙请求汉朝一起出兵打匈奴。因为匈奴总是欺负乌孙，甚至逼着乌孙把汉朝和亲来的公主给匈奴送过去。

霍光和刚刚即位不久的汉宣帝一商量：出兵，打！

汉朝派出五路大军打匈奴，同时，任命常惠为校尉，手持节杖护卫乌孙军队与五路汉军共攻匈奴。

为校尉，持节护乌孙兵。——《汉书·常惠传》

匈奴单于一听汉军出动这么大规模的兵力，就带着主力往大北方撤，躲得远远的。

汉军这五路大军都扑空了。倒是常惠，跟着乌孙这边从西方进入到右谷蠡庭，打了个大胜仗，回到长安后被封为长罗侯。

汉宣帝作为天子，对于乌孙的表现也要奖赏，派常惠带上黄金、钱币再次去乌孙。就在这个时候，常惠向汉宣帝提出：皇上，这次是不是顺道教训一下龟兹国啊？

汉宣帝没同意。不过，退了朝之后，霍光把常惠叫来：常惠啊，你说的这个事你还是灵活掌握吧！如果觉得有把握，那就出手搏一把。

常惠听谁的呢？当然是听霍光的。

这段记载还是很有史料价值的，就是说，汉宣帝即位之后亲自决策政事，但是他的决策经常会被霍光在退了朝之后再决策一回。

那么，常惠是怎样收拾龟兹国王的呢？

他带了五百官兵，在赏赐完乌孙国后，返回时从龟兹国西边的西域小国调集了两万人；又派副使绕过龟兹，从龟兹东边的小国调集了两万人；乌孙在龟兹北边，派出七千人，三面夹击龟兹国。

龟兹国王一看这架势，赶忙派人过来：常将军啊，我知道错了，那位汉朝校尉的事我根本不知道，是后来才知道的，是一个叫姑翼的权臣做的。

常惠也不想把事情搞太大：既然如此，你们就把那个姑翼交出来吧！

龟兹国王就把替死鬼姑翼绑了交给常惠。常惠将其杀死，把大汉朝的面子挣回来后便撤军了。各国友军也都撤了。

这里有个问题，常惠当时不过是汉朝的一个大使，为什么能从这些西域国家调集这么多兵力呢？细想一下，可能有很多理由，估计也有利益的许诺，打败了龟兹各国都能得一些好处。

但是，归根结底还是当时的那些国家对汉朝已经臣服了。常惠拿着大汉天子之节，又有大将军霍光的授权，那些西域国家不敢不听。这是公元前71年的事，当时还是霍光主政。

六年后，公元前65年，又有一件类似的事。当时汉朝的一个使节叫冯奉世，护送大宛等国的宾客回国，走到半路出事了。

在西域的西南位置，有个小国叫莎车国，发生政变了，杀死了汉朝任命的莎车王和一个汉朝使者，新立了一个亲匈奴的狂热分子当国王，并且这个新立的莎车王造谣：北道的西域各国都已经叛汉投降匈奴了。

扬言北道诸国已属匈奴矣。——《汉书·冯奉世传》

所以，咱们南道的各国也赶紧联合起来对抗汉朝吧！

汉朝从长安到大宛主要是两条道：一条是沿着塔克拉玛干大沙漠的南边，

第60回 西域都护府

这是南道；另一条沿着大沙漠的北边，叫北道。汉朝在西域的驻军在轮台、渠犁，都是在北道上，出事的这个莎车国在南道上。

冯奉世走的正是南道，眼看着就要被截在路上了，而且北道的驻军也指望不上。冯奉世当机立断，立即凭他手里所持的使节，从南道几个西域国家调集了一万五千多兵力，一举攻破了莎车国，把这个狂热的亲匈奴国王杀了。

到公元前60年，大汉帝国设立西域都护府，正式把西域并入汉朝版图似乎就是自然而然的了。是这样吗？其实还不是，还差不少。

西域各国其实一直说的是天山以南的这些国家。除了乌孙，基本都是天山以南，是塔里木盆地这一片的。

当时汉朝控制的主要是南疆。也不是全部控制，在连通南北疆的这块，就是今天乌鲁木齐到吐鲁番的这条交通线，这是天山山脉的一个豁口，这里有一个国叫车师。车师跨越南北疆，它的国都在南疆这边，叫交河城。因为它是南北疆交通的要塞，所以它自然就是匈奴和大汉争夺最激烈的地方。

多数时间车师还是在匈奴的控制之下，北疆一直都是匈奴控制，南疆这边的交河城也主要是匈奴在控制，车师王也是匈奴拥立的，匈奴甚至也在车师驻军屯田，把这里变成了他们的一个军事基地。

轮台是汉朝的军事基地。所以，公元前68年，就是霍光死的那年，汉朝在轮台、渠犁的驻军在特使郑吉和校尉司马憙的率领下，进攻交河城，一下子就打了下来。

公元前64年，匈奴又派兵来争交河城，把这里包围了。郑吉一边坚守，一边向朝廷告急。汉宣帝派常惠率领张掖、酒泉的骑兵部队直接北上，绕到了天山以北的匈奴控制区。包围交河城的匈奴见势不妙，就撤了。

随后，汉朝感觉对交河城的控制比较吃力，也主动撤出了，于是匈奴再次控制交河城。公元前60年，突然出现了一个大转机，匈奴内部的纷争在这一年突然加剧。

控制西域的这支匈奴首领日逐王竟然主动派人跟郑吉接触，说：我要向你们大汉投降，咱们谈谈条件吧。

郑吉大喜：太好了，请转告日逐王，要什么条件都行，我保证皇上会满足您。您这边有什么需要我配合的，也尽管说。

最终，郑吉调动手下屯田驻军和渠犁、龟兹等国的兵马，凑了五万来受降。

前面讲过，霍去病带兵接受河西走廊的匈奴浑邪王和休屠王投降是很不容易的事情。而郑吉的整个工作做得非常周密，把日逐王率领的小王、将领十二人和一万两千匈奴人顺利接收。中间也有逃跑的匈奴人，都被郑吉派兵杀掉了。

于是，西域全境，天山南北全部纳入西汉帝国的控制，用当时的说法叫"都护"。从此，也就是公元前60年，郑吉一手操办，西汉帝国的西域都护府正式设立。

西域都护府的治所设在乌垒城，离着阳关两千七百三十八里，和渠犁的屯田官接近，土地肥沃，在西域的中央。

史书为什么把这个距离写得这么准确呢？因为很自豪，觉得非常了不起！

从公元前139年，刚刚即位的汉武帝派张骞出使西域，到公元前60年设立西域都护府，用了差不多八十年。

八十年，无数人的努力，终于使西域纳入大汉的版图。

总的来讲，这算是"汉武帝栽树，汉宣帝乘凉"。对汉宣帝来讲，整个过程波澜不惊。真正让他走心的，其实是另外一场对外战争。

匈奴日逐王之所以会投降，很可能跟那场战争的胜利有关。

第61回

赵充国平羌（上）

公元前 60 年，西域都护府设立，汉朝把西域正式并入版图。这绝对是汉宣帝执政时期最大的一个政治成就。

之所以能促成这个事，得益于匈奴日逐王投降，而日逐王投降很可能跟汉朝打胜了另外一场对外战争有关。

那场战争是在公元前 60 年的五月收尾的，到秋天日逐王就投降了。那是一场垂范千古的经典之战。

早在公元前 121 年，汉武帝派霍去病两次出兵河西走廊，最终将其拿下。

匈奴那边很绝望，编出歌谣："亡我祁连山，使我六畜不蕃息。失我焉支山，使我嫁妇无颜色。"

匈奴之所以这么痛惜河西走廊，一方面因为河西走廊有他们重要的放牧区域，焉支山是军马场，而马又是重要的战略资源。汉武帝拿下河西走廊之后，大汉骑兵更加强大，给匈奴的压力更大了。另一方面，匈奴失掉河西走廊之后，此前由他们控制的西域一下子直接暴露在大汉帝国面前了。特别是天山以南的西域国家，差不多都是农耕文明，而匈奴是游牧文明，二者可以经济互补。

在不能跟汉帝国通关市、交换粮食，又不能抢汉朝粮食的情况下，匈奴只能从西域找粮食。也就是说，失掉河西走廊后，匈奴在西域的粮食来源也受到了威胁。

还有一点也让匈奴很难受，就是这样一来，他们与河西走廊南边的羌人被隔绝开了。

当时整个青藏高原的游牧民族，很多小部落笼统地说都是羌人。

第61回 | 赵充国平羌(上)

中原一带的人把居住在边疆的少数民族称为东夷、西戎、南蛮、北狄。在不同时代,这些称谓并不一样,具体所指的民族和部落也不同。大致来讲,羌和西戎可以算在一起。

到西汉时,羌人仍然是一支重要的游牧民族。他们的活动区域就在河西走廊的南边,这一片区域因为有黄河、湟水等河流穿过,水草丰茂,非常适合游牧民族繁衍生息。

羌人分为好多不同的部落,互不统领,不像匈奴有个大单于统一管理,所以,他们对汉朝的威胁比匈奴要小很多。当然,有时也打仗。游牧民族和农耕民族之间的冲突是难免的。

汉景帝时期虽然时或与羌人打,不过多数情况下还是相安无事的。直到公元前121年,汉武帝打下河西走廊,羌人仍然没什么动静,还是相安无事。又过了差不多十年,公元前112年,匈奴和羌人联手,他们越过河西走廊,攻击汉朝的边塞。

汉武帝大怒,发兵十万。

征西羌,平之。——《资治通鉴·汉纪十二》

因为羌人在西边,也叫西羌。这场平羌的战争史书上一笔带过,不过它很重要。

《资治通鉴》上讲,那次战争中,汉朝占领了原来各羌人部落活动的湟中地区,也就是湟水两岸这一片。像此前筑朔方城似的,发动数万人筑了一座令居城,派兵屯田戍守。

当时整个河西走廊地区,被汉武帝分成武威、张掖、酒泉、敦煌四个郡,史称"河西四郡",连同令居城和湟中地区,一共迁入了六十万人,一边开田种地,一边戍守保卫。

又过了三十年,公元前81年,汉昭帝时期,汉朝在湟中地区设置了一个新的郡,就是金城郡,这算是正式并入了版图。但这并不等于说整个金城郡里就没有羌人了,而是说金城郡范围内的羌人都归顺汉朝了,在汉朝"划定的区域"内继续生活。

这个区域大致讲,就是在湟水以南、黄河以北的这个区域,该游牧游牧,该种田种田。湟水以北不能去,那是汉人屯田的区域。

这时还是相安无事。到汉宣帝即位之后又出事了,怎么回事呢?

有一次,汉宣帝派光禄大夫义渠安国到金城郡视察。义渠安国到了金城郡后,到各羌人部落转了一圈,把各部落的首领都叫来:各位头领啊,皇上让我来慰问大家,给大家带了点小福利……大家看看有什么困难,需要我帮着解决吗?

有个羌人部落叫先零。先零的头领说:义渠大人啊,您看朝廷能不能把我们羌人的活动范围放宽一点,我们希望在每年的一定时期能够渡过湟水,到汉朝没有移民、没有耕种的地方去放牧。

当时义渠安国可能喝了点酒有点晕,随口就应下了:好,这没问题,这样,我回去跟皇上说一下。

羌人记住这句话了,皇上的特使已经允许我们到湟水北放牧了。于是,他们经常渡河到河北来活动,当地郡县也没有能力管。朝廷这边,汉宣帝和当时的丞相魏相、御史大夫丙吉都没有很在意。总之,都是归降的羌人,到河北放牧就放牧吧,这没什么。

不过有个人很在意,这个人就是后将军赵充国,他上书弹劾义渠安国:皇上,这是大事。义渠安国作为皇帝的特使太不负责任了。虽然羌人现在臣服,但也必须随时提防,那条湟水既是个界线,也是个防御的屏障。现在允许羌人随便过线,下一步羌人如果发动攻击那可就太容易了!

汉宣帝:这个……有道理。不过事已至此,也没办法了,告诉金城郡加强监视吧,羌人要是有什么异常活动及时汇报。

于是,金城郡那边放出探子加强监视。公元前63年,真就发现异常了,金城郡上报朝廷:发现先零等二百多个羌人部落的头领在一起搞串联。

解仇交质盟诅。——《汉书·赵充国传》

第61回 赵充国平羌（上）

也就是和解仇怨，交换人质后订立盟誓。

汉宣帝一皱眉：怎么回事呢？去把金城郡这个折子拿给赵将军看看。

赵充国看完之后，心里咯噔一下：公公啊，您回去跟皇上说吧，这是要出事了。以往羌人之所以好对付，就是因为他们各部落之间不团结，彼此都有非常深的仇怨，劲儿不往一块使。他们一旦团结起来那就厉害了，三十年前就有过那么一回，攻打令居城，武帝爷那会儿还在呢，五六年才平定了。这次与那次差不多，而且老臣听说，匈奴这些年一直都秘密地派人潜入到金城郡，跟诸羌联络，怂恿羌人联合来攻打河西四郡，还许诺打下来都给羌人。匈奴肯定也在后面出主意。

到秋马肥，变必起矣。——《汉书·赵充国传》

等到秋天马肥，变乱必然发生。当务之急，应当立即派特使再去金城，想办法瓦解他们的结盟，把问题化解于无形。

汉宣帝：有道理，那派谁去呢？

赵充国推荐让酒泉太守辛武贤去，可是魏相和丙吉还是推荐让义渠安国去。毕竟义渠安国去过一次，情况比较熟悉。汉宣帝可能也是这么想的，就让义渠安国再次去金城办这件事。

义渠安国到了金城郡之后，立即召集三十多个羌人部落的头领前来开会。

当时的羌人还没有真要起兵造反，最多只是其中几个部落可能在做这方面的准备，而且他们也不知道汉宣帝君臣已经把这件事定性为谋反了。义渠安国为什么来金城，羌人也都不知道，义渠安国点名让谁来，谁就来了，都没多想。

结果来的这三十多个羌人部落首领，一到场便被义渠安国全部拿下了：听说你们要造反，来人，全给我杀了！

然后义渠安国调集汉军纵兵围剿羌人部落，斩首千余级。一下子，所有的羌人部落都团结起来要反抗。几个比较有实力的部落首领就跟义渠安国带来的两千汉军开战了。

很快，汉军被击溃，退守到令居等几座孤城，勉强坚守。

长安这边，汉宣帝闻讯大怒：出兵平羌！丞相，御史大夫，你们看谁带兵合适呢？

魏相、丙吉赶紧说：皇上圣明，您那么英明神武，心里肯定有人选啊，您就定吧！

汉宣帝一撇嘴：这个……朕的心里确实有个中意的人，可是他太老了啊！

魏相、丙吉立马附和：臣等也是中意他，而别人呢，都感觉不是很有把握……

汉宣帝他们想到的这个人是谁呢？不是别人，正是后将军赵充国。

赵充国在汉武帝时期就已经成名了。那是在公元前99年，就是李陵打浚稽山之战的那年。李广利带兵到天山下打匈奴右贤王，大军出师不利，被匈奴围困，士兵们断粮好多天，眼看着就坚持不住了。就在这时，李广利帐下一员猛将，率领一百多个勇士组成敢死队，杀出了一条血路，帮助大军突出重围。

这员猛将不是别人，正是赵充国，当时他全身有二十多处伤。随后，他被汉武帝召见。汉武帝让他把衣服脱下来，看着他满身的伤疤，差点掉了泪：壮哉！壮哉！留在我身边吧，做中郎。

一步步地升迁，赵充国成为大汉帝国重要的军事将领，战功卓著。

有一次跟匈奴打，他活捉了匈奴的一个王，被升为后将军。而且他老家是陇西边塞的，还在金城生活过，没人比他更熟悉金城那边的情况了。他还带兵平定过武都郡氐人的造反。

总之，没人比赵充国更适合去带兵平羌了。只是这时的赵充国实在太老了，赶上朝中有什么大事，都是汉宣帝打发人到赵充国家里去问。这怎么办呢？除了赵充国，还有谁适合呢？

汉宣帝一琢磨：还是请赵老将军给推荐个人吧。丙大夫，您受累跑一趟。

于是，丙吉来找赵充国：赵老将军啊，您看让谁带兵平定西羌合适呢？

赵充国一捋银髯，哈哈大笑：丙大夫啊丙大夫，这还用说吗，您回去跟皇上说吧，没有谁比我更适合了！

丙吉说：太好了，这样吧，老将军，您跟我一块进宫，去跟皇上说。

第61回 赵充国平羌（上）

汉宣帝很高兴：好，赵老将军亲自出马那真是太好了。这个……赵将军，你有没有一个战略思路呢？要带多少兵？

赵充国微微一笑，说：

百闻不如一见。兵难隃度。——《汉书·赵充国传》

皇上，打仗这事，运筹帷幄决胜千里，留侯张良可以，我没这能耐。离着上千里，那头打仗，我在这头出战略、出思路，我觉得不妥，百闻不如一见，我得先到金城郡现场看看再说。这样吧，您先给我拨一万兵马，我到了金城之后尽快给您上报平羌之策。另外，您也不要担心，羌戎小夷实力有限，老臣去办他们还是有把握的。

汉宣帝大笑：好！那你就辛苦一趟吧。

于是，赵充国立即出发，这是公元前61年四月，他星夜兼驰，到了金城郡最东边的金城县。这里有黄河隔着，黄河东边还完全是汉朝控制区。

这一万人的先头部队陆续到齐，接下来就开始用兵法了。

首先，要进入湟中地区就得先渡黄河。黄河可不是随便渡的，万一大部队正渡河，那边羌人部队冲上来怎么办？

赵充国是这样做的，他先派三名校尉带上两千人，半夜时每人嘴里都咬着根筷子似的小棍，防止说话出声，马都勒上嚼子，悄悄渡河。过去之后，在河西岸扎下营阵，做好防御准备。等天亮了，大部队再一拨一拨地渡河，过去一拨扎好阵，再过一拨。全部过了河之后，还未完全站稳，远远地就看到几百人的羌人骑兵小队往这边来。快到近前了，又退回去，就这么来来回回的。

赵充国手下将领们都瞪起眼来了：赵将军，末将请令，派我去把那些羌人反贼杀光吧！

赵充国不同意：别！这点羌人拿下了也没什么意思。如果他们是故意来钓咱们的，上去一打可能还有麻烦，不要理他们，咱们得稳住了。

随后，赵充国带兵继续西进，大致就是今天兰州到西宁这趟线，有四五百里。赵充国的带兵风格特别持重，《汉书》中说：

> 常以远斥候为务，行必为战备，止必坚营壁，尤能持重，爱士卒，先计而后战。——《汉书·赵充国传》

把侦察兵远远地派出去，行动时必定做好作战的准备，停下来必定坚固营垒，特别能够保持稳重，爱抚士卒，先谋划而后作战。

赵充国带兵一路西进，中间要通过一道天险，叫四望狭，仅容单骑通过，两边都是悬崖峭壁，上面经常有石头滑落。这个地方太险要了，赵充国提前派斥候去侦察，羌人竟然没有在此设防，汉军顺利通过。

赵充国长出一口气，哈哈大笑：看来羌人是真不懂得用兵啊！四望狭是"一夫当关，万夫莫开"之地，如果他们在此设下几千兵马防守，咱们不可能过得来。

公元前61年六月，赵充国带着一万汉军抵达金城郡的西部都尉府。进了城就不动了，休整军队，坚守城池。

羌人的兵马好几次到城下来挑战，赵充国都不应战。

第62回

赵充国平羌
（下）

公元前 61 年的六月，老将赵充国带着一万汉军先头部队进入湟中地区，过了四望狭，到达西部都尉府便关了城门不应战。

手下将领都不大理解，有人问：老将军啊，咱大老远来了，还不赶紧出去跟羌人痛痛快快地打一仗，把他们灭了不就完了吗？

赵充国一瞪眼：有让你打的时候！

城外羌人也着急，此前因为义渠安国攻杀羌人，各个羌人部落群情激愤，要联合起来打汉军。听说汉朝派了大军来镇压，就更生气了，要跟汉军拼命。可是，没想到来的这支汉军竟然躲在城里，不敢出来打。

羌人更有信心了，到城外边骂，想把汉军骂出来，可是怎么骂城里也没动静。攻城吧，羌人这方面又不擅长，攻城的设备羌人都没有，他们擅长山地作战。

就这么干耗着，一耗十多天，羌人便泄气了。他们慢慢地都知道了，汉军来的这个将领赵充国，那不是一般水平的将领，是个老战神：

年八九十矣，善为兵。——《汉书·赵充国传》

大约八九十岁了，带了一辈子兵，是汉朝最厉害的将领。

羌人甲：他们不应战，肯定是在玩兵法。这么耗着，早晚让这个老将军的兵法玩死。

羌人乙：别急啊，他们汉朝军队这么多人大老远来了，都扎在这一个城里，粮草消耗那得多大啊！咱们把他们后面的补给线截断，这样还耗不过他

第62回　赵充国平羌（下）

们吗？

羌人甲：我听说汉军后边负责押运粮草的是这个赵充国的儿子赵卬（áng），他是皇帝的右曹中郎将，带的兵是羽林军，是汉朝精兵中的精兵，还有八校尉带着兵配合他。后面的补给线咱是半点也动不了。

旁边又过来一个羌人丙，神神秘秘地说：我听说那个雕库回来了，就是开羌部落的二当家的，之前不是被扣在西部都尉府做人质吗？赵充国来了之后就把他放了，而且让他带话回来，谁要是投降了汉军就能被赦免无罪，要是有立功表现，还有重赏。杀一个部落首领能得四十万的重赏啊！我可没说杀咱自己人，咱想办法去杀跟咱有血海深仇的那个部落的人，这样就可以得到这个钱。

羌人甲和乙动心了：对啊，这事可以琢磨……

赵充国在西部都尉府按兵不动，是有他的道理的：一方面是避羌人的锋芒，消解其斗志；另一方面也在做工作，分化瓦解羌人的联盟。这也体现了他持重的带兵风格。

可是，千里之外的年轻气盛的汉宣帝早已按捺不住了，他希望赵充国能速战速决，打出威风来。

所以，赵充国刚一去金城，汉宣帝就开始动员军队，除了给赵充国的那一万先头人马，他还从河西走廊附近十多个郡征调了六万大军。其中一少部分军队已经开进了金城郡，负责前线补给。另外的大部分军队一级备战，随时待命准备开赴金城。军队将领们也都很踊跃，因为这毕竟是以优势兵力去打仗，没多大风险，很可能建功封侯，所以将领们都想抓住这个机会。

其中，酒泉太守辛武贤主动上书：皇上，咱们得抓紧时间，速战速决。现在兵力都往南边压，北边空虚，万一北边的匈奴打过来怎么办啊？我听说赵老将军想等到冬天再打，那时候冰天雪地，羌人没问题，汉军兵马肯定受不了。所以，我有个想法，我带领一万骑兵，带上一个月的粮草，立即出兵。

分兵并出张掖、酒泉合击罕、开在鲜水上者。——《汉书·赵充国传》

从张掖、酒泉直接南下，打到鲜水上，也就是去袭击青海湖周边羌人的两大部落罕羌和开羌。同时，您让赵老将军在那头牵制好最大的羌人部落先零。如果我们把罕羌、开羌消灭了，剩下先零就好办了，这叫断其羽翼。

汉宣帝一看：好啊，正合我意。不过，还是先征求一下赵老将军的意见吧！

于是，汉宣帝把辛武贤的这篇上书批给赵充国：请赵将军阅。

赵充国看完一皱眉：辛武贤这不是胡来吗？他上书皇上：

首先，辛武贤说的这个一万骑兵南下，还有自带一个月的粮草，这就不合理。皇上，我给您算算，这一个月的粮草加一起得有多重，还有衣服、兵器，这些东西压在马身上马就动不了了，没法打仗了。第二，这次羌人造反，肯定是匈奴在背后捣鬼，匈奴这会儿很可能正虎视眈眈地盯着河西走廊呢。皇上圣明，您让各郡的兵马备战，这可不是只备战金城羌人这边，更是备战匈奴那边，酒泉、张掖的那一万骑兵如果此时南下，那就放了空营了，匈奴会乘虚而入。第三，羌人造反，先零部落是首恶，他们是带头的。只要打败了先零，罕羌、开羌等其他的羌人部落有可能不攻自破，所以根本没必要先跑到鲜水上打他们。另外，我没说冬天才开打，我是说先打先零，之后如果罕羌、开羌没有投降，冬天再去打他们。

这些内容，《汉书》上写得非常详细，很可能是从皇家保存的档案里直接抄出来的，包括辛武贤的上书、汉宣帝的批示、赵充国的上书，都是长篇大论的，方方面面都讲到了。下面还有好几段汉宣帝和赵充国君臣间的书信往来也是如此。

汉宣帝看了赵充国的回复之后怎么想呢？他不以为然，朝中大臣们也不赞成，都觉得辛武贤说得有道理。

于是，汉宣帝封辛武贤为破羌将军，封许广汉的弟弟许延寿为强弩将军，一起率军执行辛武贤的作战计划。同时下诏给赵充国：赵将军，罕羌靠近酒泉、敦煌，必须得打。如果不打，他们肯定会凑齐精兵一万去打酒泉和敦煌。现在这两地的军队人少，要是羌人真来打恐怕守不住，所以，必须先发制人。你说等到冬天再开打，咱等不起，现在每天的军费开支很大啊！很明显，你根本没

第 62 回 赵充国平羌（下）

考虑这一层，只想着打持久战，那样你是既没失败的风险，又能拥兵自重。带兵将领不都乐意这样吗？所以，朕已经下诏辛武贤，执行他的作战计划。朕命你同时带兵西进，全力配合。另外，赵将军，你别以为朕不懂兵法，朕让太史夜观天象，金、木、水、火、土五星同时在东方出现，预兆汉朝大胜，蛮夷大败。总之，你决不能再缩着了，赶紧上去打！

赵充国看完这篇诏书，心里一沉：哎呀，皇上糊涂啊！怎么办呢？我听还是不听呢？不听就是抗旨之罪，听的话那准得出大问题啊！不行。

将任兵在外，便宜有守，以安国家。——《汉书·赵充国传》

既然让我带兵，我就得全权负责，一切以国家利益为重。我还得上书皇上，陈明利害：

皇上，老臣来金城之前，您不就指示过当地官员吗，要努力争取一下罕羌，尽量瓦解羌人之间的联盟。您的这个指示很英明，老臣正是按照这个指示抓紧分化瓦解羌人。所以，到目前为止，真正跟咱敌对的羌人主要是先零，还有另外一个叫煎巩的部落。他们一共有九千多骑兵，又是设置路障，又是侦察。罕羌和开羌则是一点这方面的动作都没有，为何不打跟咱敌对的，非要去打他们呢？

至于罕羌、开羌要北上攻击敦煌、酒泉这个情报，我不知道是否可靠。即便可靠，那也不能因为这两郡的兵力少就得主动出击，先发制人。恰恰相反，因为兵力少，就更得做好防守，不要出击。

善于打仗的都是把敌人吸引到自己跟前，在自己非常熟悉的主场来打；而不是跑到敌人的主场去打，那样的话就会敌主动，我被动。而且一旦按照辛武贤的作战计划，先打击罕羌、开羌，先零肯定会全力救援，这样他们之间的联盟必然强化，那就不是两三年能结束的，很可能就得十年以上了。那样的话，国家的耗费就更大了，这方面老臣是充分考虑了的。皇上啊，请不要误会我，老臣这么大岁数了，我跟儿子都蒙皇上的厚恩，绝不会有半点私心的！皇上，我这边尽快组织打先零。我相信打下先零之后，开羌、罕羌一定会不战而服。

如果他们不服，冬天我再打他们。这两套方案我都有把握，您放心吧！

汉宣帝看完赵充国的这番解释，又思量一番：好吧，还是听赵老将军的。

七月的一天，赵充国的一万骑兵突然冲出西部都尉府的城门，直扑先零营阵。先零看赵充国这么久闭城不战，早已懈怠，一下子被冲得阵脚大乱，根本无力对抗。跑吧！可是山路又很窄，跑得很慢。

赵充国带着大军在后面追：传令各营，都慢点追，别追太紧了！

手下不理解：慢点追？老将军，您是不是口误啊？

赵充国一笑：你不懂。

此穷寇不可追也。缓之则走不顾，急之则还致死。——《汉书·赵充国传》

这叫穷寇勿追。咱慢点追，离着他不远不近，他觉着还跑得了，就会拼命跑，跑着跑着就彻底散了；咱要是追紧了，他觉着跑不了了，肯定就得回过头来跟咱拼命，那样就得多牺牲将士了。

手下叹服。

就这样，先零主力被完全击溃。这中间汉军经过罕羌的活动区，赵充国传令：秋毫勿犯！

罕羌人高兴坏了：汉军真是区别对待，真不打咱们。

罕羌的首领靡忘主动来向赵充国谢罪：赵将军啊，之前我们都是让先零蛊惑怂恿的，跟他们一起打义渠安国，我们错了，我们还要归顺大汉。

赵充国热情招待：好，喝酒，以前的事都过去了，不要再提了，以后咱还是一家人。

喝完酒之后，赵充国说：来人，送客，送靡忘头领回去。

手下的人很惊讶，赶紧把赵充国拉到一边：老将军，且慢啊，这个靡忘现在是归降的反贼，依照律令，必须等朝廷批准才可释放，咱怎么能擅自让他回去呢？

赵充国摇摇头，说：

第62回 赵充国平羌(下)

> 诸君但欲便文自营，非为公家忠计也。——《汉书·赵充国传》

你们做什么事脑子里光想着别违反律令，说到底，无非就是怕丢了官职，损害了自己的利益。这不对啊，这不是为国尽忠。有时候这个事是利国利民的，可是不那么合乎法律规定，怎么办呢？要敢于承担啊！这个靡忘现在要是不放回去，那咱前面的工作不就白做了吗？

他们正争论着，外面来报，汉宣帝的诏书来了：如果罕羌归降，可以按将功赎罪论处，朕赦他无罪，可以释放。

手下人这才不争了。

接下来怎么办呢？赵充国做了一番分析：现在先零的主力已经击溃了，罕羌不战而服，其他几个主要的羌人部落也有归降的。没投降的都逃窜到青海湖周边了，整个湟中地区的羌人都跑了，全部被汉军控制。接下来，这些在青海湖边流窜的羌人不会再构成多大的威胁，起码不会有大仗打了。

于是，他就给皇上上书：皇上，现在骑兵可以撤走了，只留下步兵驻守屯田，一边种地生产自给自足，一边防备羌人。那些流窜的羌人肯定会越来越弱，以后看时机，打还是不打，再说。

赵充国这篇上书刚写好，还没发出去呢，汉宣帝的诏书又来了：赵老将军，朕听说您生病了。赵充国此时确实正在生病。汉宣帝说：您这么大年纪了，真要是一病不起，咱也不必讳言吧。所以，朕已派辛武贤过去做您的副手，抓紧时间出击鲜水之上，彻底消灭残余的先零等羌人武装。

赵充国看完这个诏书，眉头紧锁：唉！皇上怎么这么心急呢？不行，我必须把我这个报告呈上去，得说服皇上，用我的这个战略思路。

这时，他儿子赵卬在旁边一把把他拉住：爹啊，您为何老跟皇上拧着啊？如果说皇上这个思路是大错特错，照这样打可能全军覆没，威胁到国家的安危，那样的话，您老人家坚持自己的战略努力争取，把皇上的思路拧过来，这没问题。可是，现在不是没那么严重吗？

即利与病，又何足争？——《汉书·赵充国传》

只不过是按您的战略更有利一些，皇上的战略更不利一些，这有争的必要吗？您这么一争，真要把皇上惹烦了，派个绣衣直指过来兴师问罪，恐怕您老人家身家性命都不保了，还谈什么国家安危啊？

赵印说着眼泪都掉下来了，父子连心，他是真担心父亲把皇帝惹烦了。

赵充国则长叹一声：

是何言之不忠也！——《汉书·赵充国传》

哎呀，你啊，这是天子重臣该说的话吗？太不忠了！此前皇上要是听我的那两条建议，哪里会有今天的羌人之乱。

头一条就是不该让义渠安国第二次作为特使来金城。我本来是推荐的辛武贤，他在边塞待的时间长，跟羌人打交道没问题。义渠安国成事不足败事有余，到了金城就把羌人激怒起来了。第二条是去年金城郡的粮食特别便宜，一斛粮食只卖八个铜钱。当时我跟司农中丞耿寿昌说，他管的那个"常平仓"只要在金城买进二百万斛粮食，这边的羌人肯定就老实了。

这个常平仓就是在桑弘羊"平准法"的基础上做了一点调整，出台的一个储备粮食、调控粮价的政策。主要是在边郡设立粮仓，粮食便宜时买进，贵时卖出。后世历朝历代基本都沿用，利国利民。

赵充国接着说：我建议常平仓买进二百万斛粮食，结果最后皇上只让买四十万斛。义渠安国来了金城两次，每次都带着军队，他们吃了一半，所剩无几了。如果听我的，咱在金城粮食储备充足，而羌人的粮食不那么充足，他们肯定不敢妄动。这看似是小事，就像你说的利与弊的问题，不值得跟皇帝争，结果才有了今天羌人造反的大动乱！正所谓：失之毫厘，差之千里。

今天，我要是不努力把皇上的想法拧过来，一旦军事失利，产生连锁反应，匈奴、乌桓、朝鲜、西南夷等，都可能乘势而动，那样的话就无法收拾了！我就是死也得坚持我的战略，我相信皇上是圣明的，他会理解我的这片忠心。

于是，赵充国就把他的那篇报告给汉宣帝呈上去了，也就是又把汉宣帝顶回去了。

这回汉宣帝真生气了，很快给批示回来：赵将军，真要按你的这个战略，咱这个仗不就没完了吗？什么时候算个头呢？请你详细说明一下。

赵充国立即回复：皇上，您不要着急，帝王用兵讲究的是用最少的代价来换取胜利，也就是充分运用谋略，能少打就少打，能不打就不打。

> 战而百胜，非善之善者也，故先为不可胜以待敌之可胜。——《汉书·赵充国传》

百战百胜，那不算是最高明的。最高明的是不战而胜，是先让自己立于不败之地，再等待敌方出问题，那时候再一战而胜。

老臣屯田的战略就是这样的。它有十二条好处，不出一年，肯定能彻底平定羌人。相反，皇上，要是执行您的那个战略，这些好处可就都没了，什么时候才能平羌就不好说了。还请您跟朝中大臣再好好商量一下吧。

赵充国写完后又给汉宣帝呈上去了。

很快地，汉宣帝的诏书又来了，又提了好多问题：骑兵要是撤走，先零等羌人打回来，我们还能胜得了他们吗？本来有意归降的开羌部落要是看咱迟迟不出兵，他们再跟先零兵合一怎么办？

赵充国又立即回复：皇上，先零残余的兵力怎样，其他羌人的兵力怎样，他们之间的关系怎样，这些我都清楚地掌握着，他们是绝对没有反攻能力的。而且我的这个屯田战略是攻守兼备的万全之策，您就放心吧！

其实老臣也明白，如果我不跟您争辩，坚决执行您的战略，即便耗费很多的人力、物力，最后没打赢，我也没什么责任，我只是执行命令，可是那不是忠臣之道啊！所以，老臣几次违背您的意志，固执己见，还请您理解。

这一次，赵充国的上书到了汉宣帝和朝中大臣们的手中，十之八九的大臣都支持赵充国了。最开始大多数都是反对他的，经过他的不断坚持，一次次的说明，还有实际情况的佐证，大臣们最终都理解了他的思路。

当时丞相魏相说：皇上，我们不懂兵法啊，还是赵老将军的思路对。

最终，汉宣帝既执行了辛武贤等提出的出击战略，派辛武贤、许延寿还有赵充国的儿子赵卬主动出击青海湖，进行了一次大围剿，斩首四五千级；然后又撤出骑兵，让赵充国带着步兵继续执行屯田战略。

次年五月，赵充国平羌任务完成，羌人被完全平定，金城郡恢复了安宁，振旅而还。

回到长安之后，赵充国正要进宫面见汉宣帝，这时，有个朋友把他拉住了：老赵啊，我想提醒你，虽然朝野上下的有识之士都很清楚这次平羌重任的圆满完成是靠你的屯田之策，可是，也有好多人说这都是靠破羌将军辛武贤和强弩将军许延寿的主动出击，你明白什么意思吗？他们的主动出击是皇上派的，也就是说功劳应当是皇上的，你明白吧？所以，你一会儿见了皇上最好是谦虚一下，这样说：都是皇上圣明，我跟您比不了。

赵充国听罢，摇摇头：打住！我赵充国已经这么老了，爵位已极，官也做到头了，我没必要讨这个巧了。

兵势，国之大事，当为后法。——《汉书·赵充国传》

战争，这是国家最大的事。怎么打的、执行了怎样的战略、取得了怎样的效果，这些都是要留给后世的宝贵经验，不能有半点含糊，这事上怎么能谦虚呢？我如果不实事求是地讲，等我死了这些经验谁还知道？

在此，向那些敢于坚持真理、敢说真话的前辈致敬！

第63回

汉元帝的
两位老师

公元前60年的五月，赵充国平定西羌之乱凯旋。同年秋天，匈奴日逐王在西域投降大汉，大汉正式设立西域都护府。这是汉宣帝最大的政治成就。

八年后，公元前52年，老将军赵充国去世，享年八十五岁。

这一年对汉宣帝也很重要，他收到匈奴使者带来的一封信，称呼韩邪单于想来长安朝见。

前面说了，汉武帝死后，匈奴日渐衰落，到公元前53年，剩下的呼韩邪单于和另一位郅支单于互相打，也都越来越弱，都想着向大汉借力，于是都向大汉称臣，都送了一个儿子当人质。呼韩邪单于打不过郅支单于，恨不得跟汉朝越亲近越好，竟然想亲自到长安来朝见大汉皇帝。

汉宣帝看了这封信很激动：这是从来没有过的事啊，匈奴单于竟然要来朝见我，这得怎么接待呢？见了面用什么礼节呢？是不是按接见下面诸侯国国王的礼节就行了呢？

汉宣帝找大臣们商量了一通，最后确定，单于得在诸侯国国王之上，得以客礼待之，也就是得拿他们当外宾，表示平等相待。

公元前51年，呼韩邪单于来到长安朝见汉宣帝，正式称臣。这是汉宣帝刘询最风光的时刻，是他人生的巅峰。

这里第一次提到汉宣帝"刘询"这个名字，前面都是叫他刘病已。刘询这个名字是他在公元前64年改的，为什么要改名呢？当时好多人因"刘病已"的名讳被治罪，百姓怨声载道。

西汉时期对帝王之名的避讳应当是只避当代帝王，不避前代帝王。后来发展成本朝历代帝王的名都得避讳。

第63回 汉元帝的两位老师

所以，以前的帝王或"准帝王"起名，专挑比较生僻的字来起。

汉宣帝有了这个教训，给太子起名时便有经验了，起了这么个字：奭（shì），刘奭。

刘奭的母亲是汉宣帝的结发妻子许皇后。生刘奭的时候还不是皇后，还在民间。几个月后，三人便入主未央宫了。可惜幸福了没几年，许皇后就被霍光的妻子毒死了。

又过了几年，霍光死了，汉宣帝亲政，便把八岁的小刘奭立为太子。

霍光的妻子大怒，想把小刘奭也毒死，于是给了她女儿霍皇后毒药，但太子周围的人比较细心，霍家没有得逞。

汉宣帝灭掉霍家后，霍皇后也被废掉了。再立哪个妃子当皇后呢？

汉宣帝本来很中意的一个妃子是张婕妤，这里的"婕妤"只是一种嫔妃的等级称号。帝王的嫔妃是分好多级别的，婕妤是其中最高的级别，仅次于皇后。

这个张婕妤人长得漂亮，又聪明，很得汉宣帝的宠爱。但是她有个问题，她跟汉宣帝生的儿子被封王了，是淮阳王刘钦，也很讨汉宣帝喜欢。汉宣帝担心将来张婕妤跟前面霍皇后似的，想着加害小刘奭，好让她自己的儿子当太子。

另外，还有两个婕妤也有同样的问题，很得宠，但是有儿子。最后，一个最不得宠的王婕妤被选中了，因为这位王婕妤没孩子，很老实，也没什么姿色，最不得宠。

汉宣帝说：王婕妤啊，朕决定立你为皇后，你一定要好好照管小太子，知道吗？

王皇后说：臣妾知道了，您放心吧。

随后，这位王皇后还是不得宠。那么，她怎么还能当到婕妤呢？她是靠什么呢？靠她父亲。

她父亲跟汉宣帝是老朋友，那时汉宣帝还混迹民间，两人经常一块斗鸡，意气相投。

另外一点，可能是靠天命。《汉书》上专门强调，这位王皇后在被送进宫之前，曾经许配过好几家，都是临过门的时候，那边的未婚夫就因为各种原因突然死掉。

书归正传，公元前51年，匈奴单于呼韩邪到长安朝见汉宣帝，正式称臣，可以说完成了前面历代西汉帝王的大愿，这是汉宣帝成就的巅峰，也是西汉帝国兴盛的巅峰。

公元前49年，汉宣帝刘询驾崩，享年四十二岁，在位二十五年，以后的西汉皇帝再也没有活到他这么大年纪的了。

接下来即位的太子刘奭，就是汉元帝。汉元帝享年四十一岁，在位十六年。这十六年间，大汉帝国有一件最露脸的事，就是西域都护府的两个军官私自带兵北上，竟然把那个不臣服的匈奴郅支单于杀了。这是个非常精彩的故事，昭君出塞也是这期间的事。

汉元帝的几任丞相，于定国、韦玄成、匡衡也都很有名，还有一个算卦的大师京房也很出名。

汉元帝执政的这十六年，可以说西汉帝国开始由盛转衰了，这其中有天灾也有人祸。先说天灾，汉元帝刚即位就赶上大水灾，关东郡十多个地方发大水，出现了人吃人的现象，然后又是旱灾又是地震。用京房大师的话讲，真是：

《春秋》所记灾异尽备。——《汉书·京房传》

《春秋》记载的历史上发生过的灾害，这期间都发生了。

人祸主要是说汉元帝在位十六年，一直都重用一个大宦官，他陷害忠良，包括汉宣帝给汉元帝安排的顾命大臣，也被这个大宦官害死了。

先说这个顾命大臣，他就是萧望之。

萧望之可以说是跟魏相、丙吉一个级别的重臣。他是儒生学者出身，学问、操守都很好。最早，丙吉向霍光举荐了几个儒生，他就是其中一个。

当时，上官桀那祸事刚完，霍光还心有余悸，担心上官氏的残余势力来暗杀他，所以严加防备，要见他的人都得先脱衣服被搜身。

第63回 汉元帝的两位老师

那天，跟萧望之一块来的几个儒生，到了霍光家门口听说得脱衣服，大都比较配合。搜完身后，两个武士一边一个，差不多是押着进去见霍光的。

萧望之呢？他生气了：这也太不尊重我们了！得了，我不见什么大将军了。

他扭头就走。

后面一下子蹿上两个武士就把他按住了：你以为这是你家呢，想来就来，想走就走啊！

萧望之挣扎：你们要干什么？放开我！

里面霍光听见动静了：怎么回事啊？

手下说：大将军，外面有个儒生不愿意被搜身。

霍光一招手：那就别搜他了，进来吧。

萧望之从地上爬起来拍拍土就进来了，气呼呼的。

见了霍光，他劈头盖脸地说：大将军啊，现在天下之士都拿您当周公看待，都想投效您，可是您竟然这样接见我们，您比周公可差太远了。当年周公摄政，那才叫求贤若渴；再看看您，霍大将军啊，士人来见您，您先要搜身，这差距也太大了！

霍光还算有涵养，就这么听着，一会儿说：萧先生，你说得有道理，我这失礼了，咱说正事吧……

然后，萧望之就讲一通治国平天下什么的。几天之后，那几个人都安排了官职，唯独萧望之没有。

一晃过了三四年，萧望之勉强混了一个看宫门的小郎官。有一天，有个官员从宫门口经过，坐在车上，后面跟着好几个随从。这个官员竟然主动跟萧望之打招呼。

萧望之一看，是之前跟他一块见霍光的一个儒生，几年不见，看人家这排场，肯定又高升了。

萧望之一笑：啊，是你啊，你好。

这个官员停下车，说：好啊，你说你之前要是跟大家一样，能混成今天这样吗？

萧望之的心像被针扎了一下，他是一个自尊心特别强的人，面上还是微微一笑：老兄，人各有志，你走你的阳关大道，我过我的独木小桥。

这就是萧望之，为人狷介，不与流俗。

一晃又是几年，萧望之这个看大门的官竟然也干丢了。因为他弟弟犯法连坐，使得他的郎官之职也被免掉了。

怎么办呢？长安是混不下去了，他只好回了老家东海郡。

萧望之在老家没待多长时间。因为他跟魏相关系不错，赶上魏相升官，做到了御史大夫，就把他提拔做了自己的手下。

接下来，萧望之便慢慢崛起了。

前面讲了，魏相是帮助汉宣帝灭掉霍家的最重要的人物，这中间萧望之也出力不少，所以他也很得汉宣帝的欣赏。

萧望之被汉宣帝一路提拔做到了御史大夫，位列三公。这中间他还做过太守、少府、左冯翊，对于汉宣帝的一些重大决策都给出过重要的建议。

萧望之做到御史大夫之后，前面讲了他查办名臣韩延寿，韩延寿反过来也调查他。最后，汉宣帝认可他的清白，把韩延寿杀了。

这件事之后，萧望之可能有点骄傲，他高估了自己在汉宣帝心中的分量，他的表现就有问题了，说话、做事都想盖过当时的丞相丙吉。甚至，有一次他跟汉宣帝说：

二千石多材下不任职。三公非其人。——《汉书·萧望之传》

皇上，现在丞相丙吉举荐、提拔的那些两千石的高官多有不称职的，三公的人选不当。

丙吉是汉宣帝的大恩人，所以汉宣帝生气了，心想：你萧望之也太不自量力了，你是不是还要说我这个皇帝不称职？

丙吉呢，那是大政治家，立即出手，授意手下参劾萧望之，列出萧望之的几条罪状。结果，萧望之的御史大夫就被免掉了。

不过，汉宣帝对萧望之的学问和能力，还有他之前所做的工作都是非常认

第63回 汉元帝的两位老师

可的,是个非常之才,也不能太苛求他。

汉宣帝说:这样吧,萧望之,你得吸取教训,好好反省,我给你安排个级别低一点,但对我来讲可能是更重要的一个职位,就是太子太傅。你好好教太子吧!

萧望之当时很失望,眼看着就可以接丙吉的班当丞相了。当了丞相可以统领百官,还可以封侯。谁知黄霸接了他的御史大夫之位,之后黄霸顺利当上了丞相,还被封侯。

不过,时间一长,萧望之慢慢地就明白了汉宣帝的良苦用心。特别是几年之后,公元前51年,汉宣帝在麒麟阁表彰功臣,给他执政期间的十一大功臣画了像,挂在皇宫里一个叫麒麟阁的地方,供人瞻仰。这十一大功臣包含霍光、张安世、魏相、丙吉、苏武等,多数都已经死了,当时活着的不过三四位,萧望之就是其中之一。黄霸虽当过丞相,但没能入选。这时,萧望之彻底明白汉宣帝多么看重自己了。

公元前49年,汉宣帝临去世时,选择太子太傅萧望之来做顾命大臣,领尚书事,辅佐新继位的汉元帝,这也在所有人的意料之中。这样也显得很平稳,先让萧望之做太子刘奭的太傅,几年下来,两人建立起亲密稳固的师生之情,随后一起搭档来处理国政。

可是,汉宣帝没想到的是,在这对亲密的师生之间竟然还能插进一个宦官来。这是怎么回事呢?下回再说。

这里再补充一段刘奭前太傅的故事。就是在萧望之之前,太子太傅叫疏广,也是个儒家学者。

刘奭在八岁时被立为太子,当时他的第一个太傅是丙吉,疏广是少傅。随后,丙吉高升,做了御史大夫,疏广就升为太傅。

巧的是,疏广的侄子疏受也在太子身边工作。

有一次,汉宣帝到太子府视察,疏受负责接待工作,做得细致周密,得到了汉宣帝的欣赏,就把他升为了太子少傅。就这样,叔侄两人一个太傅,一个少傅,一块辅佐、教育太子,这是非常荣耀的。

几年后,小刘奭十二岁了,《论语》《孝经》等经典都学得差不多了。

有一天，疏广把疏受叫到一边说：侄儿啊，我听说道家有个说法，就是做人得知足，得知道什么时候停下来，什么时候退下来，这样才能避免祸患。现在太子学得也差不多了，咱爷俩都官至两千石，功成名就了。我就怕接下来再有什么事，伴君如伴虎，官场多凶险啊！我看咱们还是见好就收吧！

归老故乡，以寿命终，不亦善乎？——《汉书·疏广传》

咱爷俩告老还乡安享晚年，不也是很好吗？你看怎么样啊？

疏受也是学者出身，深明大义：叔啊，您老人家说得太对了，我也是这么想的，我马上就写辞呈，就说咱爷俩都生病了，得回家养病。

随后，汉宣帝接到两人的辞呈，写得情真意切，可见去意已决。

汉宣帝也就没挽留：好吧，这几年辛苦你们二位了，这里有二十斤黄金，你们捎上，回家休养去吧。

临走的时候，小刘奭又送给他们五十斤黄金。一共七十斤黄金，两人带上这巨额退休金离开了长安，回东海老家。

当时，朝野上下送行的车有数百辆，人们都称赞：这真是有道之人，功成身退。

疏广回到老家之后干什么呢？天天在家中设宴请客，把亲朋好友都请来，喝酒快活。有时还请上个戏班子，这个开销可不小。

有时疏广也会问家人：你看看黄金还剩多少啊？

家人说：爷啊，还剩下二十来斤吧。

疏广说：嚯，还这么多呢？这样吧，明天那桌摆得再大点，再多花点。

家人一撇嘴，也不敢说什么。

就这么玩了一年多，眼看着疏广带回家的那笔黄金越来越少，家人实在受不了了，太心疼了。他们就找了一位疏广的老朋友：伯伯啊，您老有空劝劝我爹吧，让他老人家省着点花，买点房子、地什么的，将来好给我们这帮子孙留下点家业。

这位老人点点头：好啊，有道理，我去跟你爹说说。

结果这一说,疏广讲了一段千古名言:谁不疼自己的儿孙啊,我没糊涂,我有安排的。就我们家现有的这些资产留给儿孙们已经足够了,只要他们跟一般人家一样勤俭,完全可以过好的生活。我要是再把这些金子留给他们,那就坏了,钱财太多绝对不是什么好事。

贤而多财,则损其志;愚而多财,则益其过。——《汉书·疏广传》

儿孙要是贤能,拥有的钱财太多,那他就没有奋斗的动力了,不会有什么成就;如果他不贤能,拥有的钱财还很多,那样只能助长他为非作歹,犯更大的过错。而且人们都是仇富的,你的钱太多了,就会有人盯着你、算计你,那活得多不踏实啊!所以,我不会把这些钱财留给他们的,那样不是爱他们,而且这本来就是皇上给我养老的。

天下恐怕少有这么明智的人吧,所以疏广能青史留名。

第64回

韦玄成装疯

公元前 49 年，汉宣帝驾崩，传位给太子刘奭，也就是汉元帝。

对于刘奭，汉宣帝在传位之前还是有点担心的。就像刘邦当年不想传位给他跟吕后的儿子刘盈，说刘盈不随他，想传给戚夫人的儿子刘如意，他觉得如意随他。

汉宣帝也是为此而烦心，他更喜欢张婕妤的儿子淮阳王刘钦，好几次称赞刘钦：

真我子也！——《汉书·宣元六王传》

这让张婕妤和刘钦这娘俩心潮澎湃，想着哪天汉宣帝把刘奭废了，换刘钦当太子。

刘奭也很紧张，怎么办呢？所幸的是，汉宣帝对刘奭的母亲许皇后故剑情深，不忍心辜负。虽然汉宣帝内心动摇了很多次，但最终还是打定主意，确定刘奭接班。

汉宣帝安排了一个叫韦玄成的官员去做淮阳国的中尉，直接在淮阳王刘钦的手下工作。

刘钦立马明白了：哦，我父皇这意思很清楚了，是让我不要再有想法了，别再想着跟大哥刘奭争太子之位了，死心吧。

汉宣帝也没说什么，只是把韦玄成安排到刘钦手下，刘钦怎么就知道汉宣帝是这样的心思呢？

这是因为韦玄成不是一般人，他是当时的大名人，他有一个著名的故事强调长幼有序、兄弟相让。

韦玄成的老家在今天的山东邹城,这里也是孟子的家乡,紧挨着曲阜,算是儒家的圣地。

韦玄成的父亲韦贤是当地的一位大儒,学问很好,非常有名。在汉昭帝时期,韦贤被朝廷征召到长安做官,从博士一路做到了丞相。他是汉宣帝时期的第三任丞相。

第一任丞相是杨恽的父亲杨敞,汉宣帝刚即位他就死了。第二任是蔡义,当时蔡义都已经老得走不动路了。人们背地里都指责霍光故意找这样的人当丞相,蔡义干了不到三年,死了。之后换了韦贤,韦贤当时七十多岁,估计也是不怎么管事的丞相,不过名声还不错——正直,稳重,有担当。

他干了五年丞相,遇到了一个问题——霍光死了。韦贤是很明智的人,很识时务,他敏锐地感觉到山雨欲来。于是,他把各方面工作都安排妥当,便向汉宣帝提交了辞呈:皇上,我太老了,身体也不好,能力也有限,我还是辞职让贤吧!

汉宣帝很高兴,立马批准:好啊,老丞相,您高风亮节,重赏一百斤黄金,还有车马,回家好好享受天伦之乐。

《汉书》上讲,整个大汉朝,韦贤之前的所有丞相,都是在任上一直干到死的,要么老死、病死,要么被处死。韦贤开了丞相致仕的头,也就是丞相可以退休,他是第一个没有在丞相任上干到死的。退休之后,他又活了七年,八十二岁才寿终正寝。

韦贤的四个儿子都非常成才,因为他是大儒,对孩子们的教育很到位,四个儿子都德才兼备,其中两个儿子做了高官。对此,邹地、鲁地的人们都称赞:

遗子黄金满籝(yíng),不如一经。——《汉书·韦贤传》

你给子孙留下一大筐黄金,也不如像韦家似的,好好教子孙读经典。

韦贤的子女之所以被人们这么称道,是因为有一方面他们做得太好了。

第64回 韦玄成装疯

韦贤当然也留给子女一大笔遗产，那么，他的子女们该怎么继承呢？

这里说的是"子女"，有儿子，也有女儿。一般来讲，没出嫁的女儿都是有继承权的，出嫁了的女儿就没有了。儿子们一般都有份，是均分制。

除了财产继承，还有一个身份继承的问题，这在古代尤其重要。

韦贤一共有四个儿子：大儿子做过县令，死得比较早，死在韦贤前头了。二儿子叫韦弘，做太常丞。三儿子没做官，没跟到长安来，留在老家守候韦氏祠堂墓地。小儿子就是韦玄成，最早做郎官，从小就好学，饱读经书。后来他靠着学问做到了谏大夫，又升为大河郡都尉，两千石，比二哥韦弘的官做得更大、官职更高，韦弘的太常丞是一千石。

不过，官儿大，那是在外面，回到家还是哥哥大，这叫长幼有序。所以，在大哥死后，二哥韦弘便顺理成章地成为继承父亲韦贤身份的人选。

韦贤的侯爵和封地是世袭的。这个才是最大的遗产，而且是不能均分的，只能有一个儿子继承。韦贤也早想好了，将来要让二儿子韦弘来继承。其他兄弟不能有意见，这在当时是天经地义的。

可是，问题来了。老二韦弘出事了。他当的太常丞是管祭祀、皇帝陵寝等好多杂事的，很容易出问题。

为此，韦贤很担心，有一次跟他说：老二啊，我想着将来把侯爵传给你，可是你万一有点什么罪过就不好办了。你干脆把官辞了回家歇着吧。

韦弘却不肯辞官。

怀谦，不去官。——《汉书·韦贤传》

韦弘是一个非常谦让的人，他不肯辞官，他说：爹啊，我要是犯了罪不能继承您的爵位，不是还有两个弟弟吗？为何非得传给我啊？

老爷子听了，心里暖乎乎的：你这孩子啊，反正我提醒你了，你注意点吧。

结果，这一年老爷子病重，韦弘真就出事了，因为一个罪过被关进牢里，等着判刑呢。

老爷子一听说这个，又气又急，病情一下子更严重了，眼看着人就要不行了。

家人们，还有一帮门生弟子都围在跟前：老爷子，您这侯爵传给谁啊，老二这准得判刑了，要不就传给老四玄成吧？

而韦贤呢？他很气恼，呼呼喘气，最终也没应这个话就咽气了。

这怎么办呢？看韦贤是认定了要传给老二。可是老二很快就要宣判，一旦判了有罪，就没资格继承侯爵了。要是把侯爵传给老二的决定上报朝廷，很可能朝廷直接就把他家的侯爵收回了，怎么办呢？

家人、门生弟子一商量，老爷子临死时肯定也糊涂了，咱们做主吧，报老四玄成。

很快，在大河郡的韦玄成就得到消息了，老父亲死了，自己继承侯爵。

韦玄成很了解自己的父亲：这肯定不是我父亲的意思，我父亲一直是希望让二哥袭爵的。我该怎么办呢？不行，我不能接受，这不是我父亲的意志，我不能继承父亲的爵位。

可朝廷那边已经批准了，并且召他进宫，可能要举行个授爵的仪式。这是圣旨，不能违抗，怎么办？

韦玄成想来想去也想不出什么稳妥的办法，突然就疯起来了，大便在床，然后直接就躺上面了，胡言乱语，疯疯癫癫……

估计也没装多长时间，身边亲近的家人都知道实情了，也就是外人来的时候装一装。家人便以此为由拒绝了朝廷的征召：我们家四少爷疯了，不能继承老丞相的侯爵了。

汉宣帝还挺较真：这事蹊跷啊，好好的一个郡都尉说疯就疯了。是因为父亲去世受刺激了吗？韦贤享八十多岁的高寿，是喜丧了，不应该啊，是不是有什么隐情呢？

于是，丞相受命派了一个手下去见韦玄成。这个官员一看，还真像是疯了，于是问家人怎么疯的。

家人支支吾吾：啊……我们也说不好。

然后又去找韦玄成的朋友了解情况，结果众口一词：这个我们也说不好，

第64回 韦玄成装疯

不过凭我们对玄成的了解，他不可能是真疯，准是为了把侯爵让给他哥才出此下策，他的人品、性格我们太了解了。

丞相手下这位官员说：噢，有道理，我再去看看他。

这个官员再次来见韦玄成，跟韦玄成语重心长地聊了一通：韦玄成，这样吧，你装你的，我说我的……

这个官员也很有水平，他说得韦玄成有点装不下去了。

丞相立即向汉宣帝报告：皇上，调查完了，韦玄成是装疯的，要不要治他个欺君之罪呢？

汉宣帝一笑：算了，我这刚看完一篇上书，是给他求情的，说：

圣王贵以礼让为国，宜优养玄成，勿枉其志。——《汉书·韦贤传》

圣明的君主治理国家，崇尚的是礼让仁义。对韦玄成朝廷应当优礼相待，不要委屈冤枉了他的好志向。他能这样做真是难能可贵。

告诉韦玄成，朕赦他无罪，别装疯了，赶紧进宫来接受爵位。另外，给他升任河南郡太守。他二哥韦弘也不要判了，也升官，为东海郡太守。

于是，这就成了一段佳话，韦玄成成为礼让兄弟的典范。

几年之后，韦玄成做到了太常，位列九卿之首。又是扶阳侯，又是位列九卿，可谓显贵。可是，突然就出事了，杨恽案发，作为其好友的韦玄成被牵连罢官。

更倒霉的是，随后又出了一个岔子。在一次朝廷祭祀活动中，他虽然被免官了，但仍是扶阳侯，所以也参加这个祭祀活动。这中间他有一点不守规矩的做法被人告发，最终，他的扶阳侯爵位也被朝廷削夺。

韦玄成差点没恼死：我这个继承人是怎么当的啊，将来我还有何面目见我爹啊？我该怎么办啊？

所幸的是，这时韦玄成的身上还有一笔巨大的无形资产，就是他的好名声，他是礼让兄弟的典范。正是看重了这一点，汉宣帝才重新起用他，让他做了淮阳王刘钦的中尉。

那么，为什么汉宣帝对太子刘奭不满意？为什么有过废掉刘奭的心思？

《汉书》里是这样讲的，刘奭从小接受的都是最纯正的儒家教育，他的太傅、少傅，疏广、疏受、萧望之等这些人都是纯粹的大儒。所以，刘奭满脑子的儒家思想，而且他天性善良、仁厚，这也正是儒家推崇的性格品质。

所以，他跟汉宣帝很不一样。汉宣帝是很严酷的，赵广汉、韩延寿这样深受百姓爱戴的名臣，汉宣帝说杀就杀；盖宽饶这样的清官也让他逼得自杀；杨恽只不过说了几句他不爱听的话也被杀掉。

朝野上下都有点看不下去了，敢怒不敢言。作为太子的刘奭却往上撞：不行，我得进忠言了，我得说说父皇……

这天，爷俩在一起吃饭，气氛不错，刘奭便假装不经意地说了一句：父皇，您现在完全是法家思想啊，这跟武帝爷那会儿的"罢黜百家，独尊儒术"不大一致吧，您是不是再多用些儒家思想的官员，把儒家的德政、教化、王道这种周朝采用的先进政治制度、优良传统再发扬光大一下啊！

汉宣帝立马生气了，非常严肃地跟刘奭讲了一番话，讲了一番让信奉儒家思想的人们耿耿于怀了两千多年的话。汉宣帝是这样讲的：

汉家自有制度，本以霸王道杂之，奈何纯任德教，用周政乎？——《汉书·元帝纪》

周朝的制度就先进吗？周朝的德政、教化就一定适用于其他朝代吗？不一定啊，他有他的制度，咱有咱的制度。大汉朝的制度从高祖皇帝以来就是一手霸道，一手王道。什么叫霸道？什么叫王道？这个你肯定知道，孟子讲了很多关于王道、霸道的道理：霸道是"以力服人"，靠实力、权力让人屈服；王道是"以德服人"，靠德行、教化感召人，让人信服。这都没错。孟子错在他给王道和霸道分了高下，他认为王道比霸道高明。孔子绝对没有这样的判断，老子更不会有，为什么呢？因为王道和霸道就是阴阳，是一体两面的，不能分高下，只能讲平衡，更不能对立起来，只要一头。就像你说的，只要所谓的周朝的王道，这是大错特错！还有，你刚才说得多用儒生，你说说，让我用哪个儒生啊？当今天下能找出几个真儒来呢？你所说的儒生不过是一班俗儒而已。

而且绝大多数的儒生都是一帮书呆子,他们脑子里的那些道理、学问都是纸堆里翻出来的,张口闭口就是尧、舜、禹怎么说的、怎么做的,孔子怎么说的、怎么做的,就跟他们亲眼见过似的。即便他们真的听过、见过那些人就是这么说的、这么做的,又能如何?现在就还得照着他们的样子做吗?不能啊!即便是圣贤的思想,也得有选择地学习、借鉴。俗儒是不明白这个道理的。

汉宣帝就这样把刘奭痛批了一通。

刘奭赶紧磕头:父皇,您说得太对了,孩儿无知,我先走了,您老也早点歇着吧。

刘奭走后,汉宣帝长叹一声:唉!

乱我家者,太子也!——《汉书·元帝纪》

我这个太子啊,太善良,太软弱,非得把我这个家业给败了。

不久,汉宣帝去世,刘奭即位,就是汉元帝。他对汉宣帝"霸王道杂之"的教训没有听进去,或者他天性就玩不了霸道。他向来重视儒家,所以他特别欣赏有儒家气质的官员。

韦玄成正好就是这样的人,他的礼让可以看作是儒家精神的知行合一,本身又有学问,又在保刘奭太子之位的事上做出了贡献。所以,汉元帝即位之后,就把韦玄成一路提拔,做了丞相,并且再次给封侯,还是扶阳侯。

于是,父子丞相、两度封侯、装疯让爵,这些好故事,还有那句"遗子黄金满籝,不如一经"的名言,这些元素凑在一起,便成就了韦玄成的千古佳话。

第65回

被才艺耽误了的汉元帝

汉宣帝曾给太子刘奭上过一次课,说治国是讲究外儒内法的,绝不可以只讲儒家,那样会坏事的。还说老刘家的江山非得败在太子刘奭手里。

那么,汉宣帝的这种担心是不是真的应验了呢?太子刘奭即位之后,也就是汉元帝,他的执政表现是不是真的很糟糕呢?确实很糟糕。

汉元帝的问题在于他把人性和世界想象得太美好,这可能是他从小学习儒家思想的缘故。

总的来讲,儒家的主流是讲人性本善的,而且汉元帝的生长环境是"生于深宫之中,长于妇人之手",虽然母亲死得早,但那时他还太小,对他来说谈不上什么挫折。他可能满眼都是世界美好的一面,所以,他的审美能力很强,对于美好事物之间的细微差别能够很敏感地分辨出来。汉元帝刘奭就是这样的一位艺术家,只可惜他的艺术不是画画,没有介质来保存,没能传下来。

《汉书》上说,汉元帝的音乐造诣达到了极高的水准,能弹琴、鼓琴,也能吹箫,而且还能作曲、谱曲、编曲,都是大师级的水准,要多美妙有多美妙。

他还有一样绝活,叫飞丸投鼓,就是把几面鼓放在台阶下面,他自己站在台阶上面,居高临下,离着鼓有两三米远或者更远,他拿一把小铜球,一个个扔过去砸在鼓上,和在鼓跟前敲一样,节奏十分优美。

音乐只是汉元帝的爱好之一,他还有许多其他爱好。《汉书》说他:

多材艺,善史书。——《汉书·元帝纪》

多才多艺，兴趣广泛，除了音乐，还有一项特别擅长的，就是写大篆。

本身练书法就是很费时间的，一个人投入到艺术里，不断感受审美的愉悦，是很容易陷进去的，所以汉元帝用来处理朝政的时间、精力就很少，而且他身体也不大好，管理国家大事就更力不从心了。

可是那么多事和文件谁来处理呢？丞相肯定得处理一部分。

从汉武帝开始，西汉政治就有中朝与外朝之分了。《汉书注》里讲：丞相的权力已经削弱很多，丞相府只是一个执行机构了。真正管事的在中朝，也叫内朝。

中朝最大的官，霍光那时候叫大将军，还兼管领导尚书的工作。也就是说，如果按霍光那时候的情况，皇帝要是没时间处理政务，这个工作肯定就是尚书干，领尚书事的中朝重臣就是最有权力的。

那么，汉元帝时期跟霍光时期的情况有很大不同吗？从表面上看也没有很大不同。汉宣帝临死时，也是给将要即位的汉元帝安排了几个顾命大臣：分别是大司马、车骑将军史高，前将军、光禄勋萧望之，还有一个叫周堪的，这三个大臣辅助皇帝处理政务，得说是内朝最大的官，最有权力的。同时，这三个人与汉元帝的关系也是很亲密的。

史高是汉宣帝的奶奶史良娣的娘家侄子，也就是汉宣帝的亲表叔。萧望之是入了汉宣帝麒麟阁的重臣，是专门安排给太子刘奭做太傅的。周堪是当时的太子少傅。

所以，汉宣帝给汉元帝安排的这个内朝班底还是很不错的。尤其萧望之、周堪，都是大儒，学问好，人品也好，治国理政的能力也很强。

刚开始，汉元帝即位之后，萧望之领着周堪，还有两个大秘书刘更生和金敞，他们要大干一番，开创大汉朝发展的新时代。可是，他们没干动，因为除了尚书这套内朝班子，皇帝身边还有一个更"内"的班子，叫中书，都是宦官干的。

从霍光之后，汉宣帝就大致收回了尚书的决策权，他担心领尚书事的重臣像霍光那样把皇帝架空，所以，重要文件、重要事务他都抓在自己手里。可是真要什么文件都自己批，那绝对是一个巨大的工作量。

第65回 被才艺耽误了的汉元帝

我们也可以想象，这么繁重的工作皇帝肯定也得有帮手。谁做他的帮手呢？他不信任尚书那边，他信任谁呢？信任中书的宦官。

宦官这个群体对皇帝应当是更加依附的，他们完全是主仆关系。用《汉书》里的说法，就是：

中人无外党，精专可信任。——《汉书·佞幸传》

宦官没有多少社会关系，天天在宫里，守在皇帝身边，心无旁骛，因此皇帝十分信任他们。

所以，在汉宣帝时期，很多机要的工作都交给中书的两个大宦官来处理，一个是中书令，叫弘恭；另一个是中书仆射，叫石显。

宦官干得了这么重要的工作吗？熟能生巧罢了。

慢慢地，这两个大宦官的政务管理能力也都相当高了，朝中各项事务都门儿清。

汉元帝即位之后，他又是经常生病，又是爱好音乐，工作就更是交给了这两个大宦官，尤其信任石显。

事无小大，因显白决。——《汉书·佞幸传》

大事小事到了汉元帝这儿，汉元帝就问石显：石显，你看这个事怎么办？

石显说：回皇上，这事啊，奴才认为得这么办……

汉元帝说：好，就这么办，你直接把批语写上，交付尚书那边吧……

尚书那边一看：哦，皇帝是这么个意见，交丞相府落实吧……

总之，汉元帝即位之后，中书大宦官石显的实际权力比领尚书事的顾命大臣萧望之还要大。

而且石显跟萧望之总拧着，萧望之那边要进行改革：皇上，咱得这样做……请批准。

汉元帝回头就问石显：你觉得怎么样啊？

石显摇头：回皇上，奴才认为萧大人这个建议不稳妥，您要不再问问大司马史高的意见吧。

史高是皇亲贵戚，谈不上有什么学问、才能，跟萧望之不是一路人，对萧望之也不大满意。所以，他跟石显比较一致，两人一唱一和，互为表里。

于是，汉元帝就把萧望之的意见否了。

萧望之很憋屈：不行，必须得把石显扳倒！

萧望之找了个机会单独与汉元帝见面：皇上，中书是国家政务管理最关键的中枢首脑，必须得让特别有才能、品德也特别好的士大夫来干。之前其实就是这样的，只是到了武帝爷时，经常把工作带到后宫去干，前院后院不分了，士大夫跟着不大方便了，这才让宦官干这个活的。这其实是不合古制的。

所以，微臣建议您，把中书的宦官们都免去。按《春秋》里的说法，国君就得离这些被阉割的人远远的。

汉元帝虽然很尊重萧望之，但他心想：我爹那会儿就这样，你怎么不说啊？什么古制不古制的，跟我有什么关系？

所以，萧望之说了也白说。

之后，那头的石显、弘恭听说了。应当是弘恭在前，弘恭是中书令，石显是仆射，一正一副，不过随后没几年弘恭就死了，石显成了反派男一号，所以讲石显比较多，其实前期的事是他俩干的。

石显他们立即开始反击，于是就上演了一出非常精彩的宫廷政治斗争戏。

史书讲得很细致，涉及了很多人物。比如，这中间有个配角叫郑朋，他的表现就很有意思。郑朋本来是一个社会底层的儒生，名不见经传。眼看着上点年纪了，他就琢磨着怎么能出人头地呢？

他发现萧望之、周堪他们很重视儒生、学者，好几个底层的儒生都被他们举荐提拔起来了。于是，他就想投到萧望之、周堪门下。

可是，萧望之、周堪也都是位高权重、高高在上的，怎么跟他们搭上关系呢？想来想去，得了，不能走寻常路，使个险招吧！

于是，郑朋直接上书汉元帝，揭发史家、许家这两大外戚插手地方郡国的事务。

第65回 | 被才艺耽误了的汉元帝

汉元帝便把这个上书批给了周堪。周堪一看很高兴，刚才说了，萧望之、周堪他们是改革派，史高代表的许、史两家外戚跟石显他们是保守派，代表既得利益集团，两边是对立的。

周堪立马把郑朋看成是自己这边的人了：皇上，这个事慢慢调查吧，这个郑朋，微臣建议让他待诏金马门。

郑朋信心满满，又给萧望之写了一封自荐信，信里先把萧望之吹捧一番：萧将军啊，您就是周公再世，为国家日夜操劳，天下人都敬仰您，我也敬仰您，您有什么忙不过来的，我愿全力以赴。

则下走其庶几愿竭区区。——《汉书·萧望之传》

"下走"，这是谦称自己，我愿意给您在下面跑跑腿，您有什么事我一定全力以赴。

萧望之被拍得也挺受用，但召见了郑朋一次后，萧望之听可靠的人说，郑朋这个人心地有问题，就不再跟他来往了。

郑朋怎么办的呢？他恨死了萧望之：你个老家伙，太看不起人了，那我就去投许家、史家。

然后，郑朋就直接去找许家一个能说得上话的权贵了。当时人家很惊讶：你是谁？你是郑朋？你就是那个上书皇帝告我们家的那个郑朋？

郑朋施礼：大官人啊，我就是那个郑朋，您听我解释，此前那个上书都是萧望之、周堪他们逼我的，我这么一个小人物哪敢不从啊？可是，我打心眼儿里是烦他们的，他们是小人得志，他们想中伤许家、史家，我看不惯，今天我决意投奔到您门下，愿效犬马之劳。萧望之他们那些见不得人的事，我都已经写好材料了，希望您给我个机会，请皇上召见我一次，我要当面向皇上揭发萧望之的罪行。

许家这边一看：呀，这是萧望之手下的干将倒戈啊，好，这人得好好利用起来。

于是，许家向汉元帝推荐了郑朋。

汉元帝真召见了他，他把萧望之痛批了一通，给萧望之列了五条小罪过、一条大罪过。

萧望之很被动。

这就是郑朋，小人投机钻营。

另外一个叫华龙的小官，也跟郑朋差不多的情况，先是想投在萧望之门下，没投成，然后转身投了许、史二家。同时他也是石显的手下，充当了石显的爪牙。

现在，石显要反击萧望之，先授意这两人上书汉元帝，状告萧望之、周堪、刘更生他们搞小团伙；而萧望之他们则想要灭掉史高以及史家和许家，好掌控国家大权。

汉元帝问石显：石显啊，你说这个事怎么办呢？

汉元帝不知道这个告状的上书其实就是石显写的。

石显装得很惊讶：哎呀，回皇上，奴才也想不到，萧望之他们竟然这么过分，奴才认为，可以先这么办：

请谒者召致廷尉。——《汉书·萧望之传》

汉元帝一听，他以为是派个宦官去把萧望之他们叫到廷尉，问责一下，类似来个诫勉谈话，于是便随口答应：好，你去办吧。

过了几天，汉元帝问身边的小宦官：这两天萧望之、周堪、刘更生他们怎么也没往这边报文件呢？你去把周老师叫来。

小宦官说：回皇上，他们不是都被关进牢里了吗？

汉元帝大惊：不是到廷尉问责一下就行了吗？怎么给关进牢里了呢？

小宦官说：不是啊，您不是说"召致廷尉"吗？那意思就是逮捕关大牢里啊！

汉元帝气坏了：去把石显给我叫来！

很快地，石显来了。

汉元帝问：怎么回事，你们这是糊弄我不懂是吧？赶紧去把他们都放出来，该干什么干什么去！

石显磕头：皇上息怒，奴才该死！不过此事重大，哪能说关牢里就关牢里，说放出来就放出来啊，那让天下人怎么看您啊？我看先把法律程序走下来，让廷尉往轻了审不就完了吗？另外，这个事对于您树立权威其实有好处啊，可以杀一儆百。

汉元帝一想：也有道理，好吧。

最终，萧望之、周堪、刘更生都被免了官。

汉元帝还是非常器重萧望之、周堪等人的，毕竟是他的老师，是他父亲汉宣帝选出来辅佐他的。

于是，几个月后，萧望之、周堪等人被重新起用，他们想着再反击一下石显，结果又失败了，又让石显反咬了。

其间，萧望之的儿子上书汉元帝，对于他父亲被关进牢里等一系列事件要求朝廷重新调查。

这篇上书被石显咬住了：皇上啊，这一准是萧望之教唆他儿子上书的，之前廷尉将他的事已经审得明明白白了，最终也经过了您的裁决，他还不服，还觉得自己冤。

失大臣体，不敬，请逮捕。——《汉书·萧望之传》

这也太有失体统了，还有点作为大臣的原则吗？这是对您不敬，是要跟您叫板啊！皇上，我看还得把他再关进牢里，让他再反省反省，挫挫他这股傲气，以后您才好驾驭他。

汉元帝点点头：嗯，也对。不过萧老师的脾气、性格我太了解了，他是宁折不弯的人，一着急可别自杀了呀，那就毁了。

石显说：皇上啊，您这就想多了，萧望之本来也没多大罪过，他肯定也清楚，最多关他几天还得放出来，他至于自杀吗？不可能的。您放心吧。

汉元帝说：好吧。

石显心中窃喜：哼，萧望之啊，看我怎么要你的老命！

于是，石显故意把声势搞得很大，派执金吾火速带领一支全副武装的队伍把萧望之的府第团团包围，杀气腾腾：萧望之听着，奉皇帝圣旨，我们要把你逮捕治罪！

萧望之的心一下子凉了：皇上这是怎么了，士不可再辱啊！

正赶上他的一个门生在旁边，这个门生也是一个特别刚烈的人，对于上次萧望之"召致廷尉"正愤愤不平呢，一看这架势，说：刑不上大夫，您不能再受此辱！

萧望之仰天长叹：

> 吾尝备位将相，年逾六十矣，老入牢狱，或求生活，不亦鄙乎！——《汉书·萧望之传》

我这辈子为将为相，活的就是个尊严体面，现在都六十多岁了，要是为了活命还去忍受牢狱之辱，我也太没志气了！

于是，萧望之饮药自杀。

汉元帝闻讯痛哭：哎呀，我的老师啊！您怎么真就自杀了呀！石显，你还我老师来！

石显赶紧摘了帽子，跪在地上磕头谢罪，但汉元帝把石显骂了一通，最终也没把石显怎么样。

只是对于萧望之，他满怀愧疚，每年都派人到萧望之坟上祭拜。

司马光讲到这里痛心疾首：

> 甚矣，孝元之为君，易欺而难悟也。——《资治通鉴·汉纪二十》

这个汉元帝也太好糊弄了，太执迷不悟了，他敬爱的萧老师显然就是被石显害死的，他就该当机立断，把石显杀了，可石显竟然磕几个头就没事了。

以后，石显等奸臣再为非作歹、残害忠良就更肆无忌惮了！

第66回

忠臣、奸臣
如何分辨

大宦官石显设计害死了一代名臣萧望之,震动朝野。萧望之一派的周堪、刘更生等虽然随后又被起用,可也都不敢再挑战石显了。

是不是就没人敢惹他了呢?这倒不是,时不时地仍会出来个忠臣,以各种形式来提醒汉元帝:您千万别再信任中书令石显了,他有这些罪过……

可是,每次都被石显巧妙化解。然后,石显反戈一击,都是致命的,把告他状的人要么害死,要么流放。

那么,石显都是怎样化解忠臣们对他的攻击的呢?

史书里专门举了一个例子,说,石显知道有人盯着他,随时在找他的把柄,然后到汉元帝这儿告他的状。他呢?他就故意露出一个破绽,让你来抓把柄。不过,那是个假破绽。

比如,有这么一次,汉元帝派他出宫办事。他先跟汉元帝说:皇上啊,今天办这个事路程不近,估计奴才回来的时候会很晚了,宫门肯定早已关闭了。您能不能给我个诏书,到时我"称诏开门"?

汉元帝一笑:这是小事,没问题。

于是,石显出宫办事去了,故意磨蹭到大半夜才回来,到了宫门口,大门紧闭。

石显手下的小宦官喊了一嗓子:快开门!

守门的侍卫一瞪眼:大半夜的宫门能随便开吗?天亮再说吧。

小宦官又喊:这是石公公,有皇帝的诏书,快开宫门。

守城侍卫一听是石显,吓一跳,又听说有皇帝的诏书允许,立马就开了宫门。

第66回 忠臣、奸臣如何分辨

这个事很快便有人知道了：咦，这事蹊跷，石显大半夜回宫，他上哪儿弄皇帝的诏书去啊，肯定是他打着皇上的旗号吓唬侍卫开门的。这太恶劣了，他这是无视皇宫的规矩，太猖狂了！我得上书皇上参他一本。

汉元帝接到这道参劾石显的上书，乐了，当成笑话跟石显说：石显啊，你平时一定要严于律己啊，这么个事儿也有人来告状。

石显哭了，哭得特别委屈：皇上，奴才不容易啊，您对奴才这么器重，让奴才掌管中书机要，这让他们都嫉妒，好多人陷害奴才。您干脆把奴才免了吧，让奴才只管给您端茶倒水，干点粗活笨活，这样才能保得住奴才这条老命啊！

汉元帝心里也酸酸的：你别哭了，朕信任你，他们爱怎么说怎么说、爱怎么告就怎么告吧，朕不信他们。来人，赐石显一百金，努力干吧！

类似的戏石显演上那么几次，基本就刀枪不入了。凡是来跟汉元帝告石显状的，汉元帝就觉得肯定又是捕风捉影，误会石公公了，他也不当回事了。

另外，石显还有一手，就是主动结交一些他认为有用的人。他刚刚把萧望之害死时，一方面朝野上下都更怕他，另一方面是人情汹汹，都为萧望之抱不平，特别是在儒生、士林、知识分子这个圈子里，人们都对石显侧目而视。

石显便主动去结交一位在知识分子圈中同样很有声望的人，叫贡禹。他向汉元帝力荐贡禹，把贡禹一路提拔，做到了御史大夫。

就这样，后期很多知识分子竟然都给石显唱赞歌了：不能说石显就是奸臣啊，他也办了很多好事。

另外，很多攻击石显的人也未必都是忠臣，有的也不过是出于争权夺利之心。

大致是萧望之死了十年后，一个叫京房的大臣有一次跟汉元帝讨论谁是忠臣、谁是奸臣的问题。

京房问汉元帝：皇上，您说历史上那些著名的昏君，比如周幽王、周厉王，他们都任用什么样的大臣呢？

汉元帝说：这还用说吗，这些昏君用人当然都是些巧佞的奸臣，要不怎么叫昏君呢？

京房再问：皇上，这就怪了，这些昏君又不是傻子，为什么拿这些奸臣当亲信呢？

汉元帝回答：这个简单啊，因为这些昏君根本看不出谁是奸臣、谁是忠臣，在他心里，他肯定觉得谁是忠臣才跟谁亲近的。

京房接着问：那么，皇上，为什么咱们后世的人就能看出谁是忠臣、谁是奸臣呢？

汉元帝说：这个是因为咱们在后世，能看到古代这些昏君和奸臣他们整个的所作所为，他们怎么把国家搞坏的，怎么把治世弄成了乱世，甚至把国君害死。这个结果咱们能看到，他们身在其中，看不到。

京房点头：皇上说得有道理。可是为什么这些昏君就一直身在其中、蒙在鼓里，就一直也识不破身边的奸臣呢？

汉元帝笑了：《大学》里有句谚语——

人莫知其子之恶，莫知其苗之硕。

人们都认为自己家的孩子好，身上没什么恶习；庄稼呢，都是看人家的好，看不出自家的好。国君也是一样，都感觉自己亲信的大臣是贤良的忠臣，看不出问题来。要是国君都能有这个觉悟，能分辨忠奸，那样的话，天下哪儿还有昏君啊？

京房竖起大拇指：皇上圣明，确实啊，能有这个觉悟太难了。当年秦二世估计也笑话过周幽王、周厉王，可是他自己照样也宠信赵高这个大奸臣，最后，也把国亡了。

汉元帝感慨：是啊，能有这个觉悟太难了。

唯有道者能以往知来耳。——《汉书·京房传》

只有懂得大道的人，才能鉴过去以知未来啊！

京房一听着急了，跪在地上磕头：皇上啊，可以看孔子写的《春秋》啊，

第 66 回 | 忠臣、奸臣如何分辨

《春秋》里记载了二百四十二年间的各种灾异,分别对应着国家治理中的各种问题,其中的一大主题就是教后世的国君通过灾异来自我审视、自我觉悟、分辨忠奸的。

微臣斗胆说一句,您可千万不要怪罪,您即位这十多年来,又是日食、月食,又是地震、山崩、陨石,又是大夏天下雪,又是大冬天打雷,又是闹洪水,又是大旱灾,好多地方都发生大饥荒,都有人吃人的,土匪强盗横行,满大街都是受过刑罚的人,这都是灾异啊!这灾异也太多了,《春秋》记载的二百四十二年间的各种灾异咱都占全了。皇上啊,您说咱现在这算是治世还是乱世啊?

汉元帝听着有点冒汗了,脸红一阵白一阵的:这个……这些情况确实都存在,这确实就是乱世啊,咱得承认。

京房立马跟进:皇上,既然您认识到现在是乱世,那么您现在最倚重的人是谁呢?

汉元帝眨眨眼:这个,京爱卿啊,现在这些灾异应当没这么严重吧,我们大汉江山还是很稳固的,跟我信谁、用谁也不能往一块扯吧。

京房继续紧逼:皇上啊,您说秦二世当年会不会也这样想呢?今天你笑话秦二世是昏君,明天就有人笑话您汉元帝是昏君了!

汉元帝沉默了半天:京爱卿啊,你就明说吧,我信任倚重的这些大臣里到底哪个是奸臣?

京房说:就是您最信任的那个,每天跟您商量那些最机密、最重要的事,包括所有官员的任用,以及帮您拿主意的那个人就是大奸臣。

汉元帝这才明白:哦,好吧,京爱卿啊,我知道是谁了,我考虑一下,你忙去吧……

谁啊?当然就是石显。

那么,汉元帝随后有没有收拾石显,罢他的官呢?当然没有。汉元帝一个手指头都没动石显,京房费了这么半天口舌,一点儿用都没有。

司马光写到这儿,实在忍不了了:

> 臣光曰：人君之德不明，则臣下虽欲竭忠，何自而入乎！——《资治通鉴·汉纪二十一》

要是遇上一个汉元帝这么糊涂的君主，手下人就是再怎样想着给他效忠，给他进忠言，他就是不开窍，也没办法。

你再怎么磨破了嘴皮子讲道理，他也全当耳旁风。用现在的话说就是，你无法叫醒一个装睡的人。汉元帝就是这么一个皇帝。

那么，这个京房是什么来头呢？石显要怎样对付他呢？

京房这个人不能说有多大的来头，但他大有名堂。一般老百姓可能都没听说过这个人，大致上，京房就是中国一种极有生命力的文化的幕后高人。

什么极有生命力的文化呢？就是易学。

可以说，京房是孔子之后研究《易经》的第一大家，是里程碑式的人物。他进一步发展了董仲舒的阴阳、五行和天人感应思想，把阴阳、五行和天干、地支、四季、八风、十二律、二十八星宿等天文、地理、人事的很多基础理论，全部纳入了《易经》八卦系统，统一了起来。总的来说，就是京房初步建立起一个可以解释宇宙间万事万物之间关系的类似数学模型的理论体系。

京房的老师焦赣对《易经》的研究也是从"象"入手，而且可以说把"象"这一路研究到极致了，他有传世的《焦氏易林》，是易学史上的杰作。当然，京房首先是吃透了老师的学问。当时焦赣说过一句话：在他很多的学生中间，能得他学问真传的肯定是京房。

不过，最终京房正因这身学问而送命。

第67回

京房之死

京房字君明，东郡顿丘人也。——《汉书·京房传》

京房，字君明，东郡顿丘就是今天的河南濮阳。他本来不姓京，原本姓李，叫李君明。

这位李君明有一天忽然觉得自己的名字有问题：不对，我可能不姓李。

他通过吹律定姓，自己改成了姓京。

那么，京房的学问是怎么来的呢？他得到了易学大师焦赣的真传，同时他又不局限于焦赣的学问，他是转益多师的，对于另一位易学大师孟喜的学问也有很深的研究。还有，他也深受董仲舒的影响，继承了董仲舒阴阳五行、天人感应这套学问。京房把这些学问糅合在一起，再加上自己的创见，最终自成一家。

《汉书·儒林传》对京房有一个评价，大致是说：西汉名气最大的几位易学大师都有差不多的师承，所以他们的学问都是大同小异的。唯独京房的易学思想与其他易学大师不一样，是创新的、别开生面的、开宗立派的。

因为学问好，京房在三十三岁走上仕途，"以孝廉为郎"，当了个郎官。

在接下来的几年中，京房发挥所长，对于一些重要的国事，比如跟西羌打仗等做出预判。

所言屡中，天子说之。——《汉书·京房传》

他一说一个准，占卜预测非常高明，皇帝特别高兴。

第67回 京房之死

慢慢地，他便进入了汉元帝的视野。

汉元帝召见了他，发现京房不单纯是一个易学大师，而且对于治国安邦也很有见地。

京房能够把那套玄之又玄的灾异理论和国家治理的实务切实地融合，很有说服力。他还提出了一套"考功课吏法"：

> 古帝王以功举贤，则万化成，瑞应著，末世以毁誉取人，故功业废而致灾异。宜令百官各试其功，灾异可息。——《汉书·京房传》

古代帝王按功选贤任能，则万物变化顺当，吉祥的征兆显著，而不能只听石显等亲信权臣空口说，那样的话，就会有很多灾异发生。现在应当命令百官考核自己的政绩，灾异就可停止。京房用灾异之说提醒汉元帝：石显是大奸臣，您别用他了。

战国时期的李克跟魏文侯讲过一句话"卑不谋尊，疏不谋戚"。仔细一想，以京房的地位、分量，他怎么可能打破汉元帝与石显之间那么铁的关系呢？怎么可能撼动石显的地位？顾命大臣萧望之这样的重臣都动不了石显，别说小小的京房了。京房现在也得罪了石显，他也危险了。

很快，石显便出手反击：皇上，奴才看这个京房有学问，奴才觉得他真是个人才，所以，奴才郑重地向您推荐他，希望您提拔他为魏郡太守，然后在魏郡试点推行他的那个"考功课吏法"，让他把这套东西再好好完善一下。同时呢，也让他有一番实际的政务管理经验，将来这个人可以重用。

汉元帝听了很高兴，心想：石显怎么可能是奸臣啊，京房这么说他，他还举荐京房，这是大忠臣啊！好，准奏，调京房去做魏郡太守。

京房立马慌了：石显这哪是举荐我啊，分明就是把我从皇上身边支开。让我跟皇上说不上话，有什么事也不方便沟通解释，这样他好害死我。

可是，任命书都下来了，他也没办法，只好硬着头皮离开长安，到魏郡上任。

临出发时，他给汉元帝上了一道奏折：请求汉元帝批准自己，到年底时能够乘坐驿站的车回长安面见汉元帝,当面做汇报。

汉元帝批准。

京房略感欣慰。因为他盘算着,用不了几个月,坚持到年底就能回到长安跟汉元帝再好好说说,有可能就不用再回魏郡了,可以继续留在汉元帝身边,这样就比较安全了。

可是,很快地,他又感觉心里没底:不对,有问题,我还是占一卦吧。

结果,这个卦占出来,他一下子心就凉了:完了,我准回不来了。因为卦象显示会有奸臣蒙蔽皇上,让皇上改变主意。

果然,京房刚上路便接到圣旨,汉元帝真变卦了:京房啊,你就不用回长安了,年底不用回来汇报了,安心在魏郡工作吧!

京房更害怕了:这准又是石显怂恿的,看来我是难逃一死了,怎么办呢?唯一一线希望就是抱住皇上。

于是,京房在去魏郡的路上再次"上封事",密奏汉元帝:皇上啊,您还记得吧,去年六月时微臣占过一卦,这卦是遁卦,卦象显示:

道人始去,寒,涌水为灾。——《汉书·京房传》

结果,到了七月真就闹水灾了。

当时微臣的学生姚平跟我说:老师啊,您预测灾异真准。那么,您这个"道人始去"是什么意思呢?是不是说您将会被放逐而死呢?要真是这样的话,您是不是也要反省一下自己的所作所为。您为何非要向皇上进言,得罪大宦官石显呢?这不是引火烧身吗?您这不就是那种什么都能预测,深知天道、人道的规律,可就是不按这规律去实践的人吗?

微臣当时听完姚平的这番话,苦笑道:你说得太对了。知道和信道是两码事,现实里是很难统一起来的,这也没办法。因为皇上对我太好了,我要对得起皇上,为皇上尽忠,必须说实话,不能怕得罪石显,就是死也要说。

姚平当时不以为然,他说:老师啊,您这是小忠,不是大忠。当年秦朝的大奸臣赵高当道,有个忠臣叫正先,正先因为批评赵高而被赵高害死。之后赵

第67回 京房之死

高的威望一下子更高了，更没人敢挑战了。所以，正先这个忠臣的表现其实是起了反作用。您明白吗？老师，您很可能与正先的情况一样。

唉，微臣也不知道该说什么了。皇上啊，您可千万别让姚平把微臣说中了啊！关键时刻您可千万护着我啊！

无论京房怎样清楚地预言那个结果，怎样努力地企图改变那个结果，到最后结果还是丝毫不变地来了。

京房在离开长安一个多月后，就被逮捕入狱，随后被杀。与他一起被杀的还有一个人，是他的学生兼老丈人，怎么回事呢？

京房的这个学生叫张博，他可能是太崇拜京房了，就把女儿嫁给了京房。

这个张博的外甥是个大人物，是汉元帝的亲弟弟淮阳王刘钦。

刘钦曾是当年的太子刘奭的最大竞争者。汉宣帝非常喜欢他，也特别喜欢刘钦的母亲张婕妤，只是不忍心对不起贫贱夫妻许皇后，所以才没有废刘奭立刘钦。后来，汉宣帝死了，刘奭即位，就是汉元帝。

刘钦离开长安，到了他的封地淮阳国做他的淮阳王去了。这时，刘钦的心里多多少少还是有点不甘心，虽说是诸侯王，其实跟个太守也差不多。

张博猜出刘钦有这个心思。刘钦的母亲张婕妤这时已经死了。张博是个有野心的人，他是刘钦的大舅舅，一直都想从外甥刘钦身上借力，以谋得高官厚禄。

可是这力还没借上，刘钦就离开长安去封地了，朝廷有什么事他也管不着了，这个依靠就废了。张博盘算了一通。于是，他给刘钦写信：现在天下这么乱，这么多灾异，奸臣当道，说明什么？说明朝中没能人。您不能坐视不管，不能只在淮阳国待着，得想办法请求皇上调您回长安，入朝去辅佐皇上。您是不是担心皇上没这个想法啊？不要紧的，有我呢，包在舅舅我身上。我走南闯北这么多年，朝野上下，我的朋友、亲戚可多着呢！别人不说，就说我这个姑爷京房吧，现在他可是皇上跟前的大红人，皇上三天两头召见他。不过，您也知道，这世道光有人也不行，没钱还是办不了事，您看能不能先给点钱，不用多了，就一百斤金子吧。

淮阳王刘钦真就被他这个舅舅忽悠住了，真把钱给他了。

张博很高兴，可劲儿花。

他哪里知道，暗地里早有一个人盯上他了。谁呢？正是大宦官石显。

石显盯京房，顺带着盯上了张博，一下子抓个正着：好你个京房，你竟敢把皇上跟你讲的话泄露出去，而且是泄露给皇上当年的竞争者。杀你十回都是轻的！

于是，就在京房离开长安不久，石显便把这个情况告诉了汉元帝。

汉元帝大怒，杀之。

对此，有个疑问，京房是易学大师，难道他没有看过《易经·系辞传》里的那句名言：

君不密则失臣，臣不密则失身。

国君要是不注意保密，就会失去大臣的信任，大臣有的话就不敢跟他说了；而大臣要是不注意保密，就得失去身家性命。不幸而言中。

第 68 回

于定国父子手下无冤案

易学大师京房批评大宦官石显，反被石显害死。但客观地说，京房自己确实有问题，泄露皇帝跟他讲的话，这本身就是死罪。

从这件事上也可以看出，石显其实还是按照正常的规则在玩这场权力游戏的。

倒是那些被石显害死的对手们都有毛病或者弱点，被他抓个正着，就像萧望之。萧望之的弱点是心高气傲，石显抓住这个弱点将其置于死地。

类似京房这样有把柄被石显抓住的，还有一个贾捐之。

贾捐之是贾谊的曾孙，有文才。汉元帝即位后，贾捐之数次上书，讲国家治理，很得汉元帝的欣赏，待诏金马门。

贾捐之所以青史留名，主要是因为他的一篇奏议，叫《弃珠崖议》。这篇奏议主张放弃珠崖郡。

汉武帝平定南越之后，在海南岛设置珠崖、儋耳二郡。岛上的人们不断反抗汉朝统治，汉朝这边不断镇压，也镇压不住。

贾捐之这篇《弃珠崖议》劝汉元帝：皇上，咱干脆不要那个地方了，他们想独立就独立吧！

现在看来有点不可思议。不过历史就是这样，不能用今天的眼光来看待。

当时，贾捐之的这篇奏议也有争议。御史大夫陈万年反对，而丞相于定国则表示支持。因为大汉帝国各种灾荒频发，国力虚弱，实在是管不过来了。所以，最终，汉元帝采纳了。

岛上的百姓有乐意做汉朝百姓的，可以北渡海峡，到大陆这边来；不乐意来的，也不勉强。

随后，贾捐之经常被汉元帝召见。其间，贾捐之言语之间对石显有一些批评。石显便恨上他了，在皇上面前说了几句他的坏话。汉元帝对贾捐之便疏远了。

贾捐之很郁闷，本来还踌躇满志，等着汉元帝重用自己治国平天下呢，结果没戏了。于是，他找到好朋友长安县令杨兴借酒消愁。

三杯酒下肚，俩人开始说大话了：杨兄，你这么大的才能只干个县令，小了。哪天皇上要是召见我，我准举荐你做京兆尹。

杨兴很高兴：你是写锦绣文章的，你太适合当尚书令了，当皇上的第一大秘书。哪天皇上要是召见我，我绝对举荐你，让你当尚书令。

贾捐之听着也很高兴，说：

京兆，郡国首，尚书，百官本，天下真大治，士则不隔矣。——《汉书·贾捐之传》

哎呀，杨兄啊，你说，你要是当了京兆尹，我当了尚书令，咱们兄弟携手治国平天下，绝对能让天下大治，贤者各得其位。唉，只可惜石显这个大奸臣当道，太可恶了……

杨兴立马接过话来：哎，贾兄啊，石显这个人可恶，这没什么可说的，不过现在皇上最宠信的人就是他，对他是言听计从，我们再恨他也没有意义。这人，咱得利用。

且与合意，即得入矣。——《汉书·贾捐之传》

让石显觉得咱跟他是站在一边的，咱们在仕途上的追求不就更容易实现了吗？

贾捐之沉吟片刻：好，那咱也跟他玩玩权术，就这么干。

于是，他俩联名上书汉元帝，称颂石显：皇上，中书令石显这么多年兢兢业业为国尽忠，一点错都没犯过，我们郑重建议，请给石显封侯，对石显老家的兄弟们也应当关照提拔。

石显一看这个，心花怒放。不过，他又一琢磨：不对，贾捐之怎么这么大的转变呢？

很快，贾捐之、杨兴喝酒串通的那个事，石显就掌握了。

那边，贾捐之、杨兴还按着原计划执行呢，过了些天，贾捐之上书举荐杨兴做京兆尹。

汉元帝问石显意见。石显立马把情况跟汉元帝说了：皇上啊，这个贾捐之和杨兴演戏呢，他们互吹互捧。尤其这个贾捐之，把之前您召见他的情况都跟外人随便说，太可恶了。

汉元帝大怒：杀！

贾捐之被杀，杨兴罪轻一点，罚做苦役。

对于这件事，司马光发了一点感慨：

君子以正攻邪，犹惧不克；况捐之以邪攻邪，其能免乎！——《资治通鉴·汉纪二十》

对于石显这种奸邪的人，你是正人君子，用你擅长的正大光明的手段跟他拼，可能都拼不过；用你不擅长的歪门邪道跟他拼，那不更得落下风吗？

正人君子怎么办呢？辞官，惹不起还躲不起吗？

就在贾捐之被杀的这一年，公元前43年，汉元帝手下的丞相、御史大夫、大司马，这"三驾马车"集体辞职。

当时的说法是因为灾异，恶劣的自然天气造成大面积的饥荒，实际上也有石显的原因。至少丞相于定国有这个想法，惹不起石显，自己也挺大年纪了，干脆全身而退。

当年老丞相丙吉临死时就向汉宣帝推荐于定国。于定国因而成为汉宣帝手下最后一任丞相，也是汉元帝手下第一任丞相。

他也是一个有故事的人，首先得说他父亲于公是个有故事的人。于公算是个老法官，先是做县里的狱史，后来又升官做了郡里的决曹，都是管审案的官员。于公是一个非常尽职尽责、大公无私的好法官。

> 罗文法者于公所决皆不恨。——《汉书·于定国传》

谁家要是摊上官司，这个案子只要是于公审判的，别管判重判轻，谁都认，没有觉得冤的。百姓都很感激他，于是人们一块凑钱给他立"于公祠"。

不过，于公也弄出一桩冤案，也不算是他判的，反正他经手了，出了一个大冤案。怎么回事呢？是这样的：

东海郡有这么一家人，一个寡妇媳妇守着一个老婆婆过日子，很不容易。

婆媳俩一起过了十多年，这期间老婆婆几次劝媳妇改嫁，媳妇都不听。老婆婆对媳妇又感激又愧疚，有时跟邻居们也念叨：俺家这个媳妇太孝顺了，可是我这得把人家拖累到什么时候啊，她再上点年纪，还怎么走下一步啊？

最后，老婆婆把心一横：得了，我死了不就都解脱了吗？这个老婆婆真就上吊自杀了。

老婆婆没想到她这一死，非但没让媳妇解脱，相反，却给媳妇惹来了杀身之祸。

这个老婆婆虽然儿子没了，但还有一个女儿，姑嫂关系不好。这个小姑子一口咬定她娘是让嫂子给害死的，于是就告到了官府县衙。

县衙就把这个媳妇抓了，严刑拷打。

最终，这个媳妇屈打成招，这个案件的卷宗上报到了郡里，由太守做最终判决。太守得签字批准，县衙才能执行死刑。

这时，于公拿到了这个卷宗，他是郡决曹，是具体负责人，他把这个卷宗仔仔细细复核一遍，断定这个案子有问题。这个媳妇奉养婆婆十多年，有孝妇之名，不可能杀婆婆。这个案件必须重审。

可是，太守认定了这个案子没问题，拿起笔就要签。

于公在边上急了，一把拉住太守：太守大人，您要慎重啊，这可是一条人命！

太守把眼一瞪：这个罪妇都招供了，签字画押了。准了，杀！

于公没办法,抱着那个卷宗当场大哭一通,随后辞官回家了。

孝妇以杀婆婆的罪名被斩。然后,全郡大旱三年。

于公经手的这个冤案弄得天怒人怨,才导致大旱三年,这种天人感应的思想真的存在吗?当时的人怎么说的都有。于公相信这个。

这年,东海郡的太守换人了,来了个新太守,新来的这个太守为旱情而着急。

于公便说:太守啊,我给您提个建议吧,您得给当年那位孝妇翻案,再好好祭祀一番,兴许就能下雨,这旱情就能过去。

新太守给孝妇平了反,又宰了牛,还亲自带着人到孝妇坟前进行祭拜。

这个活动刚散,就下起了大雨,当年大丰收。于公的心里这才算踏实了。

于定国从小在父亲的影响和教导下成长,也学习法律,走父亲的路子,当县狱史、升郡决曹,后来又调到长安当廷尉史。因为业务精通、政绩优良,加上中间对废王刘贺有过进谏规劝之举,到汉宣帝时,他做到了光禄大夫,平尚书事,可以说是中朝贵臣了。几年后,又做到了廷尉,成为大汉帝国主管司法的最高官员,位列九卿。

他做大官后,开始拜老师、做学问,提升修养和思想境界。

于定国这个人确实很有修养,非常谦虚,不论是对待老师,还是对待寒门的儒生,他都非常恭敬。这让他在士林中有很高的声誉。

平时工作中,廷尉是审案、断案的,他怎么样呢?

务在哀鳏寡,罪疑从轻。加审慎之心。——《汉书·于定国传》

他在断案执法时,力求照顾鳏夫寡妇。而且他坚持"罪疑从轻"的原则,十分审慎,如果这个案子里面还有疑点,还不是十分确定,那就尽量轻判。

这个"罪疑从轻"的司法原则,被奉行了两千多年,好处是可以彻底避免好人被冤枉,但也有问题,有可能让坏人钻空子,这对于被害者来讲其实也是一种冤案。所以,从轻还是从无,这也是需要权衡的。

总之,于定国审案是非常审慎的,尽最大努力做到公正、公平,避免出现冤案。

这也为他在朝野上下、官场和民间赢得非常高的声誉。人们拿他跟文帝时著名的张释之相提并论，说：

张释之为廷尉，天下无冤民；于定国为廷尉，民自以不冤。——《汉书·于定国传》

另外，于定国还有一绝，就是他特别能喝酒，酒量出奇的大，一次能喝好几石，也喝不醉。这应当是夸张了。有时于定国中午刚喝完大酒，下午便审案子。据记载，于定国比不喝酒时审案审得还精细入微。

就这样，于定国给汉宣帝当了十八年廷尉，为"孝宣之治"做出了巨大贡献。他经丙吉临终举荐，升任御史大夫。随后，接黄霸的班做了丞相。在汉宣帝和汉元帝手下，前后一共干了八年丞相，位极人臣，被封为西平侯。最终，辞官回家，七十多岁时去世。

他的儿子于永，后来也做到了御史大夫，并且娶了汉宣帝的大女儿馆陶公主。

对此，民间有个传说。当年于定国还名不见经传，他们家里巷的大门坏了，邻居们一块来修这个门。

于定国的父亲于公就说：几位啊，多费点心，多费点工，我出钱，把这个门再扩一下，弄得再高大些，让它能通过那种四匹马拉着的上面有很高冠盖的车。

邻居们摇头：于公啊，费那钱干吗，这得多大的官才能坐这种车啊！太守都不够级别，那么大的官也不来咱这儿。

于公老爷子一拍胸脯：我审了一辈子案，一点坏事也没做过，一个好人我也没有冤枉过，我做的都是积阴德的事，我的子孙肯定能有坐这种车的！

这也是中国史书的一大可爱之处——劝善。

另外，从《于定国传》在《汉书》中所在的篇目，也可以看出中国史书的可爱来。

班固把《于定国传》放在了《汉书》卷七十一。这一卷里除了《于定国传》外，还有《隽不疑传》和《疏广传》，他们有一个共同之处，就是他们都是辞官回家的，都不是贪恋权势之人。用班固的说法：

异乎"苟患失之"者矣。——《汉书·卷七十一》

像于定国、隽不疑、疏广这些人，都不是患得患失的。

第69回

陈汤
杀匈奴单于

公元前44年，发生了一件事。汉宣帝时期匈奴出现了分裂，最多时同时有五个单于互相打，打到后来剩下呼韩邪单于和郅支单于。这个呼韩邪单于打败了，眼看就要被消灭，怎么办呢？

手下有人劝他：单于啊，咱干脆南下向汉朝投降吧。

呼韩邪单于一皱眉：我感觉这也是条道儿。经过激烈争论，大多数人不赞成，但呼韩邪单于是一代枭雄，他心一横：不管那么多了，我先把这一关过去再说。他真就带着这支匈奴南下到了汉朝边塞，向汉宣帝称臣。

这也不能说是投降，他并不是被打败了，这是主动归附大汉朝，向大汉朝称臣。

这样，汉宣帝就得讲究一下接待的礼仪。当时的丞相、御史大夫都认为，就拿他当个诸侯王，用接待诸侯王的礼仪来接待就可以了。另外，古代有个说法叫

先诸夏而后夷狄。——《汉书·萧望之传》

所以，即便用这个礼仪，匈奴单于属于夷狄，他也得排在诸侯王后面，位次在下。

当时的太子太傅萧望之不同意：皇上啊，匈奴一直在华夏大一统之外，这个单于也不是咱封的，虽然现在主动来朝见，但咱也不能真就拿自己当君，拿人家当臣。所以，给他的接待礼仪应在诸侯王之上。

第69回 陈汤杀匈奴单于

此则羁縻之谊，谦亨之福也。——《汉书·萧望之传》

这样做显得咱比较谦虚，有利于大汉对匈奴的笼络控制。

羁，就是马笼头；縻，就是牛缰绳。合在一起就是笼络、驾驭的意思。总之，羁縻就是一种比较柔和的、松弛的控制，既让对方有一点压力，又给对方一些好处，使对方处在一个我方可接受的状态。

汉宣帝听从了萧望之的意见，对来长安朝见的呼韩邪单于"以客礼待之""位在诸侯王之上"。

汉宣帝先是同意把呼韩邪这支匈奴安置在受降城附近的边塞地区，另外，从边境地区调拨了三万四千斛粮食、八千匹布帛、六千斤丝絮等，援助呼韩邪。

汉元帝即位之后，又再次援助呼韩邪两万斛粮食。

这样一来，有个人便很不满意。谁？当然是那位郅支单于。因为此前郅支也已表示向大汉臣服，而且给汉朝送来一个王子做人质，可是，大汉朝这边光援助呼韩邪，对于郅支单于带领的北匈奴一点实惠也没给。

郅支单于在北边，史称北匈奴；呼韩邪单于在南边，史称南匈奴。

这期间，因为呼韩邪被打到汉朝边境这边了，没人跟郅支单于争雄。郅支单于东征西讨，又是打乌孙，又是打乌桓，西破坚昆，北降丁令。

郅支单于打下坚昆之后，就留在了坚昆，把它做都城了。坚昆在今天蒙古以北，离着原来的单于庭有七千多里。

郅支单于为什么放弃单于庭呢？很可能是为了离汉朝足够远，这样便足够安全。

郅支单于派使者到长安：大汉皇帝啊，我们还是诚心臣服大汉，只是我那个人侍您身边的儿子，能不能让他回来，我们团圆几天啊？

他这个要求很柔和，而且使者还带了很多贡品，汉元帝这边也不好拒绝：还是给人家送回去吧。

只是让谁做这个使者护送郅支单于的王子回去呢？

下面人都一缩脖子，心想：这可不是什么好差事，他把儿子接走了，还不就得翻脸吗？这次的使者会不会有去无回？

朝廷确定让一个叫谷吉的小官作为使者，送郅支单于的儿子回北匈奴。

御史大夫贡禹和博士匡衡都为谷吉捏着一把汗，他们提议：皇上啊，咱这次也不用送到坚昆，把他送出边塞谷吉就回来。

谷吉是个壮士：皇上，他们的好意我明白。可是，我认为咱在这个事上不能这样做。那样他们就理直气壮地跟大汉朝敌对了，如此一来我们就被动了。这次，微臣到坚昆面见郅支单于，他也未必敢拿我怎么样。万一他要害了我，那他就是公然与大汉为敌，他是不义一方，肯定担心大汉朝报复，他一定还会继续向后撤，离汉朝更远，对咱就更没有威胁了。

没一使以安百姓，国之计，臣之愿也。——《汉书·陈汤传》

死我一个使者，就可以让国家、百姓受益，这事儿太值了，我乐意干！

最后，汉元帝同意让谷吉送到坚昆。结果，到了之后，郅支单于真就把谷吉杀了。

这是公元前44年的一个事件。然后，真就像谷吉说的，郅支单于感觉坚昆离着汉朝还是近，而且呼韩邪的南匈奴也更壮大了，要北上来打他。他就带着人马离开了坚昆，继续西进，投奔了西边的康居国。

当时康居跟乌孙是对抗状态，康居王巴不得借北匈奴来打乌孙，而北匈奴的这次转移也很艰苦，天寒路远，到了康居之后，只剩下了三千多人。不过，这三千多人乘着昔日匈奴的威名，在康居不但没有一点寄人篱下的感觉，反而很快反客为主。

有一次，因为某事，郅支单于一怒之下杀了好几百个康居人，其中还包括康居王的女儿，还有其他的一些贵族。康居王无可奈何，眼睁睁地看着郅支单于作威作福，还奴役康居人建起一座郅支单于城。

郅支单于的北匈奴往这儿一待，确实把旁边的乌孙镇住了。大宛等国也都害怕郅支单于，都来送贡品。

第69回 陈汤杀匈奴单于

一晃七八年过去了，到了公元前36年，汉朝很多人都已经淡忘了谷吉的这笔血债。不过，有一个人记着呢，这个人叫陈汤。

陈汤是个有点争议的人。他本来是文人出身，从小喜欢读书，博学多才，写得一手好文章，可是他的品行不怎么样。

本来家境一般靠下，可他花钱还大手大脚，今天跟这个借，明天跟那个借，借了都不知道什么时候能还。所以，他在家乡的口碑很差，不受人待见，人见人烦。

陈汤怎么做的呢？他一梗脖子：好，你们不待见我，我走，我非得出人头地让你们看看！

于是，他离开家乡到了长安，混了个小官吏。几年后，他又结交了一个好朋友，一个贵人，就是张安世的孙子张勃。

张勃很欣赏陈汤，正赶上汉元帝下诏：

诏列侯举茂材。——《汉书·陈汤传》

所有有侯爵的人都可以向朝廷举荐优秀的人才。

当时应当是叫举秀才。班固写《汉书》时要避光武帝刘秀的讳，所以改叫茂才。

张勃是侯爵，他继承了张安世的富平侯，于是他举荐了陈汤。

按照惯例，接下来陈汤就能做个县令，真正去主持一方政务了。底层出身的他，这一步要是上去，绝对可以说是出人头地了。

可就在这时，噩耗传来，他老父亲去世了。按当时的法律，陈汤得立即回家奔丧，然后在家守孝三年。那样的话，这个县令可就泡汤了。

他一点儿也没声张，继续跟没事人似的，在长安等着上任。结果被人告了，不但这个县令没当成，还进了监狱。

张勃也受牵连，被朝廷问责：你举荐的这是个什么人啊？你这也太不负责任了！罚！把你侯爵的封地削掉二百户。

张勃很郁闷，可能身体本来也不好，不久就死了。侯爵死了，得定个谥号。给张勃定个什么谥号呢？

大臣们一商量，仅凭张勃举荐陈汤这样的人，就能看出他有多迷糊，那就叫"缪侯"吧。看个人你都看不准，名实不符，真是有辱你祖上声名。

陈汤在监狱里关了多久史书并没细讲。他出狱后，又东山再起，终于做了官，一路做到了西域副校尉，就是西域都护府的二把手。

当时的一把手是甘延寿，也是个能人，军人出身，做过羽林军，有力气，身手又好。这位甘延寿被一路提拔，做过辽东太守，又做了这个西域都护骑都尉。

公元前36年，陈汤和甘延寿一块到西域都护府上任。两人都非常能干尽职，跟西域各国的关系也都协调得很到位，可以说是进一步加强了对西域各国的控制。对西域的整个战略形势他们也都有很深刻清晰的认识，特别是陈汤。《汉书》说陈汤：

> 为人沈勇有大虑，多策谋，喜奇功，每过城邑山川，常登望。
> ——《汉书·陈汤传》

为人沉着果敢，足智多谋，好立奇功。每次经过城镇山川，总要登到高处观察。

他这是干什么呢？他就是预想一下，将来如果在这里打仗该怎么打，干事业该怎么干。

所以，陈汤到了西域之后，工作了一段时间，各方面的情况都熟悉了，他有了一个想法。有一次，他把这个想法跟甘延寿说了：有个事我想跟你念叨念叨。这个郅支单于可是西域的一大祸患，这几年他跟康居绑在一块，好几次打乌孙、大宛。咱得管！咱要是不管，乌孙、大宛早晚得被他们拿下。那样的话，用不了几年，其他西域小国可能也都得让他们拿下了，那咱这个西域都护府可就立不住了。

甘延寿说：嗯，有道理，那你看咱该怎么办呢？

陈汤说：我看灭了他吧！据可靠情报，郅支单于的北匈奴现在其实只有

第69回 陈汤杀匈奴单于

三千多人,而且他们那座城也不怎么样,他们筑城是外行,守城能力也一般。咱干脆发动屯田的将士,联合乌孙等国的兵力来一次突袭。郅支单于肯定以为离着长安远,咱大汉不会来打他。他想不到,咱们会从西域调兵去打他,他肯定没有多少防备。到时,他守城守不住,跑也没什么地方可跑。

千载之功可一朝而成也。——《汉书·陈汤传》

好!甘延寿听了也很兴奋:咱要是有了这个千载之功,那可太露脸了。不过,这么大的事咱俩做不了主,得好好写一份奏折,请朝廷来定夺,咱再干。

陈汤摇头:别,这事要请示朝廷那帮官老爷们,准办不成。

大策非凡所见,事必不从。——《汉书·陈汤传》

这种奇谋良策一般人是不可能认可的,肯定得否了。干脆就来个先斩后奏,先干了再说。

甘延寿说:这个……嗯,我再考虑考虑吧。

陈汤:好,你想想吧,咱得抓紧时间。

一晃好多天过去了,甘延寿这边也没信儿。

陈汤就急了。当时正赶上甘延寿在寓所养病,整个西域都护府的工作陈汤全权盯着。

于是,他"矫制"发兵:奉我大汉皇帝圣旨,我们要发动军事行动,西域各国军队和我汉朝屯田将士即日整装,准备集结出发。

陈汤私自以皇帝的名义调集各国军队,要组成联军。

汉朝自己的屯田将士很快便都集合到了都护府驻地,这就要出征了。

这动静大了,甘延寿才知道,急急忙忙从寓所跑来制止:陈汤,你这是干什么,你有什么权力调兵出征啊?你得到我同意了吗?朝廷批准了吗?你……

他指着陈汤的鼻子还要骂。

陈汤啪地一拍桌案,一下就把佩剑拔出来了:住口!甘延寿。

大众已集会，竖子欲沮众邪？——《汉书·陈汤传》

大军已经集合待发了，你要扰乱军心、坏我大事吗？

甘延寿吓得一哆嗦，一看陈汤杀气腾腾，立马尿了，听从了陈汤的建议。

于是，两人一块组织联军，一共四万多兵力，兵分两路，南路绕道大宛，北路经乌孙，长途奔袭三千多里，去消灭在康居国的郅支北匈奴。

最终，大军顺利抵达郅支单于城下。当时的兵力对比很悬殊，大汉联军差不多有四万人，北匈奴只有三千多人，是不可能守住的。

郅支单于本来想弃城而逃，但他出了城发现无路可逃。康居王这边跟他不过是相互利用的关系，靠不住；乌孙这边是派兵来打他的。他只好硬着头皮又回到城内来守城。

很快，单于城被汉军攻破，郅支单于在乱军之中受伤而死。整个北匈奴被汉军全歼，并且找到了一些谷吉的遗物。

随后，甘延寿、陈汤派人带上郅支单于的头颅飞奔长安，送捷报。

在这篇捷报里，他们建议朝廷：应当在外国使节居住的藁街悬头示众。要让这些外国人明白一个道理，什么道理呢？就是：

犯强汉者，虽远必诛！——《汉书·陈汤传》

第70回

昭君出塞

公元前36年的冬天，西域都护府的甘延寿和陈汤发动西域屯田将士和乌孙等国的联军，三千里奔袭灭掉了在康居国的北匈奴。

公元前35年，陈汤眼中的官老爷们看到西域都护府送来的灭掉北匈奴的捷报和郅支单于的人头，他们做何反应呢？是不是都得欢欣鼓舞呢？自古以来，从周朝就开始跟匈奴或其他北方游牧民族打仗，可能也没有过这样的胜利吧。这得怎么来表彰西域都护府的千古奇勋啊？

可事实不是这样的。汉元帝确实很高兴，而大臣们则很冷静。

首先，对于陈汤他们要在使节居住的藁街悬头示众的建议，丞相匡衡等大臣都反对：皇上，现在已经是春天了，春庆夏赏，这个时节不宜进行这种血腥暴力的活动。

汉元帝没听他们的，悬了十天。

然后，对于甘延寿和陈汤该怎样封赏呢？起码得封个千户侯吧。

丞相匡衡坚决反对：皇上，哪能给他们封侯啊，要我看不杀他们就不错了。

汉元帝问：这话怎么说呢？

匡衡回答：因为他们犯了重罪，他们假传圣旨，擅自发兵，发动了屯田将士和西域联军，这罪行夷三族都是轻的。这是打胜了，打败了怎么办？这要是还给他们封侯，那以后各地的军政长官还不都得效仿他们，都假传圣旨发兵，那不天下大乱吗？前代曾有这样的事例，宣帝的时候，冯奉世出使西域，擅自持节发兵，杀了造反的莎车王，那次不也没给冯奉世封侯吗？另外，此次出征缴获了不少的战利品，陈汤等人都私分了，司隶校尉已经掌握了有关的证据。

| 第70回 | 昭君出塞

要不是皇上您说不予追究,只这一条也够抓他们下牢的。

汉元帝听完,又问石显有什么意见,石显呢,正好跟甘延寿有点过节,此前他曾想把他姐姐嫁给甘延寿,但甘延寿拒绝了。

石显说:皇上啊,我完全赞同匡丞相的意见,甘延寿和陈汤不杀就不错了,不能封侯。

汉元帝说:好吧,这事再议吧。

然后,这事就放下了,久议不决,一直拖了两年,拖到了公元前33年。

这时,之前被免官在家的刘更生上书汉元帝:皇上啊,这个事不能再拖了。古代兵法讲究,对于在战斗中立了功的将士要奖赏,要越快越好,最慢也不能超过一个月,这样奖赏的激励效应才强。

对于甘延寿、陈汤矫制发兵这个问题,匡丞相所讲没有道理!实际上甘延寿、陈汤他们是在贯彻皇上您的意志,将在外得见机行事,而不是出于私心私利。虽然有不妥之处,但他们最终取得了这么巨大的成功,杀掉了匈奴单于,这可是亘古未有的奇勋。有道是:

论大功者不录小过,举大美者不疵细瑕。——《汉书·陈汤传》

与这样的大功勋比,那些小问题还值得一提吗?

可是,两年了,偏偏就揪住那些小毛病没完没了,这得让那些为国征战的将士们多寒心啊!皇上啊,快点落实对他们的封赏吧!

对此,匡衡和石显再次争辩:皇上,什么千古奇勋啊,他们没那么了不起,这个郅支北匈奴最多只是个流亡政府,算不上是真正的单于。

汉元帝是个没主意的人,最后勉强给甘延寿封了个义成侯,给陈汤封了个关内侯,万户侯没封上,封了个百户侯。

那么,这位丞相匡衡是什么人呢?那个著名的勤学故事"凿壁偷光"说的就是他,他家里很穷,从小借书苦读。若干年后,他的学问大长,尤其对《诗经》格外精通,吃得非常透,造诣很深。当时就有一个说法:

> 无说《诗》，匡鼎来；匡说《诗》，解人颐。——《汉书·匡衡传》

没有人讲解《诗经》，匡鼎（匡衡）来了；匡鼎讲《诗经》，笑掉人的下巴颏儿。

匡衡很快就在学者圈里赢得了很好的声誉，被人推荐到了汉宣帝面前。汉宣帝便让萧望之去接见匡衡。

萧望之跟匡衡一聊，认为这人可用。

可是，汉宣帝对儒家并不是很感兴趣，就没有起用匡衡。

随后，汉元帝即位，他喜欢儒家，对匡衡也有耳闻，正好大司马史高举荐匡衡。于是，匡衡当了郎中，又升为博士，又做给事中，成为汉元帝的贴身大秘书、智囊。

不过，匡衡的成功说到底还是因为他的勤学、他的儒家学问。

后来，他一路高升，做了太子少傅，又做了御史大夫，最后接韦玄成的班，做了丞相。

汉元帝用的几任丞相和御史大夫，贡禹、薛广德、韦玄成，还有匡衡，基本都是大儒。不过，他最器重的还是大宦官石显，而这些大儒都老老实实听石显的。

汉元帝期间，关于武将的故事，除了甘延寿和陈汤灭北匈奴，还有一场大仗，就是右将军冯奉世平定西羌之乱。这里也简单讲一下。

冯奉世早年有一个传奇事迹，就是公元前65年，他出使西域时，遇上莎车国王串联西域各国一起背叛汉朝、投靠匈奴。他当机立断，持节发兵，率领西域联军攻克莎车国，杀了莎车王。

虽然也有"矫制"的问题，他没被封侯，但一战成名，被提拔重用。

汉元帝即位之后，冯奉世做到了右将军。公元前42年，边境出事了，西羌造反。汉元帝召集了包括冯奉世在内的三大将军，还有丞相、御史大夫等军政大员来商议。

冯奉世认为：必须武力镇压，这样才能震慑西域各国和匈奴。皇上，微臣愿意带兵！

第70回 昭君出塞

汉元帝很高兴：冯将军，那你得带多少兵呢？

冯奉世说：皇上，您派给我四万人吧，一个月内保证彻底平定……

冯奉世这话还没说完呢，旁边的另外两个将军还有丞相、御史大夫便抢话：冯将军啊，现在各地正闹灾荒呢，上哪儿去调四万兵马？以前羌人闹那么厉害，赵充国老将军带了一万兵就平定了。皇上啊，这次咱最多也只能派一万兵去。

汉元帝点头：好，冯将军啊，就给你一万兵吧。

冯奉世的脸腾地红了：皇上，这个仗我已经仔细分析了，一万兵力绝对拿不下羌人，即便输不了，这个仗也不知道得打到哪年哪月了。那样的话，战争消耗可就更大了。

故少发师而旷日，与一举而疾决，利害相万也。——《汉书·冯奉世传》

少发兵就会使得战争旷日持久，和一战而迅速解决问题相比，利害差别万倍。

汉元帝摇摇头，不以为然，最后只增加了两千，派了一万两千兵。

这一万两千汉军到陇西之后，一开打就完了，损兵折将。最后，还是听了冯奉世的，发兵六万余人，比他要的还多了两万，这才把西羌平定。

冯奉世班师回朝。一年后，他就去世了。冯奉世的子女们也很出色。

有一次，汉元帝带着后宫一帮妃子到虎圈看斗兽表演。

汉元帝正看着高兴，结果出事了。一头熊从底下围栏里一下子蹿了上来，蹿到观众席来了。当时人们都吓呆了，汉元帝也蒙了，张皇失措。

就在这时，突然一个女子迎着熊就上去了，站在了熊跟前，护住了身后的汉元帝。这时，侍卫们冲上来将熊杀掉。

这个女子是谁呢？正是冯奉世的大女儿冯媛，当时是汉元帝的昭仪。所以，冯家还是外戚，可以说是家门鼎盛。

石显就想跟他家套近乎，向汉元帝举荐冯奉世的儿子冯逡（qūn）做秘书。

冯逡被召见时，他竟然顺便参了石显一本：皇上啊，石显绝对是奸臣，您离他远点吧！

石显很生气，他要怎么报复呢？

他不着急，他等着：早晚你冯家得犯在我手里！

石显真就等来机会了。

冯奉世的另一个儿子，本来是二儿子，可是大儿子死得早，这个老二就成为嗣子了，叫冯野王，非常贤能，做过县令、太守，政绩不错，后来做到了大鸿胪，位列九卿，朝野上下的口碑很好。

所以，这一年，御史大夫病死，很多人都推荐让冯野王来接任。而且按实际的政绩考核，冯野王在九卿之中排位是最靠前的。不管怎样排，都应该是冯野王做这个御史大夫。

不过，这是非常重要的职位，汉元帝当然要跟最信任的石显商量一下：你感觉冯野王怎样啊？

石显称赞：好啊！皇上，奴才感觉冯野王的才能没得说。

然后，他话锋一转：只是啊，皇上，让他当御史大夫，奴才感觉还是不大合适，他是冯昭仪的兄长。您要是让他当御史大夫，天下人肯定以为您这是任人唯亲，您说呢？

汉元帝一皱眉：你说的有道理，不行，我看看还有谁合适吧。

最终，冯野王也没被提拔。

就着陈汤灭北匈奴这件事，再讲一段小故事，妇孺皆知的小故事。

陈汤把北匈奴郅支单于杀了，首先吓坏了一个人。谁呢？就是南匈奴呼韩邪单于。

呼韩邪单于赶紧到长安来朝见汉元帝：皇上啊，我可跟那个郅支单于不一样，我是最忠于您的了。您能不能找个汉朝的公主嫁给我啊？这样一来，咱就是一家人了……

汉元帝很高兴：好。

《汉书》里是这样写的，只有一句话：

第 70 回 昭君出塞

元帝以后宫良家子王嫱字昭君赐单于。——《汉书·匈奴传》

将汉元帝后宫的王嫱,也就是王昭君赐给匈奴单于。

正史还讲了,王昭君跟呼韩邪生了一个孩子,为推进汉匈和平做出过贡献。

但如果仅有这些内容,恐怕王昭君也不会有这么大的名气。让王昭君更有名的是《西京杂记》里讲的,说:汉元帝后宫里的女人太多了,于是就让画师给每个人画画,皇帝可以看着画挑选。

后宫的这帮女人就拼命给画师送礼,让画得好看一些。唯独王昭君不送礼,结果画师也就没有帮她美化,所以她一直就没有被汉元帝留意。

就在这时,呼韩邪单于来请求和亲。

以往和亲都是嫁公主的。这一次改成汉元帝从自己后宫里找个没被宠幸过的女子嫁。嫁哪个呢?通过选画,就选中了王昭君。

然后,临出嫁汉元帝才召见王昭君。这一见,他发现王昭君比画漂亮一百倍,把后宫三千佳丽都比下去了,而且气质好、身材好,声音也好。

汉元帝肠子都悔青了,不过也没办法了,不能失信于人,只好把王昭君嫁给了呼韩邪。

汉元帝又气又恼,就把画师给杀了。

呼韩邪单于当时高兴坏了:皇上啊,感谢您赐给我这么好的女人。这样吧,干脆咱们修个永世之好,您把边塞的驻军都撤了吧!

汉元帝一点儿也高兴不起来,他只顾着后悔了:这样吧,我听听大家的意见,然后再定。

有个叫侯应的郎中上了一道奏疏,提出"十不可",十条不能撤掉边塞驻军的理由。汉元帝和大臣们都觉得有道理。

最后,汉元帝跟呼韩邪说:还是留着吧,那不是防你们的,主要还是为了管理汉朝这边,免得这边有刁民跑出去捣乱。

过了两年,呼韩邪单于就死了。王昭君给他生了一个儿子,叫伊屠智牙师，后来做了匈奴右日逐王。

呼韩邪死后，传位给他的大儿子，叫复株累若鞮单于。这个复株累若鞮又娶了王昭君，王昭君给这个单于生了两个女儿。

为保持匈奴与汉朝之间的和平，王昭君做出了巨大贡献。她死之后，她的儿女们对于汉匈和平应当是继续在努力。有明确史书记载的，是王昭君大女儿的丈夫，后来是匈奴的大权臣，他积极拥立了亲汉朝的匈奴王子做单于。

可以说，经过王昭君和她后人的努力，汉朝和匈奴维系了差不多五十年的和平。一直到西汉结束，也就是王莽篡汉之前都还是和平的。这个功绩了不起！

第71回

月亮女神
王政君

公元前33年昭君出塞，也是这一年，汉元帝驾崩，他活了四十一岁，在位十六年。

除了王昭君，还有一个女人可能更让汉元帝后悔。这个女人就是王政君，她是汉元帝的皇后，汉成帝的母亲，另外，她还是一个超级大人物的姑姑。谁呢？他就是王莽——西汉王朝的掘墓人。就在汉元帝死的这年，公元前33年，王莽已经十二岁了。三十二年后，也就是公元前1年，王莽就成为西汉王朝的实际掌控人。又过了几年，他干脆自己当皇帝，建立新朝，史称"王莽篡汉"。

当然中间这个过程还是很复杂的。"王莽篡汉"到底是怎么发生的？对此，班固在《汉书》里有一个简要的总结分析：

莽既不仁而有佞邪之材，又乘四父历世之权，遭汉中微，国统三绝，而太后寿考为之宗主，故得肆其奸慝(tè)，以成篡盗之祸。推是言之，亦天时，非人力之致矣。——《汉书·王莽传》

首先，王莽这个人是有大才的，不是简单人物。

第二，在他之前，他的四个叔伯王凤、王音、王商、王根轮班做汉朝首辅大臣大司马、大将军、领尚书事，专权二十余年。然后，王莽又接班，继续做大司马、大将军、领尚书事，继续专权。王氏如此长时间的掌权，为王莽打下了深厚坚实的政治基础。

第三，王莽正好赶上了西汉衰落的时期，汉元帝后面的汉成帝、汉哀帝、汉平帝都没有子嗣，只好把皇位传给侄子或者弟弟。这给当时的人们一个印象，就是刘家的气数将尽。尤其儒家对这方面比较敏感，过度解读了。这也在一定程度上刺激了王莽篡汉的野心。

另外，汉成帝、汉哀帝、汉平帝这三代皇帝都是汉元帝的直系子孙，他们的背后其实是汉元帝的三个女人：一是汉成帝刘骜的母亲王政君，是汉元帝的皇后；二是汉哀帝刘欣的奶奶傅太后，是汉元帝的昭仪；三是汉平帝刘衎（kàn）的奶奶冯媛，也是汉元帝的昭仪。这三个女人间的博弈也决定着王莽的命运，结果是王政君完胜，她活得比谁都长。

王政君活到八十多岁，有她助力，当时已经靠边站的王莽才能东山再起。

总之，这里面有很多偶然的因素，凑在一起，才有了王莽篡汉的最终结果。所以，班固认为，这一切说到底，还是天命注定。

从什么时候就天命注定了呢？得从王政君的爷爷王贺开始说。

汉武帝时期，因为连年争战，老百姓吃不上饭，流离失所，好多人起来造反。当时汉武帝派出很多绣衣直指到各地督导镇压的工作。这些绣衣直指可以先斩后奏，很多是酷吏的做派，有造反的，他们逮过来就能杀。

其中，暴胜之就是绣衣直指的典型，经他手杀的人加在一起有上万之众。王贺当时也是一个绣衣直指，他比较善良，能不杀人尽量不杀人，经他手的，差不多都放一条生路。

结果，他工作的成效就不大好，被汉武帝免官。不过，王贺一点儿也不后悔。

叹曰：吾闻，活千人有封子孙，吾所活者万余人，后世其兴乎！——《汉书·元后传》

我听说，救活千人之命，后世就能有子孙封侯的福报，而在我手下得以活命的人何止万人，我的后代得兴旺成什么样啊？免官就免官吧，值！

他家在当地有个仇家，他当着官时有权有势不在乎，免官后担心被仇家报复，就搬家了。搬到了魏郡元城的委粟里，大致就在今天邯郸大名县城东北方向。

王贺选了一块地势比较高而且开阔的地方，盖了房子，就在这儿安家生活了。很快，他便在当地有了很好的口碑。

当地有个老先生，叫建公，很有学问。有一次，有人跟他聊天聊起王贺：建公啊，王家这家人真好。

建公说：好，当然好。老王家那可不是一般人家。春秋时期，晋国有座山，叫沙麓，这座沙麓山在僖公十四年八月辛卯日发生了山崩，晋国太史就进行了占卜，结论是：这个灾异预示六百四十五年后会有一个圣女横空出世。现在已经过去五百多年了，再过八十年，正好六百四十五年，那时候这个圣女应当已经开始执掌天下了。

那么，这个圣女究竟是谁我也说不好。不过，我断定，她一定就是王贺的后人。因为王贺现在住的那个地方，正是当年沙麓山崩后的遗址，咱这儿当年就是属于晋国的，王贺家住的是最得风水的位置。

这位建公侃侃而谈。当时听的人都将信将疑：这也太玄了，谁也没法核实啊！再说了，您要是知道王贺家那是风水宝地，您自己为什么不早占上呢？

建公一笑：哈哈，我一说你一听就完了。

长话短说，王贺活了多大年纪、做过什么事，史书也没交代，只说王贺的一个儿子，叫王禁。王禁就是王政君的父亲。

王禁有四个女儿、八个儿子。后来这八个儿子全部被封侯（王莽的父亲王曼死后被追赠新都侯），其中四个做到了大司马、大将军、领尚书事。孙子王莽就更厉害了。

这种煊赫绝不仅仅是因为王政君做了太后，她的这些兄弟们也都是颇有才能的。按史书讲，他们都是好贤养士、有几分豪气的人。

那么，他们的父亲王禁到底是一个怎样的人呢？他只是一个在元城委粟里土生土长的小地主吗？不是的。《汉书》上讲：

少学法律长安，为廷尉史。——《汉书·元后传》

也就是说王禁并不是一直跟父亲王贺待在魏郡元城委粟里的，而是很早就被送到京师长安，拜在名师门下学习法律。后来做到了廷尉史，大致是六百石的中层官员。王禁能做到这一点，肯定是得益于父亲王贺之前的为官阅历，同时，他本人也是豪杰做派。

《汉书》讲：王禁胸怀大志，不想被世俗的道德束缚，贪酒好色，娶了好多妻妾。

王禁的这种气质，对子女肯定也是有影响的。另外，王政君的母亲李氏也是一个要强的人，对于王禁的好色，她不能忍受，经常因为这方面跟王禁吵架，然后离婚了，给王禁留下两儿一女，李氏改嫁他人。这两儿是王凤和王崇，一女就是王政君。

当初李氏刚怀上王政君时，曾经做过一个奇怪的梦。

梦月入其怀。——《汉书·元后传》

十多年后，王政君出落得温婉可人，性格柔顺，是很贤淑的一个姑娘。

王禁便给王政君订了一门婚事。临出嫁时，那人突然得病死了。随后，有个诸侯王跟王禁关系不错，找王禁提亲。王政君临出嫁时这个诸侯王又突然死了。

王禁给女儿请了好几个相面的，他们都异口同声说王政君将来贵不可言！

王禁大喜，给王政君请来了最好的老师，教王政君诗书、才艺，找了个机会把王政君送进了皇宫。开始她只是宫女，机缘巧合被汉宣帝的太子刘奭选中，一幸有身，之后生下了一个小皇孙。

汉宣帝大悦，亲自给起名，叫刘骜，字太孙。意思很明确，隔代指定接班人。

所以，汉宣帝驾崩后，新即位的汉元帝刘奭立即把刘骜立为太子，而刘骜的母亲也就从一个不起眼的小宫女，顺理成章地被立为皇后——王政君王皇后。

同时，王政君的父亲王禁被封为阳平侯，终于实现了他的大志。

接下来，王政君母子的皇后、太子之位也是经受了挑战，差点被汉元帝废掉。不过，最终还是有惊无险。在汉元帝之后，刘骜顺利即位，就是汉成帝。王政君则成为皇太后。

汉成帝在位的二十六年间，王家始终崇贵。

王氏亲属，侯者凡十人。——《汉书·元后传》

在整个汉成帝朝，王家一共封了十个侯，包括王政君的父亲、八个兄弟、一个堂兄弟，还有一个大姐家的儿子。多出的一个是因为八兄弟中的老大王凤是直接继承父亲王禁的阳平侯。王莽则继承他父亲王曼的新都侯，这也只算一个。

王家这种盛极的局面在汉成帝驾崩之后一度中落，因为汉哀帝即位之后，新的外戚又起来了，也就是傅太后的傅家。傅太后对王政君家族极力打压。

不过没几年，傅太后就死了。汉哀帝在位六年后也死了。于是，太皇太后王政君重新掌握最高皇权，在她的支持下，王莽又重新崛起掌权。

最终，王莽篡汉。这个结局其实并不是王政君希望看到的，只是后期她也阻止不了了。

王政君在王莽建立新朝的五年后，也就是公元13年，以八十四岁的高龄去世，身历"两朝六帝"，六帝是汉宣帝、汉元帝、汉成帝、汉哀帝、汉平帝，还有王莽。她从公元前48年开始做皇后，随后又做皇太后、太皇太后，一直做到公元13年，一共是六十一年。这在整个中国历史上几乎是绝无仅有的。

王政君身上的这些传说，在一定程度上也成为王莽的政治资源。

王莽篡汉这个结果是没有悬念的，但这中间到底是哪些具体的因素在发挥作用，还是有很多悬念的。接下来，我希望把这些悬念讲清楚，这是一个王朝衰落的经典案例，当然这中间也有很多好故事。比如，王政君的皇后之位和她儿子刘骜的太子之位曾经受到挑战，那是怎么回事呢？

第72回

王氏专权

宫女王政君一幸有身，给太子刘奭生了个儿子，也就是汉宣帝的孙子。汉宣帝非常高兴，隔代指定接班人。

可是，刘奭似乎不是这么想的。《汉书》说：

> 皇后自有子后，希复进见。——《汉书·元后传》

虽然王政君母凭子贵，随后当了皇后，但是她并不得宠。汉元帝并不怎么喜欢她，他更喜欢另一个女人——傅昭仪。那时没有"昭仪"这个等级，是汉元帝专门给傅昭仪加的，位次在婕妤之上，直逼皇后之位。

傅昭仪也给汉元帝生了一个皇子刘康，刘康是个特别有才艺的孩子，完全继承了汉元帝的艺术基因。例如，汉元帝有飞丸投鼓的绝活，别人都玩不了，唯独小刘康能玩，他的音乐天赋也是极高，太随汉元帝了。所以，他特别讨汉元帝的喜欢。

于是，汉元帝就有心废掉刘骜，改立刘康为太子。

当时王政君和她大哥王凤都无计可施。多亏了史丹，几次力谏力保，刘骜才没有被废掉。

史丹是史高的儿子，也就是汉元帝的表叔。汉元帝对表叔史丹很敬重，也很信任，让史丹来照顾太子刘骜，身份应当跟太子太傅、太子少傅差不多。

史丹很尽力，极力维护刘骜。比如有一次，汉元帝的小弟弟中山王刘竟死了，汉元帝很伤心。他跟刘骜年纪相仿，从小跟刘骜一块读书、游玩。

当天在葬礼上，汉元帝远远地看见刘骜在另一边，一下子悲从中来，忍不

第72回 王氏专权

住大哭。

他正哭着呢，刘骜就走到跟前了。汉元帝抬头一看，气坏了，因为他发现刘骜竟然没哭。汉元帝冲着史丹嚷了一句：你看看你教的这孩子，太不仁慈了，跟他朝夕相处的小叔死了，他竟然不哭。这样的人将来怎么做天子啊？

史丹扑通一声跪在地上磕头：皇上息怒，这事都怪我。怪我刚才专门教给太子见了您千万不要哭，我怕太子一哭您更伤心了，您不要错怪太子……

汉元帝的气一下子就消了。

还有一次，汉元帝当着史丹的面把刘康夸了一通：康儿很有才，音乐天赋太高了……

史丹把话头接过来：皇上啊，微臣以为，有没有才得看这个人做事的能力强不强，是不是好学，是不是对经典有深刻的思考与理解，太子在这些方面绝对都是值得称道的，那是真有才。您要说懂音乐、歌唱得好叫有才，那陈惠、李微的才华是高过匡衡的，可以做相国了啊！

则是陈惠、李微高于匡衡，可相国也。——《汉书·史丹传》

史丹也是开玩笑的口气，把汉元帝给逗乐了。

不过，汉元帝还是不死心，特别是在他生命的最后一段时期，已经病得很重了，这时他每天只让傅昭仪和刘康守在身边，而皇后王政君和太子刘骜都很难上前。在这关键时刻，汉元帝如果改变主意了怎么办？

王政君和王凤都干着急，没办法。这时，又是史丹挺身而出。有一次，史丹看傅昭仪娘俩都不在边上，他一个人径直来到汉元帝的床边，扑通跪地，哭起来：皇上啊皇上，现在外面传说您想废太子，您可千万别这样做啊，太子太得人心了，您真要废太子的话，那就先赐死微臣吧……

史丹哭得一把鼻涕一把泪。

汉元帝是个心软的人，看着表叔哭得这么伤心，他也掉泪了：唉，谁说我要废太子了，没有的事。太子是先帝看中的，王皇后也从没犯过什么错，我不会改主意的。我的时间可能不多了，将来你还要多费心太子啊……

不久，汉元帝驾崩。太子刘骜顺利即位，就是汉成帝。

此时是公元前33年，汉成帝十八岁。他在位二十六年，一直到公元前7年的一天早上，突然暴毙而亡，死在了一个绝代佳人的床上。这件事也给汉成帝打上了一个历史标签——好色！汉成帝身上，还有另一个标签——外戚专权。

虽然史丹竭力保住了刘骜的太子之位，汉元帝临死时也托付他好好辅佐刘骜，不过刘骜即位之后，第一时间加封的是他大舅王凤，封王凤为大司马、大将军、领尚书事。

史丹是非常聪明的人：这是新的外戚王家要得势了，我赶紧给人家让路，功成身退吧！之后汉成帝也把史丹升为右将军、光禄大夫，但他基本上什么事也不管了，至少史书上没再记载他做了什么、说了什么。只是《汉书》上有两句评价他的话：

为人足知，恺弟爱人，貌若傥荡不备，然心甚谨密，故尤得信于上。——《汉书·史丹传》

僮奴以百数，后房妻妾数十人，内奢淫，好饮酒，极滋味声色之乐。——《汉书·史丹传》

史丹为人知足，乐于爱人，貌似放荡不检点，然而内心却很谨慎周密，所以特别得信于汉成帝。

童奴百数人，后房妻妾数十人，在家奢侈过分，好饮酒，极尽美味、音乐、女色之乐。

这是一个成功的西汉贵族的形象：进，能赢得声名；退，能享受人生，并且最后得以善终。这也算是贵族的智慧吧！

与史丹的主动退让不同，另一个重量级人物是被汉成帝免掉的。谁呢？就是大宦官石显。

虽然石显在刘骜继位这件事上也积极出力，但是刘骜旁观者清，他早就知道朝野上下都把石显作为头号大奸臣。所以，他继位之后立马就把石显免了，

第72回 王氏专权

没杀他，只是让他回家养老。半路上，石显病死。

从此，宦官专权暂时没了，换成了外戚专权。大到一个国家，小到个人，其实都是如此，没有一劳永逸，永远都是解决了老问题，又来新问题。

关于汉成帝时期的外戚专权，先说一个词：五侯。

汉成帝即位后，把王政君的几个兄弟，也就是他的舅舅们全部封侯。其中，有五个舅舅是同日封侯，这是没有先例的。

五人同日封，故世谓之"五侯"。——《汉书·元后传》

后来，东汉桓帝也曾同日封五个大宦官为侯，那也是破天荒了，也被称为"五侯"。后世里，"五侯"就成为豪门权贵的一个代名词。

不过，汉成帝封的这五侯还不能算是他最亲的舅舅，这五个舅舅王谭、王商、王立、王根、王逢时，跟他母亲王政君是同父异母。

王政君同父同母的兄弟是王凤和王崇。汉成帝即位后，第一时间就封了王凤为大司马、大将军、领尚书事，基本就是当年霍光的那个职位。王凤跟汉成帝的关系与霍光跟小汉昭帝、小汉宣帝的关系差不多，基本就是大权独揽，"政自己出"。

有一次，有人向汉成帝推荐一个人才：皇上，刘歆这个人太有才了，您要不要召见？

汉成帝说：好啊，召来见见吧。

结果，一见面，汉成帝就喜欢上刘歆了，真是大才子，太有学问了：来人，朕要封刘歆为中常侍，给朕当秘书……你们去准备一下官服，写个任命书，今天就正式任命……

身边人说：皇上，这个事儿还没跟王大将军说呢，不合适吧……

汉成帝说：这么点事还至于跟大将军说吗？不用说了，赶紧去办！

身边人赶紧磕头：皇上啊，这事儿必须先跟大将军说了才行，咱不用这么着急……要不奴才这就去把大将军请来。

汉成帝没办法：好吧，你去请大将军来吧。

结果，王凤来了就把这个事给否了。汉成帝只有干瞪眼，没辙。

王凤专权的另一件让人印象深刻的事，是他整死了京兆尹王章。

王章是非常出色的一任京兆尹。他底层出身，家境贫寒，年轻的时候在长安求学，他和妻子日子过得很艰难。有一年冬天，王章生病，病得很重，可是他根本没钱治病，甚至连床像样的被子都没有，没法取暖。

卧牛衣中，与妻决，涕泣。——《汉书·王章传》

当时，王章卧在牛衣中，直打哆嗦：老婆啊，我……我看来是不行了……我死之后你早点改嫁吧……一边说着，一边哭。

他妻子一边哭一边骂：王章，你说什么呢！放眼这长安，朝野上下哪一个比得了你的才学。你怎么能说这么丧气的话，有点小病就把你吓成这样，穷都是暂时的，你赶紧振作起来！

王章被妻子一顿痛骂，身上热起来了，出了一身大汗，病竟然慢慢好了。

后来，王章做到了谏大夫，以直言敢谏闻名。汉元帝时，他因为批评大宦官石显被免官。汉成帝时，又被重新起用，很得王凤的赏识，一路做到了京兆尹。

然而，王章对王凤的专权很不满。开始时还忍着，可是，慢慢地，看王凤做的事，王章实在忍不了了，下定决心要参劾王凤，要"上封事"。

这天，他把那篇参劾王凤的奏疏写好，正要往宫里送呢，被他妻子一把拽住：相公啊，您这是何苦呢？王大将军咱得罪得起吗？他是皇上的亲舅舅，你怎么可能告得倒啊？即便真的扳倒了他，对你又有什么好处，无非就是得点虚名罢了。

人当知足，独不念牛衣中涕泣时耶？——《汉书·王章传》

相公啊，过去的日子多难啊，现在生活这么好，可不要生出是非来，咱得知足啊！

第72回 王氏专权

王章不听：你们女子懂什么啊？

他一甩袖子出了门，就把这篇奏疏给汉成帝呈上去了。

汉成帝看过之后，唏嘘感叹：哎呀，王章真是个直言敢谏的忠臣啊！我大舅王凤做的这都是什么事啊！他下旨召王章进见。

君臣相见，汉成帝亲切地问：爱卿啊，你再详细说说吧，我要是把王凤免了，然后换谁……

君臣二人敞开心扉畅谈了一通。谁知他们说的话都被王凤的一个叔伯兄弟王音听见了。王音的父亲跟王凤的父亲是亲哥俩，都是王贺的儿子。当时，王音在汉成帝身边做侍中，他把听到的这个情况告诉了王凤。

王凤怎么办呢？他立即演了一出苦情戏，哭着来找汉成帝：皇上啊，臣听说现在有人对我们王家很不满，让您很为难。干脆您把我免了吧，把我们王家人都打发回老家去吧……

太后王政君也跟着哭，不吃饭了。

结果，汉成帝来了一个一百八十度的大转弯：你们都别哭了，都怪我听了王章这个小人挑拨离间。你们看看给王章找个什么罪名把他杀了，给我舅出气。

最终，下面人就从王章的那篇状告王凤的奏疏里找出一条大逆不道的罪状来。王章奏疏里列了王凤的三大罪过，其中一条说：王凤曾把自己一个小妾的妹子送进宫做汉成帝的妃子。这没问题，问题是这个女子嫁过人。

王章在奏疏里是这样写的：在西羌和匈奴那边有个传统，就是娶来一个女人，她生下的头胎要杀掉。为的是把肠子洗干净了，避免生下来的是别人的孩子。因为匈奴那边父亲死后，他的妃子儿子可以继承。

王章的意思是说，王凤把二婚的小姨子送给汉成帝做妃子，简直就是胡闹！

这句话被揪住，而且被进一步解读成另一种意思：王章这么说，分明是把皇上比成了羌胡。有这么打比方的吗？太险恶了，十恶不赦！

最终，王章被杀，妻子遭发配。

从此，三公九卿见了王凤都不敢正眼看，都怯生生的。下面的两千石以下的官员就更不用说了。各地的太守差不多都是王凤的人。

王音这次出了力，王凤很感激，撺掇着汉成帝把王音封为御史大夫，位列三公。其他那些兄弟也都官居要职。于是，王家兄弟达到了鼎盛。

争为奢侈，赂遗珍宝，四面而至。——《汉书·元后传》

举国上下，不论是求官的，还是求财的，凡是想跻身上流社会的，全都投奔王家，奉送珍宝，予以贿赂。

王家兄弟便都发了大财，有的是钱，每家都好几十个妻妾、成百上千的奴仆，大宅子大院，极尽奢华。

汉成帝都看不下去了：我这帮舅舅们是要干什么？来人，给我到档案室查查资料去。

手下问：皇上，您查什么资料啊？

汉成帝回答：就查当年我文帝爷逼杀他舅舅薄昭的资料。

这话的意思是他也要杀俩舅舅试试，这可把王家兄弟吓得不轻。不过，汉成帝也只是吓唬吓唬就完了，一点儿也没动王家人。一切还是照旧。

对此，刘家宗室的人都很不舒服：这天下到底是我们刘家的还是他们王家的？而且王家兄弟还不是单纯贪财好利、争权夺势，他们不是庸人，都是有能耐的人。

然皆通敏人事，好士养贤，倾财施予，以相高尚。——《汉书·元后传》

都很会做人，很会笼络人心，都养士、养门客，把钱财都花在了这方面，以显示自己不俗。

这样，老刘家这边的压力就更大了：怎么办呢？再这样下去，会出大问题啊！

于是，刘家宗室的一个代表人物刘向秘密向汉成帝进言：皇上啊，咱刘姓

第72回 | 王氏专权

江山太悬了,已经很危险了!从古至今,外戚专权没有比王家更严重的了。这个状况如果再持续下去,后果不堪设想。

当年汉昭帝的时候,有泰山上的巨石自己立起来,又有上林苑的枯树自己立起来,结果呢?就有了平民布衣一步而为天子的事。如今,微臣听说,在王家的祖坟里,棺材板上竟然长出了枝叶,还钻出地面,都一房多高了。这个情况比枯树自己立起来可邪得多啊!这预示着什么,您自己想想。

事势不两大,王氏与刘氏亦且不并立。——《汉书·刘向传》

王家和咱刘家,未来只能是一荣一枯,一盛一衰,不可能两家都好的。将来少不了一场祸及天下苍生的生死较量。皇上啊,您快出手吧!

刘向已经把后面的事都看得真真切切,话讲得没法再明白了,就是说,如果再不想辙,王家必将取代刘家。

汉成帝看完这篇进言,很认同,立即把刘向召进宫来,面对面又是一番唏嘘感叹:哎呀,你说得有道理啊,确实是很危险了,得扭转局面。

然后就完了,没下文了。

按《资治通鉴》的记载,刘向这次极谏是在汉成帝即位的第十年,公元前23年。次年,王凤去世。对汉成帝来讲这是一个多好的时机啊,可以换个人担任这个要职。可他没有,继续让王音干。王音干了七年,公元前15年,也死了。这又是一个换人的机会,可以换成非王家的人。汉成帝还是没动这心思,继续让他舅舅王商干。王商干了三年,公元前12年,又死了。汉成帝又让他舅舅王根干。王根身体不好,总生病,勉强干了四年。公元前8年,王根向汉成帝推荐,让侄子王莽代替自己的首辅之位,当时王莽三十七岁。

汉成帝答应了:好,王莽,是我表弟,太好了,封王莽为大司马。

再转过年来,汉成帝驾崩。公元6年,王莽代理天子朝政。

如果说他不知道前面是个坑,掉里面了,还情有可原。汉成帝是眼看着前面那个坑,就生往里跳。这是为什么呢?

第 73 回

汉成帝的后宫

汉成帝的一个历史标签,就是外戚专权。他明知道会出大问题,但仍然无动于衷,一点儿也不想改变,不得不让人怀疑他是不是真傻。

这得从他的另一个标签——好色——说起。汉成帝当太子的时候,就是出了名的好色,但此时他还比较收敛。他即位当上皇帝之后,就放开了。他母亲王政君了解儿子,溺爱他,宠着他,亲自下诏,要招良家女。

当时,王凤的一个大幕僚杜钦对王凤说:大将军啊,皇上现在才十八九岁,这方面得控制着点,最好效法古礼,夏朝、商朝时,天子应当是娶九个女人,不多不少,那才是符合古礼的。

王凤把这个提议跟王政君说了。王政君直接给否了,王凤也没有办法。随后,一晃三四年过去了,问题来了:汉成帝的后宫那么多女人,竟然没有一个怀孕的。这时,汉成帝已经二十出头,这样下去,要是没有子嗣可怎么办。

这时,下面有个儒生叫谷永,就是当年自告奋勇出使匈奴被郅支单于杀害的谷吉的儿子。谷永很有才华,但是他一直都没进入皇帝的视野。正好赶上一次对策,他抓住机会,向汉成帝进言:

奋乾刚之威,平天覆之施,使列妾得人人更进,犹尚未足也,急复益纳宜子妇人,毋择好丑,毋避尝字,毋论年齿。——《汉书·谷永传》

皇上啊,皇嗣这事儿您得抓紧,微臣希望您展现出男人的阳刚之气,要雨露均沾。另外,应当继续为后宫扩招,不要在乎她的美丑,不要在乎她是否嫁过人,也不要在乎她多大年纪,总之,无论如何,只要能生孩子就行。

这看起来似乎很荒诞，不过，谷永讲的时候是跟灾异结合起来，说得煞有介事，头头是道。汉成帝看完之后，大悦，立马把这篇上书给后宫妃子一人发了一份。

汉成帝的许皇后，是许嘉的女儿。许嘉是许广汉的侄子，也就是汉元帝的堂舅。也就是说，许皇后其实是汉成帝的表姑。《汉书》里讲，这位许皇后非常聪慧，而且熟读史书。汉成帝也算是文艺青年，所以，刚开始的几年，两人琴瑟和谐，相处得很好。因为有这个感情基础，许皇后就比较强势，恨不得拴住汉成帝自己独享。可是，汉成帝又是很好色的，怎么可能总让她管着呢？再加上许皇后也没怀孕，最终，汉成帝还是把她冷落到一边，又跟别的女人琴瑟和谐去了。

在汉成帝的几个新欢之中，有一个班婕妤，也是个才女，很有教养，与汉成帝一起聊学问、聊诗文。有一次，汉成帝跟这位班婕妤在后花园里玩，玩累了，汉成帝就找了一辆车坐上去，而这个班婕妤呢，在车下边愣着。

汉成帝招呼她一同坐车，班婕妤说：别。

> 观古图画，贤圣之君皆有名臣在侧。——《汉书·外戚传》

皇上啊，臣妾看过一些古代图画，上面那些明君圣主每天身边都是名臣、贤臣。只有夏桀、商纣这些亡国之君，他们才每天跟女人们混在一起呢。皇上您是明君，所以这辇车我不能上去。

汉成帝听了，很开心：好，那就别上来了。

班婕妤抿嘴一乐：我知道您喜欢我手底下那个丫头，没问题，今天晚上就给您送过去。

> 婕妤进侍者李平，平得幸，立为婕妤。——《汉书·外戚传》

班婕妤把自己的丫头进献给了汉成帝。结果，这个丫头大得宠幸，很快就被封为了婕妤。当时，除了皇后就是婕妤这一级别了。而且有意思的是，许皇

第73回 汉成帝的后宫

后、班婕妤在正史上都没有留下名字,这个丫头竟然青史留名,她叫李平。

汉成帝宠了一段时间班婕妤和李平后,慢慢也腻了。就在这时,他遇到了一对姐妹花,可以说是中国历史上最著名的一对姐妹花,赵飞燕姐妹俩。

而赵飞燕的妹妹赵合德,其美艳要在赵飞燕之上。这一点,我们从《汉书》里的两个词可以体会到。按《汉书》所说,汉成帝是在一次微服出行的时候,在姐姐阳阿公主家里见到了赵飞燕。当时,赵飞燕是阳阿公主家的歌女,就跟当年汉武帝见到歌女卫子夫是差不多的情况。汉成帝一见倾心,立即"大幸"赵飞燕。

随后,汉成帝听说赵飞燕的妹妹也是绝色佳人,也召入宫,对她妹妹是"绝幸"。可见,妹妹的姿色、魅力肯定在姐姐之上。

接下来,汉成帝一发不可收拾,被这对赵家姐妹花彻底迷住,什么许皇后、班婕妤、李平,全部靠边站。赵飞燕姐妹不但漂亮,而且非常有心计,她们状告:

许皇后、班倢伃挟媚道,祝诅后宫,詈(lì)及主上。——《汉书·外戚传》

又整了一个巫蛊事件。最终,许皇后被打入冷宫。班婕妤倒没被废,因为是汉成帝亲自审问,当时班婕妤只是掉泪,一言不发,一句也不辩解。

汉成帝问:你怎么不辩解呢?你不会是完全认罪吧?

班婕妤这才说:

妾闻"死生有命,富贵在天"。——《汉书·外戚传》

皇上啊,如果说天地鬼神有知,他们就不该让臣妾背负这样无妄的罪名;如果说天地鬼神无知,没有天理可讲了,我辩解又有什么用啊?

汉成帝一听:这话说得好。朕知道了,没事了,起来吧。

班婕妤很明智:皇上啊,谢谢您的体恤。臣妾听说最近太后身体不大好，臣妾请求您恩准，今后就让臣妾去长信宫服侍太后吧，我就不在这儿服侍您了。

汉成帝恩准。

随后，很快地，赵飞燕便成功上位，晋为皇后；她妹妹则被立为昭仪。

姊弟颛宠十余年。——《汉书·外戚传》

姊妹俩一个赵皇后，一个赵昭仪，两人彻底把汉成帝拴住了，后宫里其他女人基本都没什么事了。

这种情况一直持续了十多年，直到公元前7年春天的一个早晨，汉成帝起床，正要穿衣服，忽然手不听使唤了，张张嘴，话也说不出来了。他当天就死了，算是暴毙而亡，举国哗然。

民间都传说，汉成帝之死要怪赵昭仪。

王政君当然是最伤心的，她命令要严查，要审讯赵昭仪。可还没审呢，赵昭仪就自杀了。

然后，汉成帝的侄子刘欣即位，就是汉哀帝。为什么要让侄子即位呢？因为汉成帝到死也没有留下子嗣。

《汉书·外戚传》里明明白白写着，在他还是太子的时候，许皇后是太子妃，那时就怀上过一个孩子，只可惜流产了，是个男孩。汉成帝即位之后，许皇后又生了一个女儿，出生之后夭折了。班婕妤也怀过孩子，也是流产了。

所以，汉成帝肯定是有生育能力的。可是，他在位二十多年，后宫又有那么多女人，怎么就没留下个子嗣呢？这是不是很奇怪？看来有问题。

就在汉成帝驾崩的几个月后，司隶校尉解光上书汉哀帝，揭露了一个惊天大秘密！据他调查：此前，至少有两个女人分别给汉成帝生了儿子，可是，这两个儿子都不见了。

《汉书·外戚传》里全文抄录了解光的这篇上书，写得非常详细。其中一个女人叫曹宫，她算是个女学者。

第73回 汉成帝的后宫

为学事史，通《诗》，授皇后。——《汉书·外戚传》

她是在后宫教皇后赵飞燕《诗经》的，类似家庭教师。

汉成帝那么好色，又喜欢才女，这位女老师当然不能放过，然后，她生下了一个男婴。照理说，汉成帝得高兴坏了，可是，据宫里的大宦官说皇上和赵昭仪很生气。

最终，这个男婴被宦官抱走，不知所终。这位老师和服侍她生育的六个婢女则全部被逼自杀。

另一段故事是说，有个妃子许美人也给汉成帝生了一个儿子。汉成帝本来很开心，给许美人还送了补药，而且还把有了儿子这件事主动告诉赵昭仪。结果，赵昭仪闻言大怒，捶胸顿足，脑袋往柱子上撞，从床上往地下栽，大哭大闹：她给你生了儿子，你是不是要立她当皇后？你要置我们姐妹于何地啊？你快把我们休了吧！我不活了……

汉成帝赶紧央求：你别哭了，快吃点饭吧。你放心，朕保证：

使天下无出赵氏上者，毋忧也！——《汉书·外戚传》

谁也不会爬到你们赵家姐妹上面去的，你别着急，来人啊，你去许美人那儿，把那孩子给我抱来！

很快地，宦官捧着一个小箧箩回来了，上面盖着单布，下面小被子里裹着一个婴儿。

汉成帝和赵昭仪接过小箧箩，打发宦官宫女们都出去。然后，过了一会儿，开门叫进来一个宦官，这个宦官又捧着这个小箧箩出去，交给当时的掖庭狱丞籍武，告诉籍武：这小箧箩里有个死掉的婴儿，你把他埋到个隐秘的地方，不要让人知道。

最终，汉成帝一个子嗣也没留下。

这里，还要讲一个成语——红颜祸水。《资治通鉴》中是这样说的，赵合德，也就是赵飞燕的妹妹比赵飞燕更加美艳动人，娇艳欲滴，把汉成帝身边的宦官、宫女都给看呆了。

不过，在场有个老宦官叫淖方成，从汉宣帝那会儿就在宫里的一个老宦官，他不为所动。当时他正站在汉成帝的身后，看着赵合德，扭头就朝地上啐了口唾沫，说：

此祸水也，灭火必矣！——《资治通鉴·汉纪二十三》

这就是"红颜祸水"这个词的来历。那么是灭什么火呢？这是有深意的，因为汉成帝时的一些学者对于"五德终始"说又有新的理解，认为汉朝是五行中的火德。这老宦官的意思是说，赵合德红颜祸水，是要灭汉朝这盆火的。

那么，汉成帝如此过分地宠幸赵家姐妹，有大臣提醒过他吗？

第 74 回

《论语》宗师

有关汉成帝好色,特别是宠幸赵飞燕姐妹的问题,大臣们就没有人提醒汉成帝吗?当然有。

公元前 16 年,汉成帝要立赵飞燕为皇后,还没立,作为铺垫,刚刚把赵飞燕的父亲赵临封侯,就有一位谏官刘辅,义正词严地对汉成帝提出了忠告:

里语曰:腐木不可以为柱,卑人不可以为主。——《汉书·刘辅传》

皇上啊,赵飞燕的出身太卑贱了,怎么可以当皇后母仪天下呢?这就像拿根糟烂木头当房梁,她当得起吗?

天人之所不予,必有祸而无福。——《汉书·刘辅传》

这是要天怒人怨的,肯定会要惹出灾祸来。总之,您千万不能立赵飞燕为皇后!

汉成帝原本心情很好,因为太后王政君起先也是反对让赵飞燕当皇后,也是觉得赵飞燕出身太卑贱了。汉成帝费了很大劲终于说服了王政君,他正高兴着,让刘辅泼了这一大桶冰水,一下子就气炸了:你胡说八道!来人,把他拉出去,秋后问斩。

刘辅被关进牢里。所幸的是,稍后有几个大臣为他求情:皇上,刘辅本职就是谏官,如果因为直言进谏话说得重了,您就杀他,以后谁还敢进忠言啊?

汉成帝这时气已经消了:好吧,他确实是太过分了,那……就别杀了。罚刘辅做鬼薪。

鬼薪就是为宗庙砍拾柴火，以供宗庙日常使用。应该没做多长时间刘辅就回家了。

从这个事上也可以看出汉成帝不是一个暴虐的皇帝，还是有容人之量的，对于直言进谏的人他能包容。

汉成帝的优点也不少。《汉书·成帝纪》最后的赞是班固的父亲班彪写的。班婕妤是班彪的亲姑姑，班彪的父亲、大伯也都在汉成帝身边工作，所以班家也是西汉外戚。他们对汉成帝很了解。在他们的印象中，汉成帝的第一个优点就是很有威仪，立如松、坐如钟，从来也不东张西望，非常沉静严肃，说话很大声、很急躁的情况从来没有过。身边的小事他从不会亲自指指点点地，金口玉言。

尊严若神，可谓穆穆天子之容者矣！——《汉书·成帝纪》

太庄重了，这真正是天子的容貌气质！

汉成帝的第二个优点是热爱读书。

汉成帝的第三个优点就是"容受直辞"。

另外，他执政的二十多年，吏治不错，基本上天下太平，朝野上下都很稳定，老百姓日子过得也不错。

公卿称职，奏议可述。遭世承平，上下和睦。——《汉书·成帝纪》

只可惜，赵飞燕姐妹乱内，而且他还放任王氏擅权。

这是《汉书》里班彪对汉成帝的评价。这里面他少了一条，汉成帝还有一个大优点就是尊师重教！

他的老师叫张禹，他做太子时跟张禹学习《论语》。张禹是研究《论语》的一代大儒。西汉时《论语》有三个版本，张禹研究的是《鲁论语》。

> 传《鲁论语》者，常山都尉龚奋、长信少府夏侯胜、丞相韦贤、鲁扶卿、前将军萧望之、安昌侯张禹，皆名家。张氏最后而行于世。——《汉书·艺文志》

夏侯胜、韦贤、萧望之曾在太学里传授《鲁论语》。另外，还有几位传授《齐论语》的大儒。张禹比他们都要晚，不过，他讲授的《鲁论语》成就最大、影响最大。在当时的儒生中有一个公认的说法：你要是想学好《论语》，就得跟着张禹学，看张禹对《论语》的注解说明。

这可能就是最终《鲁论语》成为唯一传世的版本的原因，因为张禹讲的就是这个版本。

那么，这个在《论语》传承过程中发挥了如此重大作用的人物，他是怎样理解《论语》，又是怎样践行孔子思想的呢？

张禹也算是底层出身，小时候经常到街上玩，他最喜欢的就是看人家算卦相面。街上只要有摆摊算卦的，他就蹲在一旁看。时间一长，他就入门了，算卦先生正给客人讲着呢：这位客官，看您印堂发暗，两颊绯红，应当是近期犯小人，远期犯桃花，出门走向北有灾，向南丢财……

这时，小张禹便插话：不过，从卦象上看，您这还有解，只要……

小张禹很聪明，有悟性，又喜欢钻研。有一次，算命先生就对小张禹的父亲说：你儿子相貌不凡，将来肯定是个人物，你得好好培养。

张禹父亲很高兴：谢谢先生，那您看应当朝哪方面培养他呢？还请先生指点。

算命先生说：这么聪明的孩子，应当让他学经。

他父亲听从算命先生的建议，送他到长安，拜在几位大儒门下，学习《易经》和《论语》。

十几年后，张禹学成，也开始带学生，渐渐有了声望，被举荐走上仕途，做了博士。他一边在太学传授《论语》，一边参与政务。这是在汉宣帝时期。

随后，汉元帝即位，听说张禹教《论语》教得好，就让他来教太子，同时升为光禄大夫。

第 74 回 《论语》宗师

十六年后，汉元帝驾崩，太子即位，就是汉成帝。

汉成帝在此前十六年间，跟老师张禹建立了非常深的感情，对张禹非常尊重。所以，他即位之后，立即把张禹封为关内侯。

秩中两千石，给事中，领尚书事。——《汉书·张禹传》

中两千石，这是九卿的级别，更重要的是让张禹领尚书事，几乎与大将军王凤平级。

王凤跟当年的霍光是差不多的，汉成帝让张禹跟王凤并领尚书事，王凤心里肯定不舒服。

张禹很紧张：我哪儿惹得起王凤啊，这个头衔可不能要。

于是，他好几次给汉成帝递交辞呈：皇上啊，我年老体衰，还是回家养老吧。

汉成帝再三挽留：老师啊，您在这儿我心里才有底。我找最好的太医给您治，您要是累了，那就尽管歇着，好不好？您可不能辞职。

张禹没办法，只能坚持干，并且尽量谨慎，尽量跟王凤处好关系。就这样，他领尚书事八九年，跟王凤相安无事。

不过，当时的丞相王商跟王凤的关系很僵。王商是老外戚，是汉宣帝舅舅的儿子，也是很有能力、见识的。《汉书》中说，他不仅高大威猛，而且长相很不一般。

他有多高大威猛呢？有段故事。有一次，匈奴大单于来朝见天子，先拜谒了汉成帝，之后再拜谒丞相王商。王商起身，来到单于面前还礼。

单于仰视商貌，大畏之，迁延却退。——《汉书·王商传》

两人一打照面，单于仰着头看王商，一下子就被吓住了，倒退数步。

汉成帝随后跟人感叹：这才是我们大汉丞相，真给我们长脸，只不过打个照面，就把匈奴单于吓着了。

因为王商和王凤关系很僵，王凤就把他整倒了，罢免了他的丞相。回家三天，他就被活活气死了。

王商罢相之后，汉成帝立即让张禹接其位，并且正式封侯，封为安昌侯。张禹干了六年丞相，实在是上年纪了，他请求辞官退休。

汉成帝仍然极力挽留，这回应当是客气了，给足了张禹面子后批准张禹退休，不过仍然享受丞相待遇。参加朝廷的一些活动时，张禹的位次仍然很靠前，跟在位的丞相一样。而且汉成帝还给了张禹好大一笔退休金，连之前的赏赐，加一块有好几千万。

那么，他用这么多钱都干什么了呢？张禹是传授《论语》的一代宗师，儒家最讲轻财好义，可是张禹拿钱一是买地，二是享乐。《汉书》上说张禹，当了大官，富贵有钱了，就买了四百多顷地。

张禹很懂音乐，爱听，爱玩，私生活是很奢靡的。他住在豪宅里，没事就在后院跟一帮妻妾听音乐、赏歌舞。

他有两个得意门生，都是跟他学《论语》的，官也都很大：一个叫彭宣，一个叫戴崇。

宣为人恭俭有法度，而崇恺弟多智，二人异行。——《汉书·张禹传》

这两人的性格喜好正相反，彭宣是那种典型的正人君子，拘谨，有操守；而戴崇则比较随便，脑子灵活。

张禹呢，他跟戴崇更投脾气。只要是戴崇来看他，他就很开心：你来得正好，我这儿又来新人啦，就在后堂呢，你别走了，一会儿让她给你跳个舞，咱边吃边喝边欣赏。

改天，彭宣来看张禹。张禹也很高兴，不过，老师的架子还是端着：彭宣啊，你来啦，快坐吧，最近读什么书呢？

彭宣说：老师，我在读这本书，感觉挺有收获的，中间有这么一段，是这样的……

张禹一听：噢，这段好啊，做人就得这样，得有理想、有追求，努力实现

第74回 《论语》宗师

人生价值,得修身、齐家、治国、平天下。你接着说……

师生俩在一起,聊了半天读书、学问、人生事业,到吃饭的点了,张禹就弄个两菜一汤,非常简单。彭宣吃得也很愉快。他知道张禹接待戴崇不是这样的,不过没关系,他觉得他那样好,我觉得我这样好,各得其所。

张禹退休之后,给自己找了一块墓地,这块墓地风水很好。不过,这块地是在汉昭帝的平陵范围内,在边上。

张禹跟汉成帝申请:皇上啊,平陵边上那块地能不能划拨给老臣做埋骨之地啊?

当时刚刚主政的内朝首辅是大司马王根,他知道这个情况后很生气:皇上啊,天下那么多地方,哪里埋不了他那把老骨头,他却偏偏要跟皇室的陵邑争地方。这太过分了!

可是,汉成帝不以为然。他没听王根的,直接准了张禹。因此,王根对张禹便很有看法,没事就在汉成帝跟前挑张禹的毛病。可是,王根越是这样,汉成帝就越是敬重、厚待张禹,有什么国家大事、要事,都还是找已经退休在家的张禹商量。

赶上张禹生病,汉成帝都会亲自到张禹府上看望。《汉书》是这样写的,汉成帝到了张禹家,来到张禹的病床前,汉成帝先拜张禹,张禹再以顿首还礼。师生之礼在前,君臣之礼在后。

刚才说主政的王根对张禹很不满,那么,张禹怎么办呢?张禹当然不希望这种情况一直持续下去,王家这么强大,他又这么大年纪了,哪天他一死,王家要是收拾他的子孙怎么办啊?

可是,怎么修复这种关系呢?机会就来了。有一天,汉成帝又来看张禹,手里拿着一摞文件,忧心忡忡地:老师啊,您快帮我看看吧,我拿的这都是告状信,有儒生的,有官员的,也有老百姓的,都是说最近频繁出现的各种灾异是我的舅舅们专权惹来的。

汉成帝继续说:老师啊,现在只有咱俩人,您跟我说实话,这个灾异到底是怎么回事,真跟王氏专权有关吗?

张禹心中一动,稍做沉吟,说:

> 灾变之异深远难见，故圣人罕言命，不语怪神。性与天道，自子赣之属不得闻，何况浅见鄙儒之所言！——《汉书·张禹传》

皇上啊，灾变之异深远难见，所以圣人很少谈天命，也不谈怪异鬼神。天性和天道，从子贡以下之属没听孔子说过，何况浅见鄙儒说的？

所以，所谓的灾异您不必太当真。好好地处理好各方面的政务，尽量把各方面的关系都平衡好，就可以了。

汉成帝听完长舒一口气：老师啊，您这么一说，我就放心了。

随后，王根这边听说了这个情况，就很感激张禹，关系也就修复了。

不过，就在这时，发生了一件事。有一天，一个叫朱云的人上书求见：皇上啊，我有要紧事，得跟您当面说。

朱云这个人汉成帝曾有过耳闻。朱云年轻的时候是个游侠，四十岁时才弃武从文，开始学经，也跟张禹一样，学《易经》《论语》，学成之后，也做了博士，又做了杜陵县令。汉元帝的时候，朱云曾数次参劾大宦官石显专权，并且顺带告当时的丞相韦玄成"容身保位"，不作为。结果，他把自己的官弄丢了，被免为庶人。

汉成帝一看朱云这上书，很好奇，于是召见。这天上朝，公卿大臣们分列左右，朱云来了：皇上，微臣要跟您说的这个要紧事，就是这满朝文武都没有担当，没有一个说真话的人。特别是有一个大佞臣，太坏了。

> 臣愿赐尚方斩马剑，断佞臣一人以厉其余。——《汉书·朱云传》

请您赐我一把尚方宝剑，让我砍了这个大佞臣的脑袋，给这帮吃白饭的大臣们提提醒吧！

汉成帝问：朱爱卿啊，你说的这个大佞臣是谁啊？

朱云回答：不是别人，正是您的老师，安昌侯张禹。

汉成帝勃然大怒，从来不着急的人竟然也发怒了：来人，把这个大胆狂徒拉出去斩了！

旁边上来人拉着朱云就往外拖。

朱云拼命挣扎，一把拽住宫殿门口的门槛，不撒手，大喊着：皇上您杀了我正好，我到地下去找龙逄、比干，他俩不就是因为进忠言被夏桀和商纣王杀了吗？然后，夏朝、商朝就亡国了，我倒要在地下看看咱大汉朝会怎么样。

汉成帝的火更大了，往外拖朱云的那几个人也着急，一使劲，就听着"咔嚓"一声，宫门槛愣是被朱云拽折了。

这时，两边的大臣赶紧跪下求情，特别是左将军辛庆忌，他也是当时的名将，他不停地磕头：皇上息怒，朱云他就是这样的人：

素著狂直于世。使其言是，不可诛；其言非，固当容之。——《汉书·朱云传》

他就是以狂直闻名于世的。他要说得对，就不能杀他；他要说得不对，也请皇上包容啊！

汉成帝看着辛庆忌头上已经磕出血来了，心里也是一酸：好了，辛将军，朕赦他无罪，让他走吧。

朱云爬起来走了。

随后，下面的人要找工匠把被朱云拽坏的门槛换个新的。

汉成帝一摆手：别换新的，还用这个，朕要让大臣们上下朝时都看看它，记住今天的事，希望他们都能有朱云的胆量，做这样的直臣！

第 75 回

刘德的
道家智慧

公元前7年的春天，汉成帝的侄子刘欣即位，就是汉哀帝。一看他的帝谥，大家可能会觉得这是个差劲的皇帝。不过，汉哀帝刚即位的时候还是不错的。

哀帝初立，躬行俭约，省减诸用，政事由己出，朝廷翕然望至治焉。——《资治通鉴·汉纪二十五》

他给人们的第一印象很好，很节俭、务实，亲自抓国事政务的决策，不像汉成帝，什么事都听王家的。给人感觉这个年轻的汉哀帝出手不凡，是个明君。

可是，谁也没想到，短短几年后，他就变了，变得让人觉得不可思议。他后来干的那些事要多差劲有多差劲，后面再说。

这里先说汉哀帝做的一件好事，就是他继汉成帝之后，继续推进并完成的一件事，一件对中华文明的发展意义深远的大好事，即校订书籍。

汉成帝、汉哀帝校订的书籍不是一般的书籍，也不是一本两本或十本八本。他们校订的书籍是从三皇五帝以来西汉皇家收集的所有书籍，可以说是对中华文明所有思想文化成果的一次大整理。

这次大整理之前，还有一次类似的活动，是私人干的，谁呢？就是孔子。孔子删述"六经"，他把自己之前的传统经典都校订了一遍，使中华文明最宝贵的思想文化遗产更完善，也更易流传。正是因为孔子做了这样承前启后的工作，才有了他在中国文化史上的宗师地位。

汉成帝、汉哀帝这次校书，从规模数量上，比孔子校订"六经"要庞大得多，得有上万卷。这上万卷书是两位皇帝委任下面的学者来做的，但是如果没有他们的支持，这个工作是不可能做成的。所以，这个功劳得给这两位皇帝记上，这是他们的历史功绩。

那么，他们委任的学者是谁呢？当然也不是一两个人，而是一个由很多学者组成的校书团队。这个团队的领头人是一对了不起的父子：刘向、刘歆父子。

尤其是刘向，他担任领校，相当于总编辑，整整二十年，从公元前26年汉成帝决定开展这个工作，一直干到了公元前7年汉成帝去世。次年，刘向也去世了。

然后，汉哀帝让刘向的儿子刘歆担任领校。

据《资治通鉴》记载，刘歆这个领校没干多长时间，差不多当年就给了汉哀帝一个工作的总结，即一套详细的书目和简要的分类介绍，这个工作就结束了。所以，总的来讲，这个工作主要还是刘向牵头完成的。《汉书》对刘向的评价很高：

> 自孔子后，缀文之士众矣，唯孟轲、孙况、董仲舒、司马迁、刘向、扬雄，此数公者，皆博物洽闻，通达古今，其言有补于世。——《汉书·刘向传》

自孔子之后，直到东汉之前，著书立说的人非常多，但真正能博古通今、有影响力的，对于修身、齐家、治国、平天下有积极意义的大学者只有这么几位，分别是：孟轲，就是孟子；孙况，就是荀子。孟子、荀子可以说是儒家思想的第二号和第三号人物。董仲舒是儒家思想继往开来的大宗师。再往下是司马迁，这是史家的大宗师。再之后就是刘向。

可是，刘向在老百姓当中几乎没有什么名气。

刘向曾经参与了汉元帝时期萧望之与石显的斗争，对于汉成帝一味委政于王氏外戚，他也极力进谏。

那么，刘向到底是怎样一个人呢？

第75回 刘德的道家智慧

首先，刘向属于西汉皇室，他父亲担任过宗正。宗正是什么呢？

宗正，秦官，掌亲属。——《汉书·百官公卿表》

宗正，是从秦朝时就设立的官职，专门管理皇帝亲属，包括皇室成员、外戚等这些人的各种事务。所以，能当宗正的人一般都在皇室有一定的威望。宗正，位列九卿，是高官。

刘向的父亲叫刘德，跟河间献王同名，而且还是平辈。他们这对同名的本家兄弟关系也不算远，他们的曾祖父是同父异母的亲兄弟，分别是刘邦和刘交。

河间献王刘德是汉武帝的亲哥哥，父亲是汉景帝，祖父是汉文帝，曾祖父是刘邦。

刘向的父亲刘德，他父亲叫刘辟彊，祖父叫刘富，曾祖父是刘交。

刘邦打下天下之后，封刘交为楚王，后来的谥号是楚元王。《汉书》第三十六卷就是《楚元王传》。楚元王子孙们的传记都被写在这同一个传里面，包括刘德、刘向、刘歆。这种编排可能影响了刘向的知名度。

《汉书》里的人物传记，次序一般都是按照时间排的。比如，刘邦时期的大臣的传记都排在最前面，后面依次是文帝时期的、景帝时期的、武帝时期的，等等。同一时期的则挨着写，比如，《汉书》卷七十四写的魏相、丙吉，卷七十五写的夏侯胜，卷七十六写的赵广汉、韩延寿，卷七十七写的盖宽饶，他们都是汉宣帝时期的人物。刘向本来应该与他们写在一起的，可是，唯独他的传在卷三十六里，而且是附在楚元王后面，所以阅读时极有可能会漏掉。

当然，班固这样编写肯定有他的道理，他应当是强调家族血统优先，其次是时间顺序，再次是人物的身份特征。比较典型的就是《酷吏传》《循吏传》。另外，不那么明显的，比如，他把傅介子、常惠、郑吉、甘延寿、陈汤等编在同一卷里，这些人都是征战西域建功立业的将领；把隽不疑、疏广、于定国等几个人编在同一卷里，这些人的共同特征是他们都是主动辞职，是见好就收、得以善终的明智之士。

刘向的曾祖父楚元王刘交很有学问，他喜欢《诗经》，也让孩子学习《诗经》，他自己甚至还给《诗经》作注，写成一本《元王诗传》。他的手下有三位中大夫，也都很有学问，最著名的是申公，是研究并讲授《诗经》的一代大儒，汉文帝时曾被提拔到朝廷做博士。另外两位，一个叫穆生，一个叫白生。

刘交对这三位都非常敬重。怎么敬重的呢？《汉书》里提到一个细节：

穆生不耆酒，元王每置酒，常为穆生设醴。——《汉书·楚元王传》

楚元王刘交死后，他的儿子刘郢客继位，继续为穆生备着醴，举行宴会时，给别人倒酒，给穆生倒醴。

刘郢客只在位四年就死了，他的儿子刘戊即位。刘戊一开始也是给穆生备着醴，后来，时间长了，他就忽略了这件事，一连有那么两三回，给穆生也倒上了酒。

穆生的心里就不安稳了：不行，我得走了。

他向刘戊递了辞呈，要告老还乡。

刘戊挽留了一番，客气了一通，就批准了。

当时，申公和白生听说这个情况后，觉得很意外，找穆生：你干得好好的，为什么说走就走呢？

穆生苦笑一声：两位老兄，我再不走的话可能就走不了了，这位小楚王早晚得把我捆起来。

申公和白生问：先生何出此言？

穆生眨眨眼，一笑：因为他开始给我倒酒，不给我备着醴了，他对我已经没有什么敬意了，开始怠慢了。

申公和白生说：先生，您言重了，这么点小礼节不周到，您至于吗？

穆生说：不对。

《易》称"知几其神乎！几者动之微，吉凶之先见者也。君子见几而

第75回 刘德的道家智慧

作，不俟终日"。——《汉书·楚元王传》

这确实只是礼节上的一个小问题，但这是小苗头，这个小苗头直接预示着后面的吉凶。所以，"君子见机而作"，一旦发现苗头，立马就得做出反应，不能等到第二天。所以，我也不能等了，我得赶紧撤了。您二位也好好想想吧。

然后，穆生就走了。申公和白生没走。

又过了些年，到了汉景帝时期的"七国之乱"，楚王刘戊也要加入反军的联盟。申公和白生赶紧劝阻：大王这事可得慎重，咱不能站错了队。

刘戊非但不听劝，还急了，把申公和白生都抓起来，罚作苦役。后来，七国兵败，刘戊自杀。

刘向之父刘德不是在刘交、刘郢客、刘戊这个嫡嗣枝上的，但也很尊贵，他爷爷刘富是侯爵，他的父亲刘辟彊晚年也做到了宗正，位列九卿。刘辟彊年轻时就很有才华，非常喜欢读书，清静少欲，很有修养，有道家的做派，不热衷于做官。到了刘德这儿，也喜欢道家，对黄老思想很有研究。他很有智慧，曾经得到汉武帝的召见，他与汉武帝是平辈，年纪比汉武帝小很多。汉武帝对这个小兄弟很满意。

谓之"千里驹"。——《汉书·刘德传》

这么年轻就才华横溢，真是我们老刘家的一匹小千里马，前途不可限量！

汉昭帝的时候，刘德深得霍光的欣赏。刘德的妻子死了，霍光立即表示想把女儿嫁给他。

德不敢取，畏盛满也。——《汉书·刘德传》

刘德深受道家思想影响，害怕娶了霍光的女儿自己太盛、太满，这样不踏实，就婉言谢绝了。

德常持《老子》"知足"之计。——《汉书·刘德传》

刘德非常懂得老子所说的"知足"的道理。

刘德官运很顺，他被霍光提拔，一路做到了宗正，然后参与了拥立汉宣帝，被封侯。之后，又深得汉宣帝的尊宠，甚至被汉宣帝列入了麒麟阁。他的收入很丰厚，可是，他的家产一直是不过百万的。因为只要家产超过百万了，他就拿出大笔钱财去接济亲戚、朋友，并且教育孩子们：你们将来也不要存太多的钱，因为人们都是仇富的，太富了，就会被人仇视。人得知足。

不过呢，他这么有智慧、这么让人尊重的人，死后的谥号却很糟糕，叫"缪"。这是怎么回事呢？这都得怪他儿子刘向。

当时刘向犯了欺君之罪，被汉宣帝关进大牢，马上要掉脑袋了。老爷子赶紧想办法救他，中间有些做法有点不合规。结果，还没把刘向救出来，老爷子就死了。这时要定谥号，有大臣提出他救儿子这事不地道，就定了个"缪"。

那么，刘向这个欺君之罪是怎么回事呢？

第76回

刘向的占星术

刘向的爷爷和父亲都做过宗正，宗正就是管理皇族事务的，包括审理皇族人员涉及的案件。

按《汉书》上说，当年淮南王刘安谋反案，刘向的父亲刘德就参与了审理，这中间他得到了淮南王的一部宝书——《枕中鸿宝苑秘书》。

淮南王编著完成道家的集大成之作《淮南子》之后，进献给了刚即位的汉武帝。据说他只是进献了"《内书》二十一篇"，而《外书》《中篇》这部分没给汉武帝。

《外书》甚众，又有《中篇》八卷。——《汉书·淮南王传》

而这部分所涉内容大致就是这部《枕中鸿宝苑秘书》，它是专门写修仙、炼金术、长生不老神药什么的。

刘德审理淮南王案子时，得到了这部书，他自己留了下来。

刘向很小的时候就看到了这部《枕中鸿宝苑秘书》，他一下子就看进去了。

成年之后，大概在二十岁时，刘向成为汉宣帝身边的谏大夫。因为他文章写得好，所以深得汉宣帝欣赏。此时的汉宣帝已经在位十几年，权力稳固，天下太平，他的心便有点浮躁了，也跟汉武帝似的，开始对神仙之术感兴趣。

刘向投其所好，把家里这部《枕中鸿宝苑秘书》拿出来，进献给了汉宣帝，还跟汉宣帝吹了一回牛：皇上，微臣从小就研究这部书，这里面讲的炼金术，我已经研究得很透彻了，您只要给我配备相关的东西，我一定能把黄金炼出来！

第76回 刘向的占星术

汉宣帝很高兴：太好了，我让人全力支持你，就按着这部宝书上的秘方，争取把黄金炼出来。

刘向很兴奋，又是建厂房，又是上设备，还弄原料，结果呢？花了很多钱也没炼出金子来。

汉宣帝生气了，刘向被关进大牢，定了个"铸伪黄金"的罪，死罪。

他爹还没把他救出来就死了，所幸的是他大哥继承了老爷子的封爵，向汉宣帝求情：

入国户半，赎更生罪。——《汉书·刘向传》

也就是刘家拿出一半的侯爵封地捐给国家，来给刘向赎罪。

汉宣帝也觉得刘向人才难得，又是本家，就赦免了，并且给了刘向一个进修学习的机会，即专门委派他跟当时的大儒学习《春秋穀梁传》。这一学就是十年。

刘向学问大长。汉宣帝很高兴，又重新提拔他，做了谏大夫、给事中，要重用他。可惜，没多久，汉宣帝就驾崩了。

然后，刚刚即位的汉元帝对刘向也是很欣赏。因为汉元帝的老师萧望之很欣赏刘向，极力推荐，汉元帝就提拔刘向做了散骑宗正。祖孙三代都是宗正，位列九卿，同时还是给事中，在皇帝身边参与机要决策，跻身皇权的核心层。

这时的刘向正好三十岁，意气风发，要治国平天下。然而没高兴几天，他就再次跌入人生谷底，又被投进了大牢，怎么回事呢？在官场上，刘向跟萧望之是一伙的，他们被石显完全压制住了。怎么办呢？

正赶上地震，刘向抓住这个机会给汉元帝写了一篇奏疏，讲这次灾异都是由于石显等奸臣当道，而萧望之这样的忠臣失位造成的，应当把石显他们免职，重新重用萧望之，这样灾异就不会发生了。

刘向写完这篇奏疏之后，他没有亲自呈给汉元帝，而是找了个亲戚，也是个官员，以这个亲戚的名义呈给汉元帝。因为谁都知道他跟萧望之是一伙的，刚被石显算计了。

可是，石显一眼就看出来了：皇上啊，这准是刘更生授意的，是要报复我们，他这是跟您使诈，大不敬！

结果，刘向再次被投入大牢。这一次，家人费了很大劲才把他救出来。汉元帝时期，刘向再也没有被起用。

直到十几年后，汉成帝即位，石显倒台，刘向才重新走上仕途，这时，他已经四十五六岁了。他到死也没有再做回到九卿之位，因为这时又开始了外戚专权。大将军王凤对他的印象可能不是很好，汉成帝很欣赏刘向的儿子刘歆，要封刘歆做中常侍，可是王凤不同意。

而刘向呢，他更不喜欢王凤。面对王家兄弟的专权，刘向再次上书汉成帝，极力进谏。

刘向变着法地提醒汉成帝，既直言进谏，还送书。著名的《列女传》就是刘向为了劝谏汉成帝不要沉迷赵飞燕姐妹而编写的。另外两部《新序》和《说苑》也都留传至今。

刘向还给汉成帝进献过一部《洪范五行传》，是对史书上记载的各种灾异进行的分析总结。这本书完整的版本已经失传了，不过它的很多内容都被收录在《汉书·五行志》里面。刘向的目的还是提醒汉成帝要提防王氏篡权，因为按照他分析的这些灾异的规律，都预示这一点。

当然，刘向的这些分析绝不是为了提醒汉成帝而随便编出来的。他是真的相信天人感应，真的把灾异思想、天人感应作为一种学问在研究，就像之前他研究《枕中鸿宝苑秘书》里的炼金术一样。《汉书》中这样讲刘向的治学，

> 向为人简易无威仪，廉靖乐道，不交接世俗，专积思于经术，昼诵书传，夜观星宿，或不寐达旦。——《汉书·刘向传》

刘向是一个朴素的人，没有威仪，清廉、节俭，各种世俗的往来或者蝇营狗苟，他不沾、不碰，一门心思都用在钻研学问上，把做学问作为人生最大的乐趣。他白天读书，研究天文理论，夜里观察星宿的运转变化情况，常常是不知不觉间天就亮了。

第 76 回 刘向的占星术

刘向写完《洪范五行传》后，在他的晚年，准确地说是在公元前 10 年，六十七岁的他给汉成帝写过一篇上书，也是专门讲灾异的，算是他在这方面的思想的总结。

当时，正赶上一场灾异：

> 星孛（bèi）东井，蜀郡岷山崩雍江。——《汉书·刘向传》

有彗星出现，并且从二十八星宿中井宿的位置扫过。彗星在古人看来是妖星，它的出现意味着要除旧布新，会有颠覆性的大变化，包括有改朝换代的可能。另外，在蜀郡的岷山发生了山崩滑坡，崩塌下来的山体堵住了山下的岷江，造成江水断流。

刘向认为，蜀郡是汉朝兴起之地，就像之前周朝兴起于西岐，而西周灭亡的那一年，岐山就发生过山崩。

所以，综合这个天象和地象，刘向急了。他向汉成帝进一步强调，务必要重视灾异。

> 易曰：观乎天文，以察时变。——《汉书·刘向传》

《易经》里很明确地讲，古代的圣人都是通过观测天象分析灾异，来把握当下社会的变化趋向。

> 观秦、汉之易世，览惠、昭之无后，察昌邑之不终，视孝宣之绍起，天之去就，岂不昭昭然哉！——《汉书·刘向传》

刘向列举了一大堆这方面的例子，尤其秦汉以来，秦汉的改朝换代，汉惠帝和汉昭帝无后，昌邑王被废，汉宣帝平民崛起，这些情况在天文灾异方面都有很明确的反映。基于当下这些灾异的情况，可以断定大汉王朝已经岌岌可危！

汉成帝看完这篇上书，也是很认可，把刘向叫来，唏嘘感叹一番，然后就没下文了。汉成帝明明知道大汉王朝的最大威胁就是外戚专权，可是他根本不想解决。

就在刘向去世的十三年后，王莽篡汉。刘向的预言应验了。

刘向和他之前以及他之后的人们对于星象的研究意义在哪儿呢？它是构建中国原始宗教的一部分，是儒教的一部分，是董仲舒"天人三策"建构的中国古代政治的一部分。

第77回

阴阳五行
思想的起源

前面讲到刘向的生平经历，他虽然是皇族出身，但是经历很坎坷，曾经三度入狱，最终他也没有被重用，而刘向似乎也没什么怨言，他还是竭尽所能地维护汉成帝，维护刘家的江山社稷。

他的方式就是经常给汉成帝送书，把很多思想、建议都写成书进献给汉成帝，包括《列女传》《新序》《说苑》，还有一部《洪范五行传》是专门讲灾异的。

《史记》有八书，《汉书》有十志，两相对比，主要的不同就是《汉书》多出了两个志——《五行志》和《艺文志》。

这两个志的主要内容可以说都是刘向和他儿子刘歆写的，班固只是在他们的基础上做了一些增删，就著成了《汉书》，传于后世，对中国文化产生了深远的影响。

刘向的《洪范五行传》是讲灾异的，所以《五行志》也是讲灾异的。那么，为什么不叫《灾异志》而叫《五行志》呢？因为它是基于阴阳五行的理论来讲灾异的。

当时的人们相信，上天通过特别的星象、自然现象，或者其他特殊的情况来传递一些信息，有好的，也有坏的，坏的就是灾异，好的就是祥瑞。

中国古人的这种认识是从什么时候开始的呢？是不是也有一个发生、发展的过程？《汉书·五行志》开篇便引用了《易经·系辞传》的说法：

天垂象，见吉凶，圣人象之；河出图，洛出书，圣人则之。

这种天人感应的思想，是上古的圣人就已经有的。

那么，圣人是怎样分析上天给出的这些信息的呢？是不是也有个工具书作为参考呢？有，圣人的参考书就是河图、洛书。具体是什么呢？这得说是千古之谜。现在一般公认的河图、洛书，据说是北宋的陈抟意外得到并且公之于世的。

> 刘歆以为伏羲氏继天而王，受《河图》，则而画之，八卦是也。——《汉书·五行志》

刘歆认为，上天把河图赐给了上古圣人伏羲氏。伏羲一开始看不懂，慢慢就懂了，然后又不断思考，最终在河图的基础上画出了八卦。

对比一下河图和八卦图，它们确实有相近之处，都是以阴阳思想为基础的，而且都是符号化的。

《五行志》里讲的洛书，同样是用刘歆的说法：

> 禹治洪水，赐《洛书》，法而陈之，《洪范》是也。——《汉书·五行志》

另一位古圣人大禹在治水时，上天把洛书赐给他，然后，大禹把思考研究的结果直接陈述出来，形成文字，这篇文字就是《洪范》。

对比洛书和《洪范》，虽然跨越大，不过它们也有相通之处。洛书里有两个突出的数：一个是五，五是居中的；另一个是九，这张图里一共是九个数。而《洪范》同样是强调九的，叫九畴，也就是治理天下的九个大法，它们涵盖了自然、社会、国家、人生方方面面的重要问题。九畴的第一条就是讲五行。

> 五行：一曰水，二曰火，三曰木，四曰金，五曰土。水曰润下，火曰炎上，木曰曲直，金曰从革，土爰稼穑。润下作咸，炎上作苦，曲直作酸，从革作辛，稼穑作甘。——《尚书·洪范》

这段文字是中国古代文献对于五行最早的记载。

至此,关于阴阳和五行思想的源头都已经有了:河图、八卦体现了最早的阴阳思想;《洪范》首提五行。这是两大源头。

依据文献可以判断出,阴阳和五行思想的产生,肯定是阴阳在前,五行在后。因为伏羲在前,大禹在后。进一步研究文献,我们会发现:不但是阴阳在前,五行在后,而且它们起初也不在一个系统里,它们有各自流传发展的系统。

阴阳是在《易经》系统里的,这个系统按《艺文志》里的说法是:

人更三圣,世历三古。——《汉书·艺文志》

先是伏羲画出了八卦,传到周文王又推演出六十四卦,再到孔子又加了十传,类似十篇注释。这是《易经》系统的发展,经历了三个圣人、三个世代。这个系统一直都是讲阴阳的,以阴阳思想为基础。只是直到孔子作传,才明确地写出"阴阳"这两个字,即《系辞》里的名句:

一阴一阳之谓道。——《易经·系辞传》

差不多同时期,老子在《道德经》里也提到了"阴阳"两个字:

道生一,一生二,二生三,三生万物。万物负阴而抱阳,冲气以为和。——《道德经·第四十二章》

在《易经》和《道德经》的系统里,也是强调阴阳的。这大致是一个讲究占筮和哲学的系统。在这里面,对于五行只字未提。五行是在另外的系统里被强调的,《史记》里有句话:

第 77 回 | 阴阳五行思想的起源

> 天有五星，地有五行。——《史记·天官书》

五行，是对应天文星象提出并强调的概念。

在五行思想的流传和发展过程中，有一个关键人物起到了推波助澜的作用。这个人是差不多跟孟子同时的邹衍。当时正是战国中期，诸子百家争鸣最为激烈，邹衍得说是一代翘楚，他的学说非常时髦，深受各国诸侯的欢迎。

> 是以邹子重于齐。适梁，惠王郊迎，执宾主之礼。适赵，平原君侧行撇席。如燕，昭王拥彗先驱，请列弟子之座而受业。——《史记·孟子荀卿列传》

邹衍首先在齐国获得大名。当时齐国可以说是文化中心，它有一个稷下学宫，是齐国官办的高校，据说也是世界上第一所官办高等学府，诸子百家都来讲学。邹衍算是首席教授。

他也被邀请到其他诸侯国去讲学。到魏国，魏惠王亲自出城迎接；到赵国，平原君侧身引路，还亲自擦拭座位；到燕国，燕昭王亲自开道，执弟子礼。

邹衍都讲什么呢？《史记》中记载，他主要有两大学说。

一个是，他提出当时人们所谓的中国，其实只是世界的一小部分，他说：

> 中国名曰赤县神州……中国外如赤县神州者九，乃所谓九州也。——《史记·孟子荀卿列传》

这九州各不相连，都被海洋包围着。

这个认识很神奇，跟实际的情况很一致。而且"神州"这个词也成了中国的代称。

邹衍的另一大学说就是五行，即"五德终始"说，他提出：

> 天地剖判以来，五德转移，治各有宜，而符应若兹。——《史记·孟

子荀卿列传》

一个朝代兴起又衰落，被另一个朝代取代，这里面有什么规律吗？邹衍认为这个规律就是：这些朝代的更迭与五行相胜的次序是一致的。比如前面这个朝代对应着火，那下一个朝代就对应着水，水克火。而且既然这个朝代是对应着水的，那么它就是水德。《洪范》里讲，"水曰润下，润下作咸"，就是说水德有润下、咸的属性。这个思想随后被发展，又有别的属性被加进来。这个朝代就应当顺应这些属性，把它们融会贯通到国家治理的方方面面中去。

《史记》中讲，邹衍这个学说的本意是希望对君王有所劝诫和匡正。类似还是想用天命、五行这些神秘思想来吓唬君王，希望君王能：

止乎仁义节俭。——《史记·孟子荀卿列传》

不过，站在执政者的角度，他们乐于接受邹衍的这套理论，希望借此来强调自身执政地位的合法性。

所以，秦始皇统一天下之后，很自然地便采用了这个"五德终始"的思想，确定秦朝为水德，取代了周朝的火德。

始皇推终始五德之传，以为周得火德，秦代周德，从所不胜。——《史记·秦始皇本纪》

而五行中的水对应着五色中的黑色。为什么水对应黑色？最早《逸周书》里有段记载：

五行：一黑位水，二赤位火，三苍位木，四白位金，五黄位土。——《逸周书·小开武解》

水对黑，火对赤，木对苍，金对白，土对黄。

第 77 回 阴阳五行思想的起源

既然秦是水德，对应着黑色，于是秦朝就确定：

衣服旄旌节旗皆上黑。——《史记·秦始皇本纪》

黑色是秦朝最尊贵的颜色，秦朝的服饰、旄旌、节旗全部是黑色的。另外，还确定：

数以六为纪，符、法冠皆六寸，而舆六尺，六尺为步，乘六马。——《史记·秦始皇本纪》

秦朝还把"六"作为吉祥数，很多物件的尺寸、数量都以"六"为单位。

这也是因为五行的水对应着数字中的六。为什么水对应六呢？这个在传世的先秦文献里似乎没有可靠的记载，后面东汉郑玄注解《易经》，有个说法：

天一生水，地六成之。——《易经注》

这个说法很有名。与河图、洛书中的数字是一致的。一和六在一起，都对应着五行中的水。然后，火是二和七，木是三和八，金是四和九，土是五。

再有，秦始皇对于水德还有一层理解。按《史记》中记载，他认为：

刚毅戾深，事皆决于法，刻削毋仁恩和义，然后合五德之数。——《史记·秦始皇本纪》

他理解的五行中的水，对应的治国手段是严刑峻法、刻薄寡情，完全不讲究仁慈宽和。

这一套说法正好合了秦始皇的心意。

秦朝之后，刘邦开创了汉朝。刘邦是底层出身，建立汉朝之后，根本没琢磨这一块，完全是"汉因秦制"，还是穿黑色的衣裳，吉祥数用六，等等。

直到汉文帝即位十多年后，天下稳定了，才有人提出这个事。这个人就是公孙臣，他上书汉文帝，说汉朝应当是土德，不是水德。

张苍反对，说汉朝就是水德。因为"汉因秦制"这个大国策是张苍辅佐着萧何制定的，当然，这也是顺应刘邦的想法。刘邦不想折腾，萧何也是黄老道家的思维，也不想折腾。张苍作为律历、数术方面的专家，他当然也很识趣，所以，当时他就说汉朝是水德，是直接承接了周朝的火德而来。而秦朝根本不算一个朝代，根本不具有合法性。

那么，公孙臣的依据是什么呢？他并没有说，因为秦朝是水德，所以汉朝是土德，土胜水。如果这样讲的话，他就辩不倒张苍了，因为张苍可以直接否定秦朝这个朝代。

公孙臣有一个更权威的依据，就是符，或者叫符兆、符应。前面讲"天人三策"时，汉武帝策问的问题里就有一条：

三代受命，其符安在？——《汉书·董仲舒传》

一个朝代，你说自己受命于天，你是五德中的什么德要有凭据，否则凭什么信你啊？符就是这个凭据。有符兆出现，人所共见，就让人信服。

这其实也是邹衍的理论。邹衍认为"五德转移"都是有符应的，都有上天降下的符兆来跟五德呼应。

公孙臣断言，上天会降下符兆来证实汉朝是土德。那么，上天会降下怎样的符兆呢？

一条黄龙。

其符有黄龙当见。——《史记·张丞相列传》

龙得说是最大的一种符兆，而黄龙，五行配五色，土对应的就是黄色。

张苍一听这个，乐了，心想：这黄龙你说来就来吗？皇上啊，他这都是瞎说，快让他回家去吧！

第77回 | 阴阳五行思想的起源

结果，不久，在成纪这个地方，真就发现一条黄色的龙。

黄龙见成纪。——《史记·张丞相列传》

这一下证实了，汉朝就是土德。张苍由此被免去丞相之职。

这肯定是当时非常轰动的一个大事件。可以想见，这件事会对当时的人们有多大的触动，肯定会进一步加深从学者到老百姓对于五行的认识甚至崇拜。

前面说了这么多，从伏羲、大禹，一直说到了西汉，这么长的时间里，阴阳思想和五行思想都还是在各自不同的系统里发展，到了董仲舒这儿，才终于整合到了一起，并且有所发展，成了一个更加灵活、包容、严密、神秘，甚至是神圣的阴阳五行思想体系。

这个体系的框架，董仲舒称之为"十端"。他说，天、地、阴、阳、木、火、土、金、水，还有人，总共十个，这是天之数。在确立了这个框架后，董仲舒结合四季的轮回，春生、夏长、秋收、冬藏，还结合男女的差别等，对这个框架中各项因素之间的关系和运行机制做了分析。他是这样说的：

天地之气，合而为一，分为阴阳，判为四时，列为五行。行者，行也。其行不同，故谓之五行。五行者，五官也，比相生而间相胜也。故为治，逆之则乱，顺之则治。——《春秋繁露·五行相生》

这样，整个的阴阳五行思想就出来了，它概括了此前中国人的世界观。此后，中国人的世界观差不多也是这样的。学者们一般认为，"比相生而间相胜"是董仲舒对于五行理论最重要的贡献。

因为在此之前的五行理论似乎只强调相胜，最早讲五行相生的，就是董仲舒这句"比相生而间相胜"，具体是木生火，火生土，土生金，金生水，水生木……

更妙的是，按照这样的五行排列顺序：木、火、土、金、水，"比相生"恰好也是"间相胜"的。木后面隔着火，跟土的关系，正好是木胜土；土后面，间隔着金，跟水的关系，正好是土胜水；水后面，间隔着木，正好是水胜火；然后火胜金，金胜木。正好转一圈。这样，五行相生相克的理论就定型了。

我们可以发现，董仲舒这个五行排列顺序，跟《洪范》里的五行顺序，还有《逸周书》讲五行配五色，郑玄讲五行配数字的顺序都是不一样的。这三处讲的顺序都是：水、火、木、金、土。按郑玄的说法，这个顺序跟河图、洛书是相配的。

而董仲舒这个顺序，木在最前面，这是因为在四季轮回的周期中，春天在前，草木生发，这是生之始，正体现木的特性。这些都算是董仲舒对阴阳五行思想的发展。

但是，董仲舒的目的绝不止于此。再看一下上面那段话，他讲天地、讲阴阳、讲五行，说到底，都是为了讲人。人要修身、齐家、治国、平天下，都必须顺应这种天地阴阳五行的规律。

这里，董仲舒所讲的人，主要还是指君王、帝王。他是强调君王、帝王治国平天下，要顺应这种天地阴阳五行的规律。那么，怎么去顺应呢？阴阳、五行看不见摸不着，他得有个看得见的抓手。按照邹衍的理论，这个抓手就是符。

这个说法跟董仲舒终生研读的一部经典是高度契合的，就是《春秋公羊传》。

《春秋》是儒家的五经之一，也是一部史书，是孔子记载春秋时期二百四十二年历史的一部编年体史书。这部书有个问题，就是太简略，二百四十二年的历史，那么多事，孔子只写了一万六千多字。

元年春，王正月。——《春秋》
三月，公及邾娄仪父盟于昧。——《春秋》
夏，五月，郑伯克段于鄢。——《春秋》

这一下就记了好几个事。可就是在这么简短的文字里，孔子还微言大义，要让乱臣贼子都害怕，还寄寓着孔子的政治思想和价值判断。如果没有个明白人注释一下，估计谁都看不懂。所以，在孔子之后有不少人专门做了这个工作——给《春秋》写注释。

《春秋公羊传》据说是公羊高写的一个注解版本。他一注解，内容就多了。这样一来，表面上《春秋》是一部史书，实际则成为一部政治书，历史只是作为讲政治思想、价值判断的素材。

董仲舒毕生研究的就是这样一部书。在这部书里，有一个很打眼的地方，就是它除了对各种政治事件、战争、诸侯之间的结亲和联盟等事情的记述，还记载了很多日食、彗星、陨石、洪水、地震、蝗虫灾害、火灾，甚至老鼠咬了祭祀用的牛、宋国有人看见有鸟倒着飞等事情。这是为什么呢？

对此，《春秋公羊传》里是这样解释的。凡是类似的条目，它都在后面注解：

何以书？记异也。——《春秋公羊传》
何以书？记灾也。——《春秋公羊传》

于是，所谓的灾异思想就发展出来了。

它跟符兆一样，都成为董仲舒天地阴阳五行思想的抓手：皇上啊，您看见了吧，那些灾异就是上天的意志，跟我说的这套阴阳五行的思想是一致的。所以，您得听我的！

老百姓更得如此，皇上都相信了，他们能不信吗？

所以，整个这套思想，站在邹衍的角度，站在董仲舒的角度，站在这些思想提出者的角度，归根结底，还是希望通过它来限制君权，维护稳定。用董仲舒自己的话来讲，就是：

屈民而伸君，屈君而伸天，春秋之大义也。——《春秋繁露·玉杯》

老百姓要听君主的，君主要听上天的。天的意志就体现在阴阳五行和自然现象等方面。

那么，对于自然现象这类充满所谓符兆、灾异的抓手，董仲舒自己抓得怎样呢？

第78回

阴阳五行
思想的发展

上回讲到《洪范五行传》和《汉书·五行志》，对阴阳五行思想的起源和发展做了一个梳理，从伏羲、大禹、河图、洛书，一直讲到了西汉的董仲舒。

董仲舒了不得，《汉书》中称赞他：

治《公羊春秋》，始推阴阳，为儒者宗。——《汉书·五行志》

董仲舒不但把阴阳五行的思想做了整合，使之成为一个更丰富、灵活的体系，而且与他研究的《春秋公羊传》里的儒家政治学体系进行了完美的融合，从而使之成为一个新的更有神圣感的儒家思想体系。

这套思想体系一方面对皇权有一点约束，另一方面则更多的是对皇权的维护。所以，董仲舒这套思想是很受汉武帝欢迎的，于是，两人对了"天人三策"之后，就开始推行"罢黜百家，独尊儒术"。那么，具体有什么举措呢？其中最有影响的一项就是设立五经博士。

简单讲，秦汉时所设的博士类似顾问，博通古今，都很有学问，皇帝有什么不明白的就问他们。

张苍、叔孙通都做过秦朝的博士。叔孙通是儒家的，张苍算哪一家不好说。当时应当是各派各家的都有，只要有学问，都可以当博士。

汉初也是如此，博士的人数可能比秦朝少很多，史书没有明确记载。

到汉武帝"罢黜百家，独尊儒术"之后，就不一样了，只保留了五个博士，每个博士精通一部儒家的经书，也就是说，一个诗经博士，一个书经博士，一个礼经博士，一个易经博士，一个春秋经博士。而且汉武帝接受公孙弘的建议，给这五位博士配了五十个弟子，一人带十个，各自传授经书的学问。

这些博士弟子一般都是从地方上优选出来的，可以免除赋税徭役。一年一考试，能把一部经典吃透而且成绩名列前茅的就可以入仕为官。

自此以来，则公卿大夫士吏斌斌多文学之士矣。——《史记·儒林列传》

从此之后，汉朝政府就变成了一个以儒家知识分子为主干的官僚体系了。

汉武帝开了个头。随后，博士就开始逐渐增员，扩编。到汉宣帝时，五经博士增加到了十二位，弟子增加到了二百人；汉元帝时弟子增加到了一千人；到汉成帝时，甚至一度增加到了三千人。后来因为财政压力比较大，只好又减回到了一千人。

博士们除了传授经典，还做着皇帝顾问的工作。有的还做了太子的老师，随后都转正成为高官。汉武帝设立的五经博士，加上他们教授的那些弟子，实际就构成世界上最早的大学教育模式，也就是后来在中国历史上大名鼎鼎的太学。

"太学"这个说法，据说西周时就有，不过真正实行是从汉武帝开始的，或者说是从董仲舒开始的。董仲舒在"天人三策"中，针对汉武帝贤才难得的问题，强调了设立太学的必要性，他说：

不素养士而欲求贤，譬犹不琢玉而求文采也。故养士之大者，莫大乎太学；太学者，贤士之所关也，教化之本原也。——《汉书·董仲舒传》

贤才不是凭空就有，在那儿等着你拿过来就用的，贤才是"养"出来的，一方面得培养，另一方面得储备。总之，太学就是这样的，它是一个为国家培养人才、储备人才的重要机构。

> 臣愿陛下兴太学，置明师，以养天下之士，数考问以尽其材，则英俊宜可得矣。——《汉书·董仲舒传》

皇上，您就抓紧建太学吧，找最好的老师，得天下英才而进行教育，然后通过考试选用，这样贤才的问题就可以解决了。

事实上，通过建立太学，不但贤才的问题基本解决，更重要的是，太学中的教学是在国家监督之下进行的，五经博士们讲的，即后来所谓的太学生们接受的教育、被灌输的思想，就都体现着国家意志，这有利于维护皇权。

而这一切的发轫者是董仲舒。"罢黜百家，独尊儒术"，设立太学，建立各郡县的学校，以及延伸出来的各种社会教化、思想统治，这一切，可以说都是对董仲舒政治思想的实践。

也就是说，董仲舒的思想就是当时的意识形态，甚至是汉代以后整个皇权时代的意识形态。

意识形态可以解释为对事物的理解、认知，它是一种对事物的感观思想，是观念、观点、概念、思想、价值观等要素的总和。

所以，班固称赞董仲舒"为儒者宗"。刘向更是称赞他：

> 有王佐之材，虽伊、吕亡以加，管、晏之属，伯者之佐，殆不及也。——《汉书·董仲舒传》

董仲舒治国平天下的才能，跟商朝的伊尹、周朝的姜太公是一样的，甚至在他们之上。后来的管仲、晏婴虽然能力也很强，但只不过是治理一个诸侯国，是不能跟董仲舒相提并论的。

不过，从具体的政治实践来讲就有点夸张了。"天人三策"之后，汉武帝给了董仲舒实践的机会，让他做胶西相。他治理得怎样呢？《汉书》上是这样说的：

第78回 阴阳五行思想的发展

> 仲舒治国，以《春秋》灾异之变推阴阳所以错行，故求雨，闭诸阳，纵诸阴，其止雨反是。——《汉书·董仲舒传》

董仲舒确实就是拿他这套天地阴阳五行灾异的理论去治国的。他用这一理论求雨都屡试不爽，而且不是一次两次碰巧的。

> 行之一国，未尝不得所欲。——《汉书·董仲舒传》

他每次都能成功。就这样，他深得民心。

可是，他只干了几年就干不下去了，被免了。这是怎么回事呢？前面讲了，是因为主父偃陷害他。

当时发生了两个灾异——刘邦的两处宗庙着了大火。这是什么征兆呢？正赶上董仲舒放假回长安，听说这个情况，他分析了一通，写成了一篇奏折，要呈给汉武帝。还没完全写好，还是个草稿时，正好主父偃来看他，就看到这篇草稿了。主父偃是很有学问的，他一看董仲舒的这篇文章，写得太高明了，十分羡慕，于是有了歪主意，从董仲舒家出来的时候，顺便偷走了草稿，然后交给了汉武帝：皇上，您看看吧，今天我去看董仲舒，正好看到他在写这个东西，鬼鬼祟祟的，我就拿了出来，我仔细看了看，感觉他的思想有问题，好像不怀好意。

汉武帝立马瞪起眼来：噢，我看看。

汉武帝看这种东西还是很费劲的，派人把董仲舒的学生吕步舒叫来。

吕步舒来了后，汉武帝说：你看看这篇文章写得怎么样？

吕步舒不知道是自己老师写的，他接过这篇文章看了半天，又偷偷看了看汉武帝的表情，感觉汉武帝气呼呼的，于是说：皇上啊，微臣以为这篇文章写的什么都不是。

汉武帝大怒：来人，把董仲舒给我抓起来！

这事差点要了董仲舒的命。从此，他再也不敢讲灾异的事了。不过，他的这一整套天地阴阳五行灾异的思想，逐渐成为西汉帝国的意识形态，后面的人已经离不开这套思想了。

当然，这也有一个过程。比如，汉昭帝时，董仲舒的学生眭弘讲灾异，讲泰山上立大石，枯树自己立起来，预示将有平民天子出现，结果，以妖言惑众的罪名被杀了。可随后，真就有平民天子出现了。然后，夏侯胜说天久阴不雨，会有大臣犯上，也说准了。

这些事情都在加深着人们对于阴阳五行灾异、天人感应这些思想的敬畏。

对这套理论有一进步发展的，还有一个重要人物——京房。京房也是深受董仲舒的影响，不过，他跟董仲舒有一点不一样。董仲舒学问的底子是《春秋》，属于政治学，是从政治学的角度去整合阴阳五行；而京房学问的底子是《易经》，是八卦，他的政治色彩相对较少。京房对于阴阳的整合更加全面彻底，可以说，到了京房这儿，整个阴阳五行的思想体系就完备了。

京房虽然也继承了董仲舒讲灾异，但他更主要的是用占卦这个抓手来运行他的阴阳五行体系，以此作为分析天人关系、社会人事的切入点，这比关于灾异的说辞更加灵活，几乎随时随地都可以进行。灾异并不是经常有的，但随时随地都可以来一卦，而且谁都可以上手，可以用蓍（shī）草，也可以用铜板。这都是看得见、摸得着的，甚至有几分趣味在里面。

京房虽然在政治上还没怎么施展就被杀了，但他的学说留下了。他的三个弟子后来都成为五经博士，在太学中教授《易经》，传播他的学说。也就是说，经过京房进一步加工的阴阳五行、天人感应学说也成为西汉意识形态的一部分。

这还不是重点。重点是接下来的刘向，他继承了邹衍、董仲舒、京房的阴阳五行学说，写出了《洪范五行传》，从此五行被明确写入官修史书。《汉书·郊祀志》最后有这样一段话：

> 刘向父子以为帝出于《震》，故包羲氏始受木德，其后以母传子，终而复始，自神农、黄帝下历唐、虞三代而汉得火焉。

刘向、刘歆父子，依据《易经·说卦传》所谓"帝出于震"，结合当时的八卦、五行、方位之类的对应关系，推断出，最早的帝王伏羲氏在"五德终始"中，他受命于天，是木德。

"五德终始"顺序都是相克相胜的，比如，秦代周，就是水德胜火德。而刘向父子反过来了，改成了相生的顺序。按照这个顺序，推断出从伏羲开始，一直到下面黄帝、尧、舜、禹、夏、商、周、秦等都各是什么德，进而断定汉朝当为火德。而不是此前张苍说的水德，也不是公孙臣的土德。

刘歆还专门做了一个明细表，详细地排列出了从远古到汉朝"五德终始"的情况，并且起了个标题叫"世经"。这篇《世经》收录在《汉书·律历志》中，当然，它并不是表格的形式，是纯文字版的。后人为了看着更清楚，画成了表格，类似这样：

木	1 太皞伏羲氏	6 帝喾高辛氏	11 周
闰水	共工	帝挚	秦
火	2 炎帝神农氏	7 帝尧陶唐氏	12 汉
土	3 黄帝轩辕氏	8 帝舜有虞氏	13 新
金	4 少皞金天氏	9 伯禹夏后氏	
水	5 颛顼高阳氏	10 商	

这张表是现代著名的疑古派历史学家顾颉刚画的，很明晰，从1排到12。1是伏羲，是木德；2是神农，是火德，木生火，正是相生关系；3是黄帝，土德，火生土；土生金，第4的金天氏是金德；第5的颛顼是水德。这就是一轮。

在伏羲和神农之间，按史料的记载，应当还有一个共工，怎么安排他呢？刘歆认为：

任知刑以强，故伯而不王。——《汉书·律历志》

共工很残暴，他这个政权不能算作一个正式的帝王朝代。
后面的帝挚，还有秦朝，也都是这个情况，都是残暴政权。
这样排到汉朝，在第12位，正好是火德。

汉朝之后呢？按《汉书》里的《世经》记载，没有汉朝之后，到汉朝就结束了。

可是，顾颉刚画的这个表指示，汉朝之后还有新朝，也就是王莽这一朝，他是土德。

顾颉刚相信，刘歆写的这篇《世经》，完全就是为了最后把王莽说成是土德，这是一个大阴谋！这也是学术界争论最为激烈的一大公案。

到底是怎么回事呢？阴阳五行怎么跟阴谋论扯到一块了，怎么还成了学术公案呢？

第79回

艺文志(上)：
读书法门

刘向、刘歆父子对于"五德终始"理论进行发展的关键部分在于：以前说"五德终始"都是以相胜相克的顺序，是新朝克旧朝、胜旧朝；他们改成了相生的顺序，旧朝生新朝，"生生之谓易"。刘歆还专门写了一篇《世经》，把整个"五德终始"的全过程详细论证了一遍。

那么，刘歆为什么这么做呢？有学者认为，刘歆后来跟王莽的关系很不一般，是王莽的大国师，他要给王莽篡权做准备。为了实现这个目的，刘歆不择手段，包括伪造、篡改了《春秋左氏传》里的很多资料，以支持他这个《世经》的体系，包括证明汉朝是火德。随后，为了支持王莽的托古改制，刘歆又伪造了《周礼》等儒家的经典。

那么，刘歆是怎样伪造这些经典的呢？这还要从刘向校书说起。

校书是刘向的人生价值所在，而且影响十分深远。当然，这也得感谢汉成帝，是他即位后的第七年，公元前26年开始发起这个事。

汉成帝本身是一个很爱读书的人。当时皇宫里有很多藏书，是自汉武帝以来，从全国各地收集上来的。

汉朝初期因袭秦制，很多法律、制度都与秦朝一样，其中就包括一项"挟书律"。这条律法规定：凡是老百姓擅自带着书、家里存着书的，一律杀头！直到汉惠帝时这个"挟书律"才被废除，前后一共实行了二十多年。可以想象，当时要找本书有多难，所以，才有了河间献王刘德拿金子来换书。当时刘德一个人的藏书竟然比皇宫里的藏书还要多。

凡事不甘落后的汉武帝就上心了，他本身也是爱读书的人。

第79回 艺文志（上）：读书法门

> 于是建藏书之策。——《汉书·艺文志》

于是他也安排人开始从民间搜求征集图书，各种各样的都要。

> 下及诸子传说，皆充秘府。——《汉书·艺文志》

除了六经，诸子百家的书也都尽量搜集上来，以充实皇家藏书馆。

汉武帝的力度应当不够大。所以，汉成帝继续大力推进这个事：一方面安排专人到全国各地去找书；另一方面安排刘向带着一个团队，对收集上来的书进行整理、校对、编辑。

当时的书都是手抄，中间肯定会有错误，也可能在抄写过程中有主动的增删修改。这样一来，一部书在流传过程中就会有很多不同的版本：有整本的，也有残本的；有当时通用的隶书（名为"今文"）写的，也有古文写的；有古人的原作，也有后人的伪作。这显然不利于这些书籍进一步流传和发挥作用。

刘向的责任就是把这些书一一校对，校定出权威的固定的版本来。

那么，刘向都是怎么校对、校订的呢？他的方法叫雠校，这是后来校勘学的一个著名术语。刘向这样说：

> 一人读书，校其上下，得谬误，为校。一人持本，一人读书，若怨家相对，为雠。——刘向《别录》

一个人校对，是"校"；两个人各拿一个版本，一个是比较准确的版本，一个是另外的版本，一个字一个字地对，这叫"雠"。

这得说是非常严谨的，它成为后世两千年来官方校书活动的定式。

一部书校对完成，定稿了，这也有一个术语，叫"杀青"。当时刘向每校完一部书，都会给这部书写个简介，把书的篇目和主要的思想主题写出来，送给汉成帝过目。其中，他给《战国策》写的简介流传至今，当中有这样一句话：

> 其事继春秋以后,讫楚汉之起,二百四十五年间之事,皆立以杀青。——刘向《〈战国策〉序》

这就是"杀青"最早的出处。

刘向校书这个工作,他一直干到去世,差不多二十年,一共校订了六百零三部。

在完成校书后,刘向把那些简介汇编成册,起名《别录》。他死后,汉哀帝任命他儿子刘歆继续担纲领校。此前,刘歆参与了整个校书过程,跟着他爹干了二十年,学问也很大,才情也高,对于校订的所有书籍都了如指掌。刘歆见《别录》的内容太多,怕汉哀帝看着费劲,于是做了一个精简版,起名叫《七略》,呈给了汉哀帝。

班固写《汉书》的时候,就把刘歆这篇《七略》收录了进来,也就是著名的《汉书·艺文志》。当然,班固也稍做了修改,他新增了三部书,删除了十部书。这样一来,《汉书·艺文志》共记载了五百九十六部书。可以说,这是对整个中国先秦和西汉思想文化的大总结。

现在讲国学,说到底,主要的、原创的、思想性的东西,都没出《汉书·艺文志》的范围。

简单讲,《汉书·艺文志》就是一个大书单。好读书、会读书的人,都知道要找到一份权威的适合自己的书单。再进一步讲,一份好的书单常常意味着一个好的读书计划,也可以说是研读学问的"法门"。

虽然中国传统思想文化的高峰在先秦,在春秋战国,在老子、孔子以及诸子百家,但学习、研究这些东西还是要从西汉入手,从《汉书·艺文志》入手,这是门,这是钥匙。

第80回

艺文志（中）：
诸子百家

刘向、刘歆父子校书二十多年后，刘歆把校书的成果整理成了《七略》。这篇《七略》随后被班固收入《汉书》，略做增删，就成了著名的《汉书·艺文志》。这算是一个大书单，这个书单上有多少书呢？

大凡书，六略三十八种，五百九十六家，万三千二百六十九卷。——《汉书·艺文志》

这个大书单分为略、种、家、卷四个层次：六略，就是六大类；三十八种，就是三十八小类；五百九十六家，就是五百九十六部；一共是一万三千二百六十九卷。

六略分别是：六艺略、诸子略、诗赋略、兵书略、术数略、方技略。

刘歆的题目不是叫《七略》吗？怎么《汉书·艺文志》只讲六略呢？这是因为这六略前还有一个"辑略"，是对后面六略做的简要说明、评价，有褒有贬，这其实是最有看头的。班固编写时，把"辑略"拆分开了，分别放到对应的某一略某一种书的后面，这样更顺一些。而且所谓"六略"，书分六大类，意思也更明确了。于是，"六略"也成为中国历史上最早的图书分类法。直到晋朝以后，才逐渐被"经史子集"四部分类法取代。

在《汉书·艺文志》的六略中，有一些内容很有意思。比如，兵书略里记载了一部书叫《蹴鞠》，属于军事训练的兵技巧类。霍去病特别喜欢玩蹴鞠，据说这是足球的前身。看到《汉书·艺文志》的记载，才知蹴鞠竟是一种练兵的方式。

再比如，《山海经》是被归在术数略形法类的书，与相面、看风水的书算

第 80 回 艺文志（中）：诸子百家

作一类。这部书也算是奇书，如果没有刘歆的编辑校订肯定传不下来。

诸子略，是"六略"的重要组成部分。《汉书·艺文志·诸子略》的最后有一句总结：

> 凡诸子百八十九家，四千三百二十四篇。

"诸子百家"这个词就是从这儿来的，准确地说，应当是一百八十九家。

还有一个词"三教九流"也是从这儿来的。三教是后来加的，也就是儒、释、道三家。九流，最早就是源于诸子略下面分的九大流派：儒家者流、道家者流、阴阳家者流、法家者流、名家者流、墨家者流、纵横家者流、杂家者流、农家者流。

先说儒家。刘歆认为：

> 儒家者流，盖出于司徒之官，助人君顺阴阳明教化者也。游文于六经之中，留意于仁义之际，祖述尧、舜，宪章文、武，宗师仲尼，以重其言，于道最为高。——《汉书·艺文志》

儒家出于"司徒之官"，这应当是以《周礼》作依据的。《周礼》这部书也是一个重头，后面王莽托古改制就是拿这部书做蓝本，它主要描述了一个国家政治体制的架构，包括官职的设置之类的。《周礼》中讲，司徒之官主要是管教化黎民百姓这方面的工作。儒家思想应当是由这种官员在开展这些工作的过程中不断实践、思考、总结而慢慢形成的。

信奉儒家思想的这些人，就叫儒家。儒家的特点是重视文化教育，重视学习，学习古代经典"六经"，重视道德伦理。

儒家标榜，我们继承了尧帝、舜帝、周文王、周武王的思想，源头是这几位圣王，孔子是我们的大宗师，所以，我们儒家思想是最正宗、最权威、最有分量的，是掌握真理的，而且我们的真理都是经过实践检验的。

> 孔子曰：如有所誉，其有所试。——《汉书·艺文志》

要说什么东西好，必须先试用一下才能说好。儒家思想正是如此，已经被用过了。

> 唐、虞之隆，殷、周之盛，仲尼之业，已试之效者也。——《汉书·艺文志》

唐尧、虞舜，还有商、周的圣王，他们治理天下都是用我们儒家思想，都非常成功。

在个人层面，我们的大宗师孔子也是用儒家思想修身做学问，也修成了圣人。

对此，刘歆和班固都认可，因为他俩都算是儒家人物。

那么，儒家有什么问题呢？刘歆是这样讲的：

> 然惑者既失精微，而辟者又随时抑扬，违离道本，苟以哗众取宠。——《汉书·艺文志》

儒家思想本是好"经"，但被后世很多"惑者"和"辟者"念坏了。惑者就是那些迷糊的笨儒生，孔子那些精微高明的思想他们理解不了；更糟糕的是那些"辟者"，就是心术不正的儒生，他们可能很聪明，能够理解孔子精微高明的思想，但是，他们看着当权者的眼色行事，当权者怎么高兴他就怎么解读，要么媚权，要么媚俗，根本不想坚持真理，只想着哗众取宠，谋得个人的利益。

再说道家者流。刘歆评点：

> 道家者流，盖出于史官，历记成败存亡祸福古今之道，然后知秉要执本，清虚以自守，卑弱以自持，此君人南面之术也。——《汉书·艺文志》

第80回 艺文志（中）：诸子百家

道家出于史官。史官跟我们现在的理解是一样的。

古之王者世有史官，君举必书。——《汉书·艺文志》
左史记言，右史记事。——《汉书·艺文志》

古代君主身边都配有史官，负责记录君主的言行和各种国家大事。档案、书籍的管理也都是史官的工作。老子就是史官，是东周的柱下史，负责管理国家的档案和图书。在这样的工作中，史官对帝王和国家的成败存亡的情况有较多了解和思考，由此发展出了道家思想。

刘歆认为，道家思想本质上是一种帝王统治术。这种统治术的精髓在于，它指出成功的帝王都是清静节制、谦虚谨慎的，是能够俯下身子来以下制上、以柔克刚的。

那么，道家的缺点是什么呢？刘歆认为：

及放者为之，则欲绝去礼学，兼弃仁义，曰独任清虚可以为治。——《汉书·艺文志》

有的道家信徒表现得过于放纵极端，完全摒弃礼教，打破道德伦常，过分强调清静无为就可以治天下。这明显是脱离实际的，不是真道家。

再说法家。法家脱胎于道家。在《汉书·艺文志》记载的三十部道家著作中，有一部叫《黄帝四经》，其开篇就讲"道生法"，可见，法家是对道家的继承。

《韩非子》里确实有两篇是对《老子》的解读，即《解老篇》和《喻老篇》，解读得都非常深刻。

儒以文乱法，侠以武犯禁。——《韩非子·五蠹》

他批儒家、墨家，唯独不批道家。这说明他对道家有感情。

不过，我们也知道，韩非子是大儒荀子的学生，必然也受儒家的影响。那么，法家的源头到底在哪儿呢？刘歆的观点是：

法家者流，盖出于理官，信赏必罚，以辅礼制。——《汉书·艺文志》

法家是从理官发展出来的。

理官，说白了就是法官，即审理案件的官员。法官的工作就是通过刑罚来维持社会秩序，维护礼制。在这种工作实践中，逐渐形成了法家思想。

法家思想的优点、长处，刘歆认为：

《易》曰"先王以明罚饬法"，此其所长也。——《汉书·艺文志》

"先王以明罚饬法"是《易经》噬嗑卦的大象辞，噬嗑卦是讲刑罚的，卦爻辞里提到好几种酷刑，虽然这些刑罚冷酷无情，但它们有利于维护法律的权威，有利于加强统治。

法家的缺点是什么呢？刘歆是这样说的：

及刻者为之，则无教化，去仁爱，专任刑法而欲以致治，至于残害至亲，伤恩薄厚。——《汉书·艺文志》

那些特别刻板的严苛的奉行法家思想的人，一般都是大酷吏，一点儿也不讲究教化、仁爱，不重视道德伦理的作用，一味地靠严刑来管制人，这样会把世道人心都搞坏。

诸子百家中，墨家也是不可忽视的一个思想派别。

世之显学，儒、墨也。——《韩非子·显学》

在韩非子生活的战国末期，最具影响力的两大学派就是儒家和墨家。

孟子也讲过类似的话：

> 杨朱、墨翟之言盈天下。天下之言不归杨，则归墨。杨氏为我，是无君也；墨氏兼爱，是无父也。无父无君，是禽兽也。——《孟子·滕文公下》

在孟子生活的战国初期，最具影响力的是杨朱和墨翟的学说。天下人要么信奉杨朱，要么信奉墨翟。孟子的儒家学说完全被湮没了，没人理会，孟子急到破口大骂，骂杨朱和墨翟是无父无君的禽兽。

> 杨子取为我，拔一毛而利天下，不为也。——《孟子·尽心上》

杨朱的思想完全是以自我为中心，是自私的、利己的，是跟利他主义完全对立的。

实际上肯定不会这么简单，否则不可能被很多人接受。

墨翟就是墨子，墨家的创始人。墨子倡导的"兼爱"与儒家倡导的"仁"其实是一回事，"仁者爱人"，都是讲利他的，只不过墨子的利他讲得更彻底。

> 兼以易别。——《墨子·兼爱下》

打破人我之间的界限，不要区别你的还是我的，爱别人就跟爱自己是一样的。他认为，人只要有了区别对待之心，就难免自私、利己，就会有争夺，从而扩展到国与国之间的战争，造成对人类的伤害。

显然，这太理想主义了。儒家也很理想主义，不过相对中庸，更世故，对人性和政治都有妥协。儒家在爱和利他的问题上，讲究的是爱有差等。

> 亲亲而仁民，仁民而爱物。——《孟子·尽心上》

我肯定是先爱自己的家人，再爱百姓，再爱天下万物。孟子在跟一个墨者辩论时，曾质问对方：你心里是疼爱你哥家的孩子多一些，还是疼爱你一个普通邻居家的孩子多一些呢？

孟子讲的跟墨子讲的不是一个层面的问题。墨子的兼爱是大爱，是人类层面的问题，是政治社会层面的问题；孟子讲的是日常伦理层面的问题。

今天看来，墨子实在是可与孔子比肩的伟人。但两人不同的是，孔子最终归于书斋，回到幕后，把更多的精力投入到整理"六经"，做文化学术的研究和传承；而墨子则不断地深入实践，他不是坐而论道、只说不干的理论家，他是行动派、实干家。用他自己的话说，就是：

言必信，行必果，使言行之合，犹合符节也，无言而不行也。——《墨子·兼爱下》

言和行就像符节一样，两边一对，严丝合缝。他还说：

仁人之事者，必务求兴天下之利，除天下之害。——《墨子·兼爱下》

做一个仁人志士，做一个墨者，就应当为天下兴利除害。

怎么兴利除害呢？《墨子·鲁问》中有一段记载，有人问墨子：墨子先生啊，您每次到一个诸侯国，都会给这个国君提出哪些治理国家的建议呢？墨子说：

凡入国，必择务而从事焉。国家昏乱，则语之尚贤、尚同；国家贫，则语之节用、节葬；国家憙音湛湎，则语之非乐、非命；国家淫僻无礼，则语之尊天事鬼；国家务夺侵凌，即语之兼爱、非攻。——《墨子·鲁问》

后人从中提炼出了墨子学说的十大纲领，分别是兼爱、非攻、尚贤、尚同、天志、明鬼、非命、非乐、节葬、节用。墨子通过传播、推行这十条政治

第80回 艺文志(中)：诸子百家

思想、社会思想来兴利除害。

这里面，兼爱、非攻是最著名的，最能体现墨子作为一个行动派、实干家的特点。

墨子认为，他要除的天下之害，第一大害就是战争，国家之间的战争对天下苍生的伤害是最大的。如果发动战争的人不听墨子的劝告，墨子就带着弟子去帮助那个被攻打的小国。《墨子·公输》篇里就记载了这么一次：

公输盘帮助楚国建造了一种先进的攻城机械——云梯。

楚王很满意：咱去攻城肯定攻无不克、战无不胜，你们去准备准备，咱们先打宋国。

墨子听到这个消息时正在齐国，他跟弟子们安排了一下，自己立即起身。

行十日十夜而至于郢，见公输盘。——《墨子·公输》

走了十天十夜，他赶到了楚国的都城郢来见公输盘，也见了楚王。

见面之后，墨子先是讲了一通兼爱的道理，希望他们放弃攻打宋国。

结果人家根本不听，那墨子怎么办呢？

子墨子解带为城，以牒为械。公输盘九设攻城之机变，子墨子九距之。——《墨子·公输》

先生墨子解下衣带当作城墙，用木札当作攻城器械，与公输盘现场进行了一场兵棋推演。

推演的结果是，公输盘想尽了办法，用了九套方案去攻城，都被墨子成功化解。

公输盘黔驴技穷，气呼呼地说：我还有一条胜出的方案，我不告诉你。

墨子冷冷地一笑：你不说我也知道，那个方案你也是妄想！

楚王在一旁懵了：什么意思啊？快说说。

墨子说：大王，公输盘是想把我杀了，宋国不就没人能守得住城了吗？他这是妄想，我来之前，已经安排好我的三百名弟子去帮助宋国守城，我的这些守城方案都已经教给弟子们了。你们即便杀了我，也攻不下宋国。

这场争战推演，使得楚王放弃攻宋。

虽然这一次楚国放弃了，但其他类似的情况，墨子未必就能通过一次兵棋推演来化解。墨子和他的弟子们应当参与过很多守城的实战。

在传世的《墨子》这部经典里，至少有七篇是专门讲怎样守城的，都是有实战意义的。所以，墨子不但是那个时代最顶尖的思想家，同时也是最顶尖的战略家，还是优异的科技人员。

我们知道，小孔成像这种光学现象最早的记载就见于《墨子》，准确地说，是在《墨经》中记载的。其中还有好多涉及数学、力学、光学、声学、机械应用等方面的内容，都代表了当时人类科技的最高水平。

只可惜，曾经与儒家、道家争衡的墨家，在战国之后，慢慢就没落了，甚至消失了。

《墨子》这部伟大的著作也差点失传，本来刘向校订的《墨子》是七十一篇，现在传下来的只有五十五篇。

墨家为什么会没落呢？可能得从他们参与战争说起。既然墨子和弟子们要参与城池保卫战，很自然地，他们就成为一支准军事力量，必须组织严密、纪律严明。

这很像武侠小说里讲的帮派，而且它确实有类似帮主的人，叫"巨子"。墨子就是第一任巨子，之后"巨子"代代相传。《吕氏春秋》里记载过墨家的一任巨子孟胜。

孟胜带着一帮弟子依附于楚国的阳城君。阳城君请孟胜他们帮助守城，并且：

毁璜以为符，约曰：符合听之。——《吕氏春秋·上德》

把一块玉璜掰开，一人拿一半，类似虎符，见不着我的这半块符，谁也不能进我的城。

第80回 艺文志（中）：诸子百家

随后出事了，阳城君参与了攻杀吴起的事件。吴起死时，故意趴在刚去世的楚王尸体旁边，攻杀吴起的人拿箭射吴起，有的箭射在了楚王尸体上，这是死罪。所以，新楚王即位之后便清算这个事，要派兵收回阳城君的封国。阳城君畏罪而逃。

楚王派的大军兵临城下，要进城，这时，不可能见着阳城君的那个符。怎么办？最终，孟胜的选择是以死守城。

当时，一个弟子劝他：咱们以死守城对于阳城君也没有意义，只靠咱们这些人不可能守得住，而且咱们要是都死在这儿，墨家就绝了！

孟胜说：不对。首先，我们以死守城是在标举墨家的精神，只有这样，墨家才能继续被人尊重和信任；其次，墨家不会绝，我已经派人去找在宋国的田襄子，把巨子之位传给他。

孟胜和他的一百八十个弟子都在这次守城之战中死了。派去找田襄子的两个弟子传完巨子之位后返回，也战死了。

这样一种有组织的力量，有着"以武犯禁"的能力，但它是不可能在皇权时代长期存在的。所以，墨家的消亡、游侠的消亡，以及侠义精神的消亡，可以说都是必然的。

在《汉书·艺文志》中，刘歆是怎样评价墨家的呢？

第81回

艺文志（下）：
神圣六经

《汉书·艺文志》中，刘歆对儒、道、法三家加以评价，而对墨家他是怎样评价的呢？

> 墨家者流，盖出于清庙之守。茅屋采椽，是以贵俭；养三老五更，是以兼爱；选士大射，是以上贤；宗祀严父，是以右鬼；顺四时而行，是以非命；以孝视天下，是以上同：此其所长也。——《汉书·艺文志》

这段评价很长，也很细致，说明刘歆当年肯定也是非常重视墨家的价值的。

别的家都是出于某个官吏的推动，怎么到了墨家就成了"清庙之守"呢？所谓清庙之守，就是管宗庙、祭祀之类活动的。这方面的实践确实蕴含着墨家一些主要的思想，比如兼爱、非攻、天志、明鬼、尚同等。

这种宗教性活动需要有一个前提，就是人们得相信上天是有意志的，神鬼也是真实存在的，上天和鬼神对人的行为是会做出奖赏和惩戒的。这是所有宗教活动的前提。墨家则更进一步，对于这个问题讲得更实在。

> 今若使天下之人，偕若信鬼神之能赏贤而罚暴也，则夫天下岂乱哉！——《墨子·明鬼》

如果天下人都相信有鬼神，相信鬼神会惩恶扬善，那肯定就没人敢做坏事了。

墨家其他的特点就不细说了。在思想上、心态上，要保持老庄的超然、清静，一切功名富贵、胜败荣辱都置之度外，这是体。同时，在具体工作、生活中，要以大禹和墨子为榜样，向他们学习。大禹是被墨家推崇的圣人。跟大禹和墨子学什么呢？学勤俭，这是用。

可是，偏偏有人不以为然，谁呢？就是上回说的孟子。

杨子取为我，拔一毛而利天下，不为也；墨子兼爱，摩顶放踵利天下，为之；子莫执中，执中为近之，执中无权，犹执一也。所恶执一者，为其贼道也，举一而废百也。——《孟子·尽心上》

在这段话里，孟子一口气批评了三派思想：先是批杨朱太自私，过于利己，走极端；又批墨子兼爱，过于利他，走极端；最后，还有一位子莫，不走极端，抓中间，这个跟儒家的中庸很接近，应当没问题了吧？也不行，子莫只知道抓中间，而不能灵活权衡，不知道变通，这还是走极端。这些都不好，都不是大道。

这样来批评人是有些挺勉强的，孟子也有反思，他说：

予岂好辩哉？予不得已也。——《孟子·滕文公下》

要想在百家争鸣的时代中把自己的声音传递出去，不这样争辩，还能怎么办呢？

那么，墨家真正的问题是什么呢？刘歆这样批评墨家：

及蔽者为之，见俭之利，因以非礼，推兼爱之意，而不知别亲疏。——《汉书·艺文志》

他是站在儒家的立场来评判的。他所谓的"见俭之利，因以非礼"，是针对墨家提倡薄葬，从上到下都尽量节俭办丧事。他认为这是有违儒家的礼别尊卑的，他说墨家兼爱不知亲疏。这一点，与孟子辩论的那位墨者已经说得很清楚了，他说：

爱无差等，施由亲始。——《孟子·滕文公上》

我们墨家提倡兼爱，爱别人就跟爱自己的亲人一样，这并不是说我们就减少了对自己亲人的爱，恰恰相反，我们所有的爱与关怀都是从自己最亲近的人开始的。如果我都能去关爱一个陌生人，那我怎么可能不爱自己的亲人呢？那样也不是兼爱啊！

司马迁的父亲司马谈对墨家也很推崇，在《史记·太史公自序》里有一段《论六家之要指》，其中，他称赞墨家以农桑为本，节省用度。

另外，《墨子》远远不如《论语》《孟子》《老子》《庄子》《韩非子》等经典好看，几乎没有什么名言警句式的话。

总之，《墨子》的文本过于专业、枯燥，这是我理解的墨家的缺点。而韩非子讲的"侠以武犯禁"，这才是墨家真正的问题所在。

其他各家学说既然开宗立派，肯定也都风靡一时，都各有各的价值。刘歆评价这几家：

皆起于王道既微，诸侯力政，时君世主，好恶殊方，是以九家之术蜂出并作，各引一端，崇其所善，以此驰说，取合诸侯。——《汉书·艺文志》

在周王朝大一统的权威衰落之后，春秋战国时期诸侯势力崛起，互相博弈。在这个过程中，没有主导的思想，春秋五霸、战国七雄的国君各有各的想法，诸子百家迎合这些想法，形成了各自的学说。这些学说虽然各有侧重，甚至互相攻击，但实际上它们的目标是一致的，都是为了人民幸福、国家发展。

若能修六艺之术，而观此九家之言，舍短取长，则可以通万方之略矣。——《汉书·艺文志》

在吃透"六艺"的基础上，再好好研究一下诸子百家，取其所长，弃其所短，就成"万事通"了，什么事都能搞定。

那么，这个"六艺之术"是什么意思呢？先说这个"艺"字。艺字的甲骨文是一个跪在地上的人用两只手抓着一根小树苗。这是在干什么呢？这是在栽树，在种植、培养，引申为栽培、培养人，再引申为手艺、技艺、技能。

"六艺"，大致讲，就是培养人的技能的六个项目，说白了就是六种课程。《周礼》说：

> 养国子以道，乃教之六艺：一曰五礼，二曰六乐，三曰五射，四曰五御，五曰六书，六曰九数。——《周礼·保氏》

在西周的时候，礼、乐、射、御、书、数就是六艺，是西周时贵族青年必须学习的六种课程。后来，到春秋末期，孔子私人办学，这个课程有所简化，成了礼、乐、诗、书，后期又加上了春秋和易，只剩下文化课了，而"六艺"这个说法仍沿用，还是六种课程，也就是六部经典，分别是《礼》《乐》《诗》《书》《春秋》《易》。

起初，这六部经典还不叫经。诗就是《诗》，易就是《易》。后来有了"传"，这个"经"才加上。"传"是怎么回事呢？

拿《易》来说，孔子在给弟子们讲《易》的时候，他会有解释，也就是要有一套讲义。他的这套讲义被弟子们整理出来，将来他们再教学生时，好参照着讲。再后来，这套讲义也就成为《易》这门课程的一个重要组成部分。最后，人们索性把这套讲义和《易》的原文编在一块。为了区别，就把讲义那部分称为《易传》，而原文部分称为《易经》。

《礼》《乐》《诗》《书》《春秋》也都是这个情况。可以想象，传肯定会越来越多，一个人一种解读，写出来就是一个传。司马谈就讲：

> 六艺经传以千万数，累世不能通其学。——《史记·太史公自序》

第81回 艺文志（下）：神圣六经

到西汉时，"六艺"的经传就有成千上万种了，你要想都研究一遍，可能一辈子也看不完。

这也意味着"六经"的地位和权威性、影响力已经达到了空前的高度。这其中一个重要的原因就是汉武帝"罢黜百家，独尊儒术"，建立太学，设立五经博士。《乐》已经失传了，《诗》《书》《礼》《易》《春秋》这五部经就成了太学的教材，代表了国家的意识形态。对这五部经有精深研究的人就有机会被征召到太学当博士，还可以给皇帝当顾问，甚至直接做到丞相；差一点的，也可以通过考试入朝为官。

然后，问题来了。博士在太学里传授"六经"，他用哪家的传呢？当时的学者们讲经都是讲究家法的。拿《春秋》来讲，当时传授的学者很多，各有各的家法，各自抱定一种传照着讲。有抱定《公羊传》的，也有抱定《穀梁传》的，还有讲《邹传》的、《夹传》的。可是，汉武帝最早设立五经博士，是一部经只有一个博士。最终，汉武帝选定教《春秋》的这个博士，他的家法是《公羊传》。

于是，《公羊传》对于《春秋》的解读就是最权威、最正宗的，是代表国家意识形态的。对此，教《穀梁传》的学者们表示不服。其他经也存在类似的问题。

汉武帝的太子刘据自己学的是《公羊传》，但私下很推崇《穀梁传》，也想把《穀梁传》立为官学，结果，还没实施刘据就死了。

后来，汉宣帝听说了这个情况，就说他要帮祖父完成这个心愿。他征召了一个教《穀梁传》的大学者到太学做博士。这样一来，五经博士就不是一部经只有一个博士了，讲《春秋》的有两个博士：一个按《公羊传》讲，一个按《穀梁传》讲。

其他几部经也都逐渐扩编。在汉宣帝时期太学的五经博士增加到了十二位。这也就意味着，有十二套经传被立为官学，十二家师承门户取得了正宗地位。

在这样的背景下，刘歆向汉哀帝提议：

及歆亲近，欲建立《左氏春秋》及《毛诗》《逸礼》《古文尚书》皆列于学官。——《汉书·刘歆传》

刘歆向汉哀帝进献了《七略》之后，汉哀帝对于刘向、刘歆父子校书的工作非常满意，对刘歆的学识非常欣赏。这时候，刘歆提议将《左氏春秋》《毛诗》《逸礼》《古文尚书》等经传立于官学。

汉哀帝很惊讶：这事非同小可，朕的学问有限，你说的这四套古文经传多么有价值、多么正宗，我也说不好，这样，你跟五经博士们一块讨论讨论这个事吧。

结果，五经博士们对这个事很抵触。刘歆干脆发表了一篇公开信。在信中，他说明了自己为什么要争取把这几部经传立于官学。他说，这部《逸礼》和《古文尚书》都是汉武帝时期从孔子故居的夹墙里发现的，然后由秘府收藏。这两部书的文字都是古文字，应当是秦始皇焚书之前的版本，是最准确的。而当下博士们抱着的《礼经》和《尚书》都是焚书之后，由大儒口传下来的，都是今文写成的，应当不够准确。另外，《毛诗》也是古文版本的，是当年河间献王从民间找来的，也献给了秘府。还有最重要的就是这个古文版的《左氏春秋》，一直都是由秘府收藏，民间几乎不流传。这部传是与孔子同时期的左丘明写的，他对孔子写《春秋》的本义是最了解的，要比孔子的再传弟子写的《公羊传》《穀梁传》权威得多，它太应该立于官学了。而你们这些五经博士，之所以这么抵触，无非是因为：

专己守残，党同门，妒道真。——《汉书·刘歆传》

你们都怀有私心，根本不追求真理，不关心我们的经典所承载的道统到底如何，只是抱着门户之见，党同伐异。

其言甚切，诸儒皆怨恨。——《汉书·刘歆传》

第81回 艺文志（下）：神圣六经

刘歆这封公开信言辞太激烈了，把当时的博士们都痛批一通，一下子犯了众怒。这些博士还有他们背后的同门师生、师兄弟们好多都掌握重权，他们都给汉哀帝施压，要处置刘歆。汉哀帝也没办法了，让他离开朝廷，去下面做个太守，以避风头。

刘歆只好离开长安。直到王莽重新掌权，刘歆才回到朝廷。因为王莽与刘歆之前都在宫里做黄门郎，是好朋友。

在王莽的支持下，在汉平帝时期，刘歆推崇的《左氏春秋》《毛诗》《逸礼》《古文尚书》等经传都被立于官学。

因为这几部经传由刘歆推出来的时候都是先秦古文字的版本，所以史称"古文经学"。而此前立于官学的经传，都是由汉初大儒口授用当时文字记录整理出来的，就称为"今文经学"。

在随后的两千多年里，虽然很多大儒不分古文经还是今文经都研究，而且《左传春秋》《毛诗》等古文经可以说占据着主导地位，但是，对于古文经的质疑之声一直不绝于耳。有人认为古文经都是刘歆伪造的，是为了说明王莽的土德取代汉朝的火德是符合"五德终始"的天道的。

总之，到王莽篡位前，孔子修订的五大教材《诗》《书》《礼》《易》《春秋》都是至高无上的，里面的每句话都是真理。

刘歆那篇《世经》就以这个说法为依据，论证了最早的帝王伏羲氏是木德，这是不可怀疑的。其实这句话还不是《易经》经文里的，只是传里的，是《说卦传》里的一句话。《说卦传》据说是孔子写的，是他对《易经》的解释，这也是真理。

孔子作为"五经"的修订者，作为儒家思想的大宗师，这时地位已经至高无上，甚至有些被神化了。

第82回

西汉江山被唱衰

所谓阴阳、五行,这些东西都是什么?都是观念。这是当时上至帝王将相,下至贩夫走卒,几乎所有西汉人头脑中的思想观念。

很多所谓的预言书,比如西汉时的谶纬书,表面上看是春秋战国之前的书,里面预言了刘姓的兴起。其实,这样的预言多半是假预言,是事后编的。但是,它有现实的意义——愚民,它进一步强调了刘姓皇权是受命于天的,所以执政者对它当然是十分支持的。

执政者只要是认可它,甚至倡导它,就说明它对思想统治是有利的。不过,这种思想统治往往又是一把双刃剑,执政者一不留神就可能误伤了自己。

比如,儒家思想推崇商朝的开创者商汤和周朝的开创者周武王,他们都被儒家尊为圣人。可是,这两位圣人好像有一个问题,就是他们都是通过暴力革命的形式推翻了旧王朝,而且推翻的还都是他们原来的君主。这跟儒家强调的忠君、礼制是不是矛盾呢?汉景帝时有两个博士就在汉景帝面前争论过这个问题。其中一个博士黄生讲:汤武不是受命于天,商汤推翻夏王桀、周武王推翻商纣王都是非法的,是臣子弑国君。

另一个博士辕固生不同意,他认为夏桀、商纣暴虐无道,早已失去天下民心,天下民心已归了汤武。

汤、武因天下之心而诛桀、纣。——《汉书·儒林传》

汤武杀桀纣,这是顺应天意,是受命于天的。

黄生大怒:

> 冠虽敝必加于首，履虽新必贯于足。——《汉书·儒林传》

你狡辩，有道是，帽子再怎么破旧，也是戴在头上的；鞋子再怎么新，也是穿在脚上的。桀纣再怎么差劲，他们也是君上；汤武再怎么好，也是臣下。他们就是以下犯上，是犯罪！

辕固生冷冷一笑：黄生，别急，要照你这么说，那我们高祖刘邦推翻秦朝，是不是也得定性为犯上作乱呢？也不具备政权合法性吗？

黄生气得脸通红。这话他不敢接了，咬牙切齿，说不出话来。

这时，汉景帝在旁边笑了，他说了一句很有意思的话：

> 食肉毋食马肝，未为不知味也；言学者毋言汤、武受命，不为愚。——《汉书·儒林传》

你吃马肉，不一定非得连马肝一起吃。因为当时有个说法，说马肝有毒，吃了会致命。不吃马肝，别人不会以为你不懂吃。做学问，也不一定非得研究汤武革命这一块，不说这一段也不算没学问。好了，以后这段不提了。

汉景帝对于辕固生是很欣赏的。也就是说，在黄老道家思想盛行的文景时期，汉景帝对儒家思想已经是比较认可了。儒家思想强调"君君，臣臣，父父，子子"，这就是礼制，讲究的是等级森严，人们都得各安其位。这种思想观念对于统治者是有利的，汉景帝当然喜欢。随后，汉武帝才"独尊儒术"。

而实际上，儒家思想可不是这么简单的，它并不是简单地维护君主的利益，儒家的政治思想说到底，是四个字：

> 保民而王。——《孟子·梁惠王上》

儒家维护的是一个爱民的、尊重人民利益的王道统治。

在儒家的等级系统中，处在最高层级的并不是君主，而是君主上面的天。

第82回 西汉江山被唱衰

天是至高无上的，同时也是抽象的。儒家在描述天时，经常把天跟人民绑在一起。

比如，《尚书》里的名言：

天视自我民视，天听自我民听。——《尚书·泰誓》

民意代表了天意，敬天就得敬民，失民心就是失天下之心。就像夏桀、商纣，他们失去天下之心，也就意味着他们不再受命于天，将被新的受命于天的人取代，也就是改朝换代。

而改朝换代是有规律的，就是"五德终始"。

类似这些思想，从战国以来直到汉武帝时期，逐渐深入人心。在汉武帝统治的后期，由于连年争战，民不聊生，这时，很多人就开始反思，汉朝是不是也要失天下之心？刘姓皇帝是不是也将不再受命于天？

前面董仲舒的学生眭弘预言，将有平民为天子；后面，盖宽饶批汉宣帝时也说，天下并不就是老刘家的，干得不行就得换人。

再后面，汉元帝时，也有讲这种话的人，这个人叫翼奉。翼奉的两个师兄弟都是大人物，一个是萧望之，一个是匡衡，都是位列三公的。

他们的老师叫后苍，后苍是研究《诗》和《礼》的一代宗师。后苍另外的三个学生戴德、戴圣、庆普都因为学习《礼》做到了博士。而翼奉呢，老师、同学都是高官，他却只喜欢研究学问，不热衷于仕途。

惇学不仕，好律历阴阳之占。——《汉书·翼奉传》

后来，汉元帝点名征诏他，他才做了个郎官。然后，他数次得到汉元帝召见，两人聊得都很投机。

聊了些什么呢？聊灾异。因为当时接连发生水灾、旱灾、地震、山崩、日食、月食之类的，所以汉元帝很紧张，逮住谁问谁。

京房有京房的一套说辞，翼奉也有一套说辞，有应对灾异的办法，也很深刻独到,《汉书》里收录了他在这方面的几篇奏疏,其中,有一篇写得很打眼。

因为在这篇奏疏中,他竟然劝汉元帝迁都,说只有迁都,才能从根本上解决方方面面的问题。

臣闻三代之祖积德以王,然皆不过数百年而绝。——《汉书·翼奉传》

夏、商、周这三代王朝,那都是他们祖上数代甚至数十代苦心经营,不断积累才得以建立起的王朝,最多不过延续几百年,这个王朝也就亡了。当年,周朝刚刚建立不久,刚从周武王传到周成王。

周公犹作诗、书深戒成王,以恐失天下。——《汉书·翼奉传》

周公就告诫年轻的周成王,你可不要跟商纣王学,不要跟殷商似的失去天下。

翼奉又说:皇上,再看看咱们大汉朝,不过是高祖刘邦用了十来年时间就打下天下,建立起的王朝。虽然建立时间只有一百多年,但是,到您这也是传了八九代了,而且前面武帝爷差点就把汉朝亡了,到现在又这么多的灾异,老百姓都有人吃人的了。这还要微臣明说吗?所以:

臣愿陛下因天变而徙都,所谓与天下更始者也。天道终而复始,穷则反本,故能延长而亡穷也。——《汉书·翼奉传》

翼奉言下之意,汉朝气数已尽。这怎么破呢?唯一的办法就是迁都,迁都就相当于翻篇了,前面的老汉朝气数尽了,迁都后的新汉朝又重新开始了。

汉元帝看完这篇上书很惊讶:噢,那具体怎么操作呢?怎么做这种老汉朝与新汉朝的更始切割?以后宗庙祭祀该怎么弄呢?翼奉,你再给我说说。

翼奉回复:这些都可以参考一下商朝盘庚迁殷和周朝的成王营洛。具体的操作愚臣不敢妄言,还请皇上圣裁。

第82回 | 西汉江山被唱衰

随后，汉元帝虽然没有真的迁都，但在贡禹和匡衡的主持下，对于宗庙祭祀什么的确实做了一番调整。这说明，他们对于翼奉的这套说法是大致认同的。

到汉成帝时，因为王氏专权，汉成帝也没有子嗣，类似的说法就更多了。刘向称，王家的棺材板上发芽，预示着王家要取代刘家坐江山。

与刘向同时的谷永跟汉成帝也讲过类似的话。谷永也是非常有学问的人，对灾异很有研究。他给汉成帝的好几篇上书都收录在《汉书·谷永传》里，写得都非常好。比如他说：帝王都是因为自己才死的。皇上您沉迷后宫的女色，还总微服出宫游玩，这是自寻死路啊！

王者以民为基，民以财为本，财竭则下畔，下畔则上亡。——《汉书·谷永传》

帝王有天下，是以人民的支持为基础的。而人民怎么才能支持您呢？最根本的一条就是，您得让人民手里有财富。可是，皇上啊，您因为建昌陵花费太大了，这些花费都以税收形式摊到了人民的头上。人民的手头越来越紧，这是要引发动乱的。

《汉书》收录的最后一篇谷永的上书，讲得很恳切，话说得很重。

臣闻天生蒸民，不能相治，为立王者以统理之，方制海内非为天子，列土封疆非为诸侯，皆以为民也。垂三统，列三正，去无道，开有德，不私一姓，明天下乃天下之天下，非一人之天下也。——《汉书·谷永传》

微臣听说，帝王和人民的关系是这样的：上天先创造了人，人越来越多就成了人民，那么多人民得有秩序，没人治理就乱套了。于是，上天才设立帝王来做这个工作。也就是说，上天让谁做帝王，并不是多么爱这个人，多么为这个人着想。就像天子列土封疆设立诸侯，并不是为了尊崇诸侯，而是为了更好地治理人民，为了人民过得更好。

夏、商、周三朝的兴起和灭亡，这个现实就昭示着上天的意志，你这个帝王要是无道，上天就把你灭掉，然后换成有德之人继续承担这个治理人民、为人民服务的职责。

总之，上天是不会只向着哪一家哪一姓哪一人的，天下人谁都有可能做帝王。

夫去恶夺弱，迁命贤圣，天地之常经，百王之所同也。——《汉书·谷永传》

上天向来都是"去恶夺弱"的，你作为帝王，太凶恶暴虐或者太软弱无能了，上天就会让你灭亡，然后重新授命新的贤能圣明的人做帝王。自古以来的帝王和朝代更迭都是遵循这样的规律，上天会通过灾异等现象来传递这个信息。皇上啊，当下的灾异现象可以说是非常严峻的。

陛下承八世之功业，当阳数之标季，涉三七之节纪，遭《无妄》之卦运，直百六之灾厄。三难异科，杂焉同会。——《汉书·谷永传》

从天文、律历、阴阳五行、八卦等，不论哪个方面讲，皇上，您和大汉江山现在都到了要遭难的节骨眼上了。

然后，谷永又讲了一通汉成帝应当怎样做来避免这个劫难。诸如：

祸起细微，奸生所易。——《汉书·谷永传》

诸夏举兵，萌在民饥馑而吏不恤，兴于百姓困而赋敛重，发于下怨离而上不知。——《汉书·谷永传》

都可谓至理名言，所以，汉成帝看了虽然心里很别扭，但还能接受。

汉成帝也给刘向看过这些上书。刘向对谷永的学问是认可的：皇上，谷永说得还是有些道理，确实是到了一个关系天道国运的节骨眼上了。

第 82 回　西汉江山被唱衰

有一天，汉成帝又拿了本书给刘向看：刘向，这本书叫《天历包元太平经》，是一个叫甘忠可的人呈上来的，说是天帝教赤精子传给他的。书里面写的跟你和谷永所讲的差不多，也是说：

汉家逢天地之大终，当更受命于天。——《汉书·李寻传》

刘向把书拿回家看了两天就来找汉成帝：皇上，这书我看了。那个甘忠可的情况我也找人调查了，那是个妄人，他自己胡编了这部书来妖言惑众。最好杀掉这个人。

汉成帝听了刘向的。于是，这位甘忠可便被抓了，死在牢中。但他有几个学生，手里也都保存着这本书的副本。其中一个学生叫夏贺良，继续老师未竟的事业，想找机会用这部书来捞取政治资本。在汉哀帝即位的第三年，公元前5年，夏贺良通过各种关系终于得到了汉哀帝的召见。

汉哀帝一下子就被唬住了。夏贺良跟前面翼奉讲的一样，也是说汉朝要想延续，刘姓要想继续受命于天，就得主动结束老汉朝，开始新汉朝。

宜急改元易号，乃得延年益寿。——《汉书·李寻传》

但他跟翼奉讲的也有不一样的，翼奉是说通过迁都来实现"更始""更受命"。迁都，动作太大了，实行起来太难了。夏贺良则提议"改元易号"，这就简单多了，发布个诏书就可以。

而且，夏贺良还强调：这样，不但能使王朝延续，皇上您的病也会好，会使您健康长寿。此前，成帝就是因为没做这些暴毙而亡，连个子嗣也没留下。您得抓紧啦！

汉哀帝于是诏告天下，要重新受命于天，年号改成新的，叫"太初元年"。皇帝尊号也改成新的，叫"陈圣刘太平皇帝"。我是朝气蓬勃的新汉朝的皇帝了，我的身体也会越来越强壮。

汉哀帝从即位起就病恹恹的，这一下来精神了，兴冲冲地等着自己的病能好起来。结果，一个月过去了，并没有什么改变。

汉哀帝问：夏贺良，怎么回事？你是不是忽悠朕啊？

夏贺良一通狡辩。又过了一个月，汉哀帝这才放弃：唉，我让他骗了！

于是，夏贺良被杀掉，年号、尊号又都恢复了之前的，结束了这场闹剧。

这些关于汉朝得"更受命""汉历中衰"等的声音及其背后的思想观念，不论是善意的，还是别有用心的，客观上都为后面的王莽篡汉做了铺垫。可以说，在一定程度上，它们是在唱衰西汉王朝。

第83回

汉哀帝
放飞自我

从汉元帝到汉成帝、汉哀帝，不断有高人提醒他们，大汉朝已经危险了……

这些高人都有一套高大上的理论依据，诸如阴阳五行、五德终始等。其实，对于当时绝大多数有识之士来讲，他们根本不用这些理论，单看汉元帝、汉成帝、汉哀帝的表现，也能看出不好的兆头。

这得从汉哀帝的奶奶说起。汉哀帝的奶奶是汉元帝非常宠爱的一个昭仪——傅昭仪。汉元帝临死前，差点把王政君废了，换傅昭仪当皇后，让傅昭仪的儿子刘康接班。当时多亏了史丹，汉元帝才没这么做。

随后，汉成帝刘骜顺利即位，在位二十多年也没有子嗣。这时他四十二岁了，估摸着自己可能也来日无多，于是在公元前9年，召见了两个诸侯王。一个是他同父异母的弟弟中山王刘兴，刘兴的母亲就是当年给汉元帝挡熊的冯昭仪冯媛。另一个是刘康的儿子定陶王刘欣。当时刘康已经死了，刘欣继承王爵。这两人是汉成帝血缘上最亲的人，是接班的候选人。汉成帝召见他们来，就是想当面商量看看谁更合适。

结果，中山王刘兴的表现很差，他带的随从人员不符合朝见天子的相关规定。汉成帝让他背一段《尚书》经文，他也背不出。

及赐食于前，后饱。——《汉书·哀帝纪》

汉成帝和他一起吃饭，结果汉成帝都放下筷子了，他还在那儿吃。

定陶王刘欣在各方面的表现都很好，而且他奶奶傅太后知道这次朝见天子

第 83 回　汉哀帝放飞自我

意义重大,亲自跟着孙子一起来到长安,积极活动。

私赂遗上所幸赵昭仪及帝舅票骑将军曲阳侯王根。——《汉书·哀帝纪》

向汉成帝宠幸的赵合德和辅政大臣王根行贿,送了很多金银财宝。

这两人立马笑纳了,他们也恨不得赶紧抓住这个潜力股,都替刘欣说好话。于是,次年,刘欣被召到长安,立为太子。再转过年,汉成帝驾崩。十九岁的刘欣即位,就是汉哀帝。

傅太后母凭子贵——现在我孙子是皇帝了,我应当是太皇太后,我儿媳是皇太后。有问题吗?有问题。因为皇太后和太皇太后的头衔已经分别被赵飞燕和王政君占了。

于是,就有矛盾了。有矛盾就得斗争,谁跟谁斗呢?其实主要的还是汉元帝的三个女人,傅太后、王政君还有冯媛三个奶奶辈的女人斗。

斗争的结果是,王政君主动退让,王莽、王根等王家人全部辞官的辞官、罢官的罢官。不过,都没伤及性命,也没有伤及根本。王家树大根深,而且对汉哀帝即位有帮助,傅太后便没把王家往死里逼。

冯媛就没这么幸运了。当时她儿子中山王刘兴已经死了,小孙子刘箕子继承王位,只有两三岁。小箕子的身体不好,总是生病,冯媛盯着照顾,又是请医生,又是请巫婆,每天都求神祷告。

汉哀帝听说这个情况,派了一个叫张由的大宦官,带着太医和药去中山国帮着给这个小堂弟看病。结果,出事了。

来的这位张公公有间歇性精神病,到了中山国就发作了,张牙舞爪闹一通,之后就回长安了。回到长安,病过去了,他害怕了:我这是干什么去了,我这没完成皇上交给的工作,擅自跑回来了,这准得给我定个死罪啊!怎么办呢?反正我已经是宦官了,我还怕什么啊?

于是,他就向汉哀帝状告冯媛:中山王太后冯媛每天都跟巫婆在祠堂里鼓捣事,我悄悄地调查,结果发现她竟然在诅咒您和傅太后。

傅太后一下子就炸了，她心里一直恨着冯媛呢：想当年给皇上挡熊，出风头，那是要跟我争宠，前面还想跟我孙子争皇位。哼，等着吧！

最终，她弄了个巫蛊冤案。冯媛饮药自杀，家里的妹妹、弟媳等被处死好几十人。

另外，傅太后这个称呼、尊号还是个问题。稍后，汉哀帝接受丞相朱博的建议，给傅太后定了一个"帝太太后"的尊号，以区别于王政君"太皇太后"的称号。

傅太后勉强接受，过了一段时间，感觉还不行，汉哀帝又给她改成"皇太太后"。

还有很多事，傅太后都表现得非常强势，说一不二。相应地，傅氏外戚便取代了王氏，成为汉哀帝时期最有权势的外戚，傅家也是好几个被封侯的。

不过，整体上，傅家比之前王氏那个程度还是差很多。这主要有两个原因：一方面是因为汉哀帝鉴于之前王氏专权，对傅家有所限制；另一方面是因为傅家内部不团结。

傅家最得人心的代表人物是傅喜，他是傅太后的从弟。

少好学问，有志行。——《汉书·傅喜传》

这个人既有学问，又有节操，是个谦谦君子，跟他姐姐傅太后不是一个性格。在王莽被免去大司马的职位后，本来傅喜可以顺理成章地接任这个大司马之位，但傅太后对傅喜不满意，就让另一个大臣接任了大司马，转过年来才换成傅喜。

傅喜做了两年，还是很不错的，工作能力强，人也清廉正派，还没有野心，所以很得人心。可是，傅太后和整个傅家都不满意，都感觉傅喜太另类了。

傅太后的很多想法，到傅喜这儿也老拧着，不配合。最终，傅太后受不了了，逼着汉哀帝免了傅喜的官，还差点把侯爵也收回。

然后，换成了汉哀帝的舅舅丁明做大司马。这也是傅家不如王氏强的一个原因，因为还有丁家外戚，是汉哀帝母亲丁太后的娘家人。汉哀帝后面有两家直系的外戚平分秋色，彼此之间肯定也有些制衡。在丁明做大司马之后，傅家也在努力争取这个位子。

最终，汉哀帝干脆同时设了两个大司马。公元前2年正月初一，他把傅太后的另一个从弟傅晏也封为大司马。丁明是大司马、骠骑将军，傅晏是大司马、卫将军。同时设两个大司马，这是此前至少一百年来都没有过的。

傅晏还有一个身份，就是国丈。傅晏的女儿是皇后，论辈分，傅皇后应当是汉哀帝的表姑。

两个大司马这种情况并没有持续多长时间，半个月不到，傅晏便遭到一个人的参劾，被免掉了。

紧接着，正月十七傅太后崩，与汉元帝合葬渭陵。此前，公元前5年，汉哀帝的母亲丁太后已经死了。

于是，汉哀帝就玩疯了，彻底没人能管他了。当年九月，他把大舅丁明也免掉了；十二月，正式册封新的大司马。这位新任大司马正是把国丈傅晏参劾倒的那个人，这人多大年纪呢？只有二十二岁！谁这么牛？不是别人，正是汉哀帝十分信任的董贤。

董贤成为首辅大臣，位极人臣，除了汉哀帝就是他了。

有一次汉哀帝喝醉了，脱口而出：

吾欲法尧禅舜，何如？——《汉书·佞幸传》

我要效法尧舜，把皇位禅让给你，怎么样啊？

这时，董贤还没接话，在座的一个皇亲把话接了过来：皇上，您喝多了，这大汉天下是高祖皇帝打下来的，不是您能随便禅让给别人的。天子无戏言，这话可不要随便讲。

汉哀帝一瞪眼，不说话了。

那么，汉哀帝这么胡来，大臣们就坐视不理吗？

第84回

六起六落的
西汉名臣

公元前 2 年的十二月，汉哀帝把只有二十二岁的董贤封为大司马、领尚书事。

那么，有没有人站出来给汉哀帝进忠言，劝阻一下他呢？有，有一位重臣站出来了，然后被汉哀帝杀了。他就是丞相王嘉。

讲王嘉之前先把这一时期的丞相说一下。汉元帝时期有三位丞相：先是于定国，他是汉宣帝的最后一任丞相，光荣退休。之后是装疯让爵的韦玄成，他干了七年丞相，死在任上。接下来就是早年凿壁偷光的匡衡，匡衡是公元前 36 年上任。公元前 33 年，汉元帝驾崩，汉成帝即位。

汉成帝即位后干的第一件事就是把大奸臣石显拿下，但还不是一撸到底。这时丞相匡衡出手，狠狠地参劾了石显一本。汉成帝这才把石显免官。

紧接着，有个人又站出来把匡衡参劾了一本：皇上，匡衡他不忠，他现在才参劾石显，他早干什么去了？他作为先帝的丞相，早就知道石显是奸臣，非但不抵制，反而极力巴结逢迎。现在石显失势了，他站出来了。他就是见风使舵的小人，怎么能让这样的人当丞相呢？

这个参劾太尖锐了，一针见血。汉成帝把这个奏疏批给匡衡看。

匡衡当时辩解不了，扑通跪倒：皇上恕罪，老臣无德无能，您把我免了吧。

汉成帝本来也很不高兴，只是匡衡毕竟做过自己的老师，而且那么大年纪了，也算是德高望重，自己又刚即位，还需要这样的人辅佐。于是，汉成帝安慰了匡衡一通：之前的事都过去了，我都理解，您好好干吧。参劾您的那个人我来处理。

结果，那位参劾匡衡的人就被贬官了。这人是谁呢？就是当时的司隶校尉王尊。

前面讲过，江充、盖宽饶都是司隶校尉，都是厉害角色。这个王尊也不是一般的厉害，得说是个奇男子。

涿郡高阳人也。——《汉书·王尊传》

就是今天保定高阳县人。

王尊从小父亲就去世了，由叔叔伯伯们抚养长大。小时候他每天都去放羊，没人供他读书。不过，叔伯兄弟们中间有读书的，他就偷偷跟着学，竟然也认得不少字，懂得不少经典中的道理。十三岁时，他成为一个小狱吏。随后，边学边干，深得上司的赏识，一路做到了槐里县令兼美阳县令。这期间，王尊办过一个案子。

美阳女子告假子不孝，曰：儿常以我为妻，妒笞我。——《汉书·王尊传》

这是个骇人听闻的案子，美阳的一个妇女，是后妈，告状说她继子经常强暴她，还打她。

王尊很震惊，把这个继子抓来一通审问，还真有这么回事。王尊大怒：

律无妻母之法，圣人所不忍书，此经所谓造狱者也。——《汉书·王尊传》

这种禽兽行径怎么定罪、处罚，律书里都没有，人们都不敢想，怎么可能还有这样的罪行呢？这就属于经书里说的"造狱者"，是要让我开创一种新刑罚啊！王尊命人把这个畜生吊到外面的树上，五个人骑上马带上弓箭，一人带一百支箭，射死他，必须射到最后一箭才能要他的命！

第84回 六起六落的西汉名臣

一下子，他把整个县都震住了，于是县中大治。

随后，因为政绩优良，王尊升任安定太守。一上任他就拿下了当地一个地头蛇式的豪吏，整个郡也震住了，好多做贼心虚的、干过坏事的都吓得逃到别的郡躲着去了。

不过，王尊这种典型的酷吏做派在宣帝、元帝时已经不合时宜了，汉宣帝、汉元帝都喜欢循吏。王尊的安定太守没做多长时间，就因为执法过当、用刑太狠而被罢免了官职。

不久之后，他又被重新起用，做军官，参与了冯奉世平羌之战。王尊负责押运粮草，有一次被数万羌兵包围，他毫不畏惧，率领手下一千多骑兵奔突羌兵，突出重围。结果，中间因为擅离职守再次被罢免。

随后他又被起用，做了一段时间县令，又升任益州刺史。

益州大致就是今天的四川中东部，还包括重庆、贵州、云南的一些地方。王尊接到这个任命之后，便从长安起身，他要走蜀道，蜀道太难走了。在王尊之前，有个叫王阳的人也被任命做益州刺史，走蜀道去上任，走到半路上经过一个叫"九折坂"的地方。这个地方有九处险弯，且全在一个山脊上。当时，王阳走到这儿很惊讶：向导啊，咱怎么走到这道上来了，这怎么走啊？

向导说：回大人，这地方就是著名的九折坂，是必经之路，您小心点吧。

王阳不禁倒吸一口冷气，他看着这个九折坂，又看前路漫漫，还不知有多少这样的险阻，一时间思绪万千，还想到官场上的险恶，最后，长叹一声：

奉先人遗体，奈何数乘此险！——《汉书·王尊传》

罢了，父母生我养我不容易，我还没好好给他们尽孝呢，何必行此险恶之途。回家！不过……不行，现在要是回去非得被治罪，还是继续走吧。

王阳硬着头皮，小心翼翼地过了这个九折坂到了益州，干了没多长时间便辞官回家了。

王尊走的也是同一条蜀道，走着走着，也到了这个九折坂。手下向导提醒：大人，您小心些，前面这段路太危险了，叫九折坂。

王尊一听九折坂，立马精神起来了：噢，是不是当年王阳害怕不敢走的那个九折坂？

向导：回大人，就是那个九折坂。

好！王尊抬手一挥鞭子：驾！咱们跑过去！

王阳为孝子，王尊为忠臣。——《汉书·王尊传》

王阳怕危险，爱惜生命，为的是奉养父母，做孝子；我王尊不怕危险，我愿意舍身为国，做忠臣。

王尊在益州两年，政绩斐然。于是他再度升迁，升任东平相，辅佐东平王刘宇。

这位东平王刘宇也是出了名的狠角色。他是汉宣帝的第四子，脾气很狂暴，手下养着一班打手，此前犯过好几回事。所以，一般的官员们都不敢来东平任职。

王尊不怕这个，他大摇大摆到东平上任。到了东平之后，第一件事就是得拜见东平王。当时，王尊手捧汉元帝写给东平王的圣旨进了东平王宫，到了院里，等着东平王出来接旨。

东平王一向很傲慢，听手下人说新任的东平相拿着圣旨来了，已经进院了，他还是不紧不慢：没事，让他等会儿。

他磨磨蹭蹭地，更衣更了半天才迎出来，结果，到院里一看，没人了。

王尊已经走了，回官舍吃饭去了。东平王等了半天，王尊才回来。东平王气坏了，不过，王尊正拿着圣旨呢，他只好压着火，接了旨，把王尊引到屋内落座。

东平王还很生气，不说话。王尊泰然自若，就当没看见，也不说话。

这场面很尴尬。这时，东平王的太傅也在，他向着东平王说话：王大人好啊，以后大家同舟共济，咱们一块好好辅佐东平王，一起努力工作，也得不忘学习。《诗经》里有一篇《相鼠》，我感觉很受益，不知道王大人印象如何？

王尊一听就明白了，心想：你以为我没文化呢，你这是嘲讽我，说我刚才对东平王失礼了。王尊把眼一瞪，脱口而出：

毋持布鼓过雷门。——《汉书·王尊传》

就你这点学问，在我面前，就像拿个小布鼓过雷门。

《汉书注》里说，布鼓就是拿布做鼓面的鼓，敲不出什么声音来。雷门是古会稽城的一个城门，城门上有巨鼓，一敲起来，鼓声巨大无比，两千里外的洛阳都能听得见。

这一句"毋持布鼓过雷门"，让那个太傅一句话也说不出来。

东平王大怒，一拍桌案，起身进后宫了。王尊还是若无其事，也立马起身，回他的官舍去了。王尊上任后对东平王一些不合理的做法都加强了限制。

王尊很警惕，他估计东平王肯定会找出点什么事来对付他。这天，因为一件事，王尊又得进宫见东平王。

这一次，东平王竟然很热情：啊，王相你为官带兵的很多事迹本王都听说了，了不起，你真是一个勇士啊！佩服！

王尊也不客气：还行吧。

东平王说：好，都说勇士配宝刀，让本王看看你的佩刀如何？

这么说着，东平王的眼神就已经不对了，伸手就要来抓王尊的佩刀。

王尊一下就闪到一边：且慢！恕臣直言，臣以为大王不是想看臣的佩刀，而是想借此诬陷臣要拔刀行刺大王，这可不是大丈夫所为。可以直接来，让他们朝这儿砍！

东平王一下子愣住了，因为他确实是这么想的，旁边早就埋伏好刀斧手，只等王尊一拔刀就冲上来把王尊砍死。

东平王哈哈大笑：好，真是勇士啊，我喜欢！从今往后咱就是兄弟了。

两人痛饮一番，极欢而散。

可是，这事把东平王的母亲吓坏了，她给汉元帝写信告状，要求把王尊调走。

汉元帝只好罢免王尊。这是王尊第三次被罢免了，前面做安定太守被罢官,又做军官被免,这又做东平相被免。

不久,在大将军王凤的提携下,王尊第四次被起用,一路做到了司隶校尉。

作为司隶校尉的王尊,参劾丞相匡衡。而汉成帝包庇匡衡,将王尊贬为县令。王尊气得大病一场,因病辞官。

随后,长安附近的山区里闹盗贼土匪,官府组织围剿,剿了一年多也没治住。于是,大将军王凤再次举荐王尊做代理京兆尹。王尊第五次被起用,上任之后,不到一个月就彻底搞定了盗贼土匪。

王尊的京兆尹转正,干了三年,成为西汉政绩优良的京兆尹之一。所谓"前有赵张,后有三王","赵张"就是赵广汉和张敞;"三王",头一个就是王尊,第二位是王章,第三位是王骏。这五位都是干得最好的京兆尹。

王尊干了三年京兆尹,又因得罪权贵被罢免,五起五落。

长安老百姓联名上书汉成帝,称颂王尊的政绩,认为这么好的官员不应当罢免。

于是,王尊第六次被起用,做到了东郡太守,一干又是好几年。中间有一年,上游的雨水充沛,东郡境内有一段黄河漫过大堤漾出来了,附近村庄的老百姓四散而逃。

王尊第一时间赶到现场,亲自率领手下吏民一起抢修,加固堤坝。

投沉白马,祀水神河伯。——《汉书·王尊传》

同时还往河里扔了一匹白马,给河神献祭。王尊还让主持祭祀的巫师告诉河神:我王尊作为太守,有责任保一方平安,不论我们郡的谁做了让河神发怒的事情,我都负责,你要发怒就冲我来吧。今天我就住在这个大堤上了,你要是让大堤决口,我就拿我自己填这个口子。

王尊真就在大堤上搭了一个帐篷。随后,大堤真就决口了。抢修大堤的人们都跑了……

大堤上只剩下王尊,还有一个主簿,这个人很忠心,跪着、哭着央求王

第84回 六起六落的西汉名臣

尊：大人啊，快走吧。

王尊岿然不动，站在那个决口的旁边，两眼瞪着滔滔河水。结果，水势竟然慢慢减弱了，奇迹出现了。这个决口没再进一步被冲开，水位下去了。一场洪水危机就这样过去了。

朝廷嘉奖。最终，王尊干到光荣退休，得以善终，被人民怀念。

"前有赵张，后有三王"的最后一"王"，名叫王骏。

王骏的父亲就是那位在九折坂前感慨的王阳。王阳，本名王吉，是个大儒，"兼通五经"。他最早是在昌邑王刘贺手下做中尉，刘贺当了皇帝，他跟着一块到了长安。不到一个月，霍光废刘贺，把刘贺手下的班底都杀光了，只留下两人，一个是龚遂，另一个就是王阳。因为他俩对刘贺多有规劝，所以没被杀。不过死罪可免，活罪难饶，被罚作苦役。

不久后，王阳被重新起用，做益州刺史。当时，他还惊魂未定，在九折坂前感慨，其实主要还是感叹仕途的险恶。到了益州不久，他就因病辞官。

过了一段时间，王阳再次被起用，做博士谏大夫。这期间，他给汉宣帝的一篇进言被收入《汉书》，里面有几段话很经典。

> 圣王宣德流化，必自近始。朝廷不备，难以言治；左右不正，难以化远。——《汉书·王吉传》

圣哲英明的帝王治理天下、推行教化，都是从近处、从身边开始的。如果说你身边的家人、亲友、心腹这些人不正，那么你还怎么要求别人正？进一步讲，如果说朝堂之上、权力核心都乱七八糟，那么地方上也不可能治顺的。

> 民者，弱而不可胜，愚而不可欺也。——《汉书·王吉传》

老百姓身处最底层，似乎是最弱势的，可是，老百姓一旦要起来，他们又是不可战胜的。另外，老百姓看似好糊弄，可以用愚民政策来控制，其实不然，他们心里什么都明白。

那么，整个国家应当怎样治理呢？王阳认为：

孔子曰"安上治民，莫善于礼"。——《汉书·王吉传》

不论是安抚上层的精英，甚至匡正帝王，还是治理下面的老百姓，最好的办法莫过于礼。要以礼治天下，要推行一套统一的信仰和价值观。

《春秋》所以大一统者，六合同风，九州共贯也。——《汉书·王吉传》

《春秋》所谓的大一统，正是基于这样的礼治思想。

而现实的情况是，一个地方一个风俗、一种文化，不同阶层、群体的价值观也都不一样，这样就很难治理。

王阳的这些思想都很经典。不过，他原来是刘贺的人，而且汉宣帝对于儒家并不是很感兴趣，所以一直也没重用他，他在这个博士谏大夫任上干了几年便辞官回家了。

汉元帝即位后，重视儒家，又征召他到朝廷做官，结果，他在来长安的路上因病去世。

这一次，与他一起被征召的，还有他的同乡兼好友贡禹。他俩都是琅琊人，都是大儒，很有学问，惺惺相惜，对于很多问题的看法非常一致，在仕途的进退上也是非常一致。王阳做过益州刺史，因病辞官；差不多同时，贡禹是做凉州刺史，也因病辞官。随后，王阳被重新起用，做博士谏大夫，又辞官；与此同时，贡禹也被重新起用做河南令，也是辞官。最后这次，他俩又同时被汉元帝征召。

可惜，最后这一次入仕，王阳病死途中，贡禹则一路做到了御史大夫，也是青史留名。

再说说王骏。王骏的仕途比其父王阳做得更顺。只是在早期辞过一次官，因为当时朝廷任命王骏做赵王手下的内史。父亲王阳就很害怕，因为他之前就是做昌邑王手下的中尉，差一点被霍光杀了。所以，王阳说以后我的儿孙千万不要到诸侯王手下做官，那样太危险。皇上哪天看哪个诸侯王不顺眼了，就会杀下面的官吏出气。

所以，那次王骏借口生病，辞官回家。不久，他便被重新起用，做过刺史，又升司隶校尉，又升少府，然后做京兆尹，又做了六年御史大夫，位列三公，病卒于位。

王骏留在史书上的一个好故事是关于婚姻的。说他做少府时，妻子去世了，他的年纪也不太大，位列九卿，很多人都给他提亲，想让他再娶，王骏都婉言谢绝了。

人们都问为什么，王骏说：我的德行比不了儒家圣人曾子，我的孩子也比不了曾子的孩子曾华和曾元。当年，曾子中年丧妻，他就没有再娶，怕处理不好后妈和孩子之间的关系，怕让孩子受委屈。我也效法曾子吧。

另外，王骏还有一个让人印象深刻的事，就是他曾经得到过匡衡的举荐提携，可是最终匡衡却被他参劾而罢相。这是怎么回事呢？

第85回

汉成帝的
丞相们

汉成帝的第一位丞相是匡衡,他被司隶校尉王尊参劾,这让匡衡很狼狈。幸好汉成帝念及师生情谊没有把他怎么样,让他继续做丞相。

随后,匡衡又做了一件事。他有个儿子叫匡昌,是个军官,醉酒杀人,被关进了大牢。匡昌的几个部下和他的弟弟匡咸都比较莽撞,竟然想劫大牢。在谋划的过程中,事情败露,被人告发,直接连带着将匡衡告到了汉成帝面前。匡衡当然有连带责任,他摘了官帽,脱了官服、官靴:皇上啊,要杀要剐,您就发落吧。

这一次,汉成帝又原谅了他,匡衡算是又躲过一劫。可是,很快,参劾匡衡的第三道折子又来了。这一次是时任司隶校尉的王骏告匡衡。王骏是大儒王阳的儿子,举孝廉进入仕途,中间曾得到时任光禄勋的匡衡的举荐,升任谏大夫,匡衡得说是提携王骏的贵人。不过,这并不影响王骏秉公执法,他告匡衡霸占国有土地。这是怎么回事呢?

是这样的:匡衡是丞相,当上丞相就能同时被封侯,匡衡被封乐安侯,有六百户的封地。这块封地在临淮郡僮县乐安乡。这个乐安乡几乎就成了乐安侯国,都属于匡衡的封地。

这块封地上一共有多少田地呢?因为有多少田就能收多少租子。本来是有三千一百顷,可是,匡衡到乐安乡实地一看,实际耕地是三千五百顷,多出四百顷来。

这是因为当时的一次全国土地划界确权,乐安乡的南界被划错了,比以前更靠南了,多划了四百顷。匡衡没言语。

几年后,又一次划界确权,下面有人提出了这个问题,上次乐安乡划错了，这次是不是得改正过来？

这个问题的请示很快就到了匡衡这儿。他没表态，然后也没下文了。

手下人立马明白了：噢，那就将错就错吧。

这个事被王骏知道了，告到了汉成帝这儿。汉成帝大怒，将匡衡免为庶人，终老于家。

汉成帝的第一位丞相匡衡，于公元前30年被罢免。

第二任丞相是王商。王商是老外戚，是汉宣帝舅舅的儿子。他看不惯汉成帝的舅舅这帮新外戚，跟主政的大将军王凤总是拧着。

王凤便暗中调查王商，想抓王商的把柄。终于，王凤发现王商有个秘密情人，是他父亲的婢女。这下，王商有了乱伦之嫌。

王凤便向汉成帝告发了。汉成帝则觉得没什么，这只是个人私生活方面的问题，没什么大不了的。王凤则抓住不放，又授意亲信继续告王商。最后，汉成帝迫于王凤的压力，罢免了王商的丞相之职。这是公元前25年，王商的丞相一共干了不到五年。

汉成帝的第三任丞相是张禹，他是汉成帝做太子时的老师。他跟王氏外戚关系处得很好，丞相之位坐得稳稳当当，做到公元前20年，光荣退休。

汉成帝的第四任丞相叫薛宣。薛宣是小官出身，一步一步干起来，做到刺史，又做了两个郡的太守，都是政绩斐然，吏民称道；然后被提拔为少府，位列九卿；又做了御史大夫，接张禹的班做了丞相。

薛宣做丞相的表现汉成帝不太满意，因为汉成帝喜欢大儒，薛宣不算是有学问的人。丞相府的官员们对他的评价也不高：

讥其烦碎无大体，不称贤也。——《汉书·薛宣传》

他这个丞相太事无巨细了，什么小事都管，大思路、大方略方面反而抓不好。

比如，广汉郡有造反的，这是大事，丞相府组织镇压平乱，他就没办妥。邛成太后的丧事也得说是大事，丞相府组织操办，也弄得很仓促。于是，汉成

第85回 汉成帝的丞相们

帝就以此为由把薛宣给免了。

薛宣不算是有好故事的人，唯一有点意思的故事是他在做太守的时候，从临淮太守调任陈留太守，在去陈留的路上，经过彭城县。看着彭城县很多基础设施都很破，不像样子，就认为这彭城县令不怎么样，是个无能的县令。那么，当时的彭城县令是谁呢？不是别人，正是薛宣的儿子薛惠。

爷俩各自在异地为官，难得聚首。于是，这次薛宣就在彭城住下了。这几天里，父子俩喝点小酒，唠唠家常，薛宣陪着小孙子玩玩，看看园子里的花花草草，享受了几天天伦之乐。然后，他就要起身，继续赶路，去陈留上任。

薛惠本来一直提着心，以为父亲肯定会给自己挑一通毛病，结果没有，工作方面的事情老爹一点儿也没提。薛惠跟手下说：怎么感觉有点奇怪呢？你一会儿送我爹去陈留时，中间看我爹高兴的时候问问为什么这些天也不跟我聊工作，也不教教我为官之道，给我点告诫什么的？

这个手下把薛宣送到了陈留，临别之际，就问了这个问题。

薛宣一笑，说：

吏道以法令为师，可问而知。及能与不能，自有资材，何可学也？——《汉书·薛宣传》

做官也没什么窍门，按着国家的政策法规办就可以了，你让我教，我也教不了什么。那么，为什么同样是这些工作，有的官员干得好，有的官员干得不好呢？这是因为人的才能、资质不同，这个我就更教不了了。有道是"知子莫若父"，你们县令，我是了解的，以他的才能、资质，干到这个程度已经可以了。我教不教他，也没什么用。

这是汉成帝的第四任丞相薛宣，干了六年。

汉成帝的第五任丞相翟方进，是一位大儒。

曾撰写《世经》的刘歆也是大儒，对于《左氏春秋》和天文历法都极有研究。而刘歆这两方面的学问都是跟翟方进学的，翟方进是他的老师，可见翟方进的学问了不得。《汉书》第八十四卷整整一卷都是写翟方进的，这一卷的最

后是班固的父亲班彪写的赞语:

> 丞相方进以孤童携老母,羁旅入京师,身为儒宗,致位宰相,盛矣。——《汉书·翟方进传》

他是底层出身,祖祖辈辈都是底层,到了他父亲这一辈才略有改观,做了郡文学,一个管文教的小官。可惜,在翟方进十二三岁时,父亲就死了。父亲没了,家里没有了收入,学也不能上了。父亲的老同事帮着小方进在太守府里找了个打杂的工作,可是,这么小的孩子什么也干不了。小方进也很郁闷,他找了一位相面先生想获得指点,这个相面先生把小方进端详一番,大惊:

> 有封侯骨,当以经术进,努力为诸生学问。——《汉书·翟方进传》

哎呀,小兄弟,你的骨相清奇,将来肯定能封侯拜相,你得走经术学问之途,努力读书吧!

小方进很高兴,回家跟他母亲把这个情况一说:我不想在太守府干了,我要到长安去拜名师,去进修学问。

他母亲一听,掉泪了:儿啊,你这么小就要去千里之外的长安,娘怎么放心啊?娘陪你一块去吧。

于是,母亲跟小方进一起来到长安,她靠织草鞋卖钱,供小方进读书。值得一提的是,翟方进的母亲并不是他亲生母亲,他的亲生母亲史书没提,估计早就死了。

翟方进在长安学了十多年,不但学业有成,也开始招生授课,"徒众日广"。翟方进终于干了适合自己的工作,可以挣钱了,可以孝养老母了,而且在当时长安的儒生圈子里,翟方进的声誉很好,人们都称赞他学问好、人品好。当时,翟方进招生授课,学生越来越多,对另一个胡老师有冲击。这位胡老师年纪要大些,资格要老些。

翟方进后来在讲课时,偶尔遇到疑难问题,就会说:对这个问题我的解释只是一家之言，我建议你们有机会也去那边请教一下胡老师，请他指点一下，可能更会加深你们的理解。

于是，赶上胡老师"大都授"，类似公开课，翟方进的门生就真去向胡老师请教了。

渐渐地，胡老师知道翟方进这么捧自己，他就不好意思了，人前人后地开始称赞：小翟老师那了不得，绝对是后起之秀，有学问……

翟方进的声誉越来越高。与此同时，他也走上了仕途。

以射策甲科为郎。——《汉书·翟方进传》

通过考试，做了郎官，又做到了博士，然后做到了刺史，又升任丞相司直。

丞相司直跟司隶校尉的级别和职能都差不多，是协助丞相监察百官的。翟方进在这个职位上干了不到一年，就拿下了两任司隶校尉。

当然，这也是因为当时的丞相薛宣特别器重他，给他撑腰。

常诫掾史：谨事司直，翟君必在相位，不久。——《汉书·翟方进传》

薛宣经常告诫手下：你们可听好了，一定要对翟司直恭恭敬敬的，翟司直用不了多久就得干丞相，接我的位子。

果然，没过几年，薛宣被免。当时翟方进已经升到了御史大夫，顺理成章地可以接任相位。可惜，他又刚刚被贬为执金吾。

当时丞相之位空了，可以循例接任的御史大夫之位也空着。一晃二十多天过去了，也定不下新的丞相人选。最终，在众多大臣的推举下，翟方进从执金吾一步成为丞相，被封高陵侯，食邑千户。

这一年是公元前15年，据史料记载，翟方进三十八岁。

翟方进的丞相干得很不错。

> 方进知能有余，兼通文法吏事，以儒雅缘饰法律，号为通明相。——《汉书·翟方进传》

翟方进被尊称为"通明相"。他有才能，又有学识，还熟悉业务，能识大体，且能抓细节，还特别能揣摩汉成帝的心思。

可是，最终翟方进却是自杀于丞相之位。怎么回事呢？因为灾异。

公元前7年，负责夜观天象的太史令发现有荧惑守心，大惊失色，赶紧按照程序向丞相府进行报告。

所谓"荧惑"就是现在说的火星，"心"就是二十八星宿中的心宿。顾名思义，"荧惑守心"就是荧惑跟天上的天王弄在一起了。相应地，地上的帝王也会不好，这是个大凶兆。当年，秦始皇就是"荧惑守心"之后死了。

《史记》里还记载了春秋末期的一次"荧惑守心"，是在公元前480年，当时心宿对应着宋国，宋国的君主宋景公就特别害怕。虽然负责天文星象的官员子韦说这个灾异可以转移到丞相或者百姓身上，但宋景公并没有同意。最后，子韦解释说宋景公的善心感动了上天，荧惑向外移了三度。宋景公又过了将近三十年才死的。

翟方进对"荧惑守心"这事也忧心忡忡，但他心里存有一丝侥幸：或许皇上也像宋景公一样，有一颗善心，他自己担着，我便没事。

结果，汉成帝没这善心。加上丞相府有个叫李寻的上书说：天意震怒，须大臣替身才能消灾，并弹劾翟方进为相十年，致使阴阳失调。汉成帝立马召见了翟方进。君臣见面后怎么说的，史书没有记载。

> 还归，未及引决，上遂赐册。——《汉书·翟方进传》

只是说翟方进出了宫，回到家中，要自杀，还没动手呢，这时，外面宦官拿着圣旨来了。《汉书》详细抄录了这篇圣旨的内容，主要就是把翟方进批了一通：你当这个丞相有多不合格，下面民不聊生，上面朝政混乱，对于你的能力和忠心，朕深为怀疑……

第85回 汉成帝的丞相们

圣旨的最后，笔锋一转：朕不忍心把你免掉，你还是得努力尽职啊！今天，朕赐给你一头牛和十石好酒，你自己看着办吧。

使尚书令赐君上尊酒十石，养牛一，君审处焉。——《汉书·翟方进传》

什么意思呢？这是有讲究的。在当时，皇上要是一次赐给你一头牛外加十石酒，意思就是送你上路。

于是，翟方进当天自杀。这也算是以死尽职，要为汉成帝解这次"荧惑守心"的凶兆。

而汉成帝当然不会公开这件事，他当然知道宋景公也有这样的事，人家不让大臣来顶；他的老祖宗汉文帝也有类似的事，也不让大臣顶。

汉成帝跟这些前代明君比不了。于是，他发了一个假讣告，对外说翟丞相是发急病死的，厚葬。

只过了一个多月，汉成帝就暴毙而亡。

就在汉成帝死时，他的第六任丞相的人选已经确定好了，任命书也已经写好了，连封侯的侯印也都刻好了，只差一个正式任命的仪式了。这个人是谁呢？

第86回

两个丞相的为官之道

汉成帝临死前已经确定好他的第六任丞相人选了,只差个仪式。这个人是谁呢?他叫孔光。

孔光字子夏,孔子十四世之孙也。——《汉书·孔光传》

他是孔子的第十四世子孙。

孔光的学问非常好。他不到二十岁就已小有名气,做了郎官,又经匡衡举荐,做了汉元帝身边的谏大夫。随后,因为一件事他让汉元帝不满意了,被贬官,外放出去做一个小县长。孔光可能感觉自己不适合做基层工作,就没去上任,直接辞官回家了,一边读书,一边教书,继续做学问。

汉成帝即位之后,孔光又被征召做博士。这期间,他的表现很好。

数使录冤狱,行风俗,振赡流民,奉使称旨,由是知名。——《汉书·孔光传》

从这句话可以看出,西汉时太学的博士不是只管教太学生读书的,还会承担皇帝指派的其他工作。朝廷多次派他去审查冤案,推行风俗教化,救济流浪灾民,所奉使命都能圆满完成,汉成帝很满意,所以他在朝廷中渐有声望。在当时的博士中,他是表现最出色的,于是被提拔做了尚书。

孔光这个尚书做得很好。

> 观故事品式，数岁明习汉制及法令。上甚信任之。——《汉书·孔光传》

他刻苦研究学习各种政策和法令。同样一件事，宣帝朝是怎么办的，元帝朝是怎么办的，效果如何，他都清楚，可以说他对大汉朝的各种政策和制度都了然于心。

汉成帝很高兴：好，孔光办事我放心。提拔！

没几年时间就提拔孔光做了尚书令，又做了光禄大夫，还做了光禄勋。光禄勋相当于皇帝身边的秘书长，这绝对是皇帝最信任的人才能担任的职位。孔光在这个职位上一干就是十多年，他干得怎么样呢？

> 守法度，修故事。——《汉书·孔光传》
> 周密谨慎，未尝有过。——《汉书·孔光传》

孔光说什么话、做什么事都是有依据的，要么依据法律法规，要么引经据典，要么借鉴相关的案例。

孔光言行谨慎，没有什么错误。

每次汉成帝问孔光什么问题，他总是这样做：

> 据经法以心所安而对，不希指苟合。——《汉书·孔光传》

引经据典及按照法令要求，用自己心中认为是正确的话来回答，从不希图苟且迎合皇帝的意图，这样，汉成帝有时就不大高兴，不采纳孔光的意见。

当皇帝坚持那个错误决策，结果出了麻烦的时候，孔光会怎么样呢？他早把之前那个建议稿毁掉。为什么呢？他怕让人知道，明明他已经给了皇帝正确的建议，皇帝还是做错了，这不就显得皇帝很愚蠢吗？这可不行。

再有，孔光每次举荐人才，都唯恐被荐举者知道，生怕别人记住他的恩德。

第86回 两个丞相的为官之道

另外，孔光还有一大特点，可以说是秘书的第一大功夫，就是嘴严。跟家人在一起时，工作上的事务他一个字也不提。

也许你会问，孔光要是这样，跟谁都那么提防，什么也不交流，也不深入交往，那他怎么在官场立足呢？

对此，班固在写孔光传时应当也有点怀疑。最后，他的理解是：

光，帝师傅子，少以经行自著，进官早成。——《汉书·孔光传》

因为孔光的父亲孔霸是汉元帝的老师，他自己又是大儒，在学问上受人尊重，而且年纪轻轻就官居要职了，所以，他根本不用求人，不用交朋友、混圈子，只要做好工作、伺候好皇上就行了。

孔光做了汉成帝的御史大夫，位列三公。后来因为在立太子的问题上跟汉成帝想法不一致，把汉成帝惹怒了，被贬为廷尉。

公元前7年，因为"荧惑守心"，丞相翟方进自杀，不久汉成帝暴毙。孔光在汉成帝遗体前就任丞相。

他在汉哀帝刘欣手下只干了两年就被免职，因为他之前是反对立刘欣为太子的，这笔账傅太后和汉哀帝当然要算的，找了个理由就把他免为庶人了。

接孔光班的这位新丞相叫朱博，他的情况跟孔光几乎是完全相反的。孔光是世家望族出身，饱读诗书，一代大儒，特别沉静，什么人也不结交，在仕途上顺风顺水。朱博则是底层平民出身，没读过什么书，从基层干起，靠着精明强干，靠着广为结交，靠着冒险精神，靠着真抓实干，一步一步往上爬，可以说是真刀真枪打出来的，是个武吏。

朱博字子元，杜陵人也。家贫，少时给事县为亭长，好客少年，捕博敢行。稍迁为功曹，伉侠好交，随从士大夫，不避风雨。——《汉书·朱博传》

他是杜陵人，杜陵类似长安的一个区，天子脚下。他家贫，底层出身，从亭长干起，是最基层的小官，但他做得很卖力。

亭长的主要工作是维持治安，所以他打交道的基本都是年轻气盛的"刺头"，有好有坏，好的是侠，坏的是"混混"。朱博结交了很多这样的人，与他们打成一片：大家都是兄弟，得支持我工作，要给我朱某人面子，不能给我找麻烦。

在这些人的维护支持下，朱博抓犯人、办案子，敢打敢拼。很快，他就得到了上级的赏识，被提拔做了功曹，相当于副县长。他是杜陵的副县长，类似于首都一个区的副区长，虽然级别不太高，但是也算父母官，这样，他就可以跟当地居住的一些权贵、士大夫们有交往了。这时的朱博全力以赴，他要努力进入士大夫的朋友圈。

这方面，《汉书》里讲了朱博的一段故事，很传奇。

当时朱博结交的一个士大夫朋友叫陈咸，陈咸是御史大夫陈万年的儿子。当年陈万年教给陈咸一个"谄"字，可是，他却对他爹那套不以为然。

石显是权贵、奸臣，陈咸数次参劾。结果他被石显反戈一击，扣了一个罪名，关进了死牢，被打得皮开肉绽，要秋后问斩。

这时候，陈万年早已去世，陈咸叫天天不应，叫地地不灵，死牢里不允许家人探视，而且他浑身疼痛难忍，这样下去，挺不到秋后就得死在牢里。

就在这时，有一天狱吏领进一个人来：罪犯陈咸，算你好命，上头给你找了个医生，给你治治身上的伤，让你多活几天。

陈咸抬头一看，眼泪差点掉出来，来的这位医生不是别人，正是他的朋友朱博。

两人交情本来一般，因为朱博的官职比陈咸差很多，陈咸当时是御史中丞，是监察百官的，位高权重，朱博在他面前只能算是个小跟班。所以，陈咸本来也没太拿朱博当回事。可是在陈咸最危难的时候，朱博竟然冒死假扮医生到死牢里来看望：陈大人，别着急，您看咱这个事要怎么办，我出去就把您救出来。

陈咸太感动了：贤弟啊，真是太辛苦您了，这样……我这条命就仰仗贤弟了。

第 86 回 两个丞相的为官之道

两人商量完毕，朱博从牢里出来，

> 又变姓名，为咸验治数百，卒免咸死罪。——《汉书·朱博传》

又改变姓名，替陈咸受刑，被打了几百下，陈咸的死罪终于被免了。

后来，在汉成帝时，陈咸被重新起用，做过几个郡的太守，都是酷吏的做派，政绩不错。不过，随后他又跟权贵杠上了，和丞相翟方进非常合不来。

前面讲了翟方进是汉成帝最满意的一个丞相，非常有手腕。陈咸哪里斗得过，最终他又败了，忧死于家。

再说朱博。营救陈咸让他一举成名，在朝野上下有了很高的声誉。汉成帝即位之后，在陈咸等朋友的帮助下朱博一路高升，先是做过几个县的县令，包括长安县令；升为刺史，做过两个州的刺史；又升为太守，做过琅琊太守；后调回京师，做左冯翊；然后又高升，做到大司农，位列九卿。他大司农只做了一年多，犯了点小过错，被降级，又去做太守，犍为太守。

> 岁余，坐小法，左迁犍为太守。——《汉书·朱博传》

之后又做了山阳太守。然后，再次调回朝廷，做光禄大夫，又做到廷尉，又升为后将军。在后将军任上，因为另一个权贵朋友犯罪，朱博被牵连，免官回家。

一年后，汉哀帝即位，重新起用朱博，又做光禄大夫、京兆尹，之后升为大司空，也就是之前的御史大夫，位列三公。

那么，在朱博的这个履历中，他都做过什么出彩的事呢？

《汉书·朱博传》里记载了好几桩，展现出一个强硬、干练且很有手段的能吏的形象。

比如，他做廷尉时，上任第一天，先把手下官吏召集在一起开会：

> 当谳（yàn）平天下狱。——《汉书·朱博传》

各位，本官知道廷尉这个工作太重要了，全天下的案件最终都以咱们审定的为准。这个工作专业性太强了，必须得精通法律。而本官呢，是个粗人，是武吏出身，没有专门学过法律，还要仰仗各位，希望各位尽职尽责。

说到这儿，朱博话锋一转：不过呢，本官做县令、刺史、太守等有二十多年了，大大小小的案子也是审过无数。我始终坚持一条，就是所有的法律法令都是基于人情事理的，是基于良心的善恶判断的。所以，虽然我不算是精通法律的人，但是我审判的案子这么多年从未出过什么问题，今天咱们就演练一下。来人，你们把近期案件的卷宗搬来，咱们一块看看。

随后，卷宗搬来。朱博一一看过，看完一个断一个，这个应该这样，那个应该那样……

几个卷宗看下来，廷尉府的这些官吏都服了：好厉害！朱大人这哪是不精通法律啊？他比专业的还专业，咱们还是规规矩矩的吧。

朱博一笑，他要的就是这个效果。

> 每迁徙易官，所到辄出奇谲如此，以明示下为不可欺者。——《汉书·朱博传》

他到哪儿去做官，新上任时都会先来这么一手，显示出变幻莫测，以告诉手下自己是不可以被欺骗的。

朱博在用人方面，与很多酷吏有个相似之处。

> 常令属县各用其豪桀以为大吏，文武从宜。——《汉书·朱博传》

治理一个郡，他喜欢把地方上一些比较有影响力的人物招到官府来任职，文的，学者什么的，干文职；武的，家大户大有钱有势的这种，只要是没案底的，就可以干武职。用这些人开展工作效率很高。当然，对于这些豪杰出身的

第86回 两个丞相的为官之道

官吏必须善于驾驭,朱博怎么驾驭的呢?

《汉书》里举了一个例子。说是朱博当左冯翊的时候,有人向他告状:朱大人,您手下的功曹刚刚举荐的那个大户叫尚方禁,他以前犯过罪。功曹明知道这种人不能任用,可他还是收了那个尚方禁的贿赂。

朱博问:这个尚方禁犯过什么罪?你怎么知道的?

告状的人说:大人啊,这个尚方禁犯过通奸罪,脸上被人家砍伤过,现在还有伤疤。

朱博说:好,我知道了,你退下吧,这事不要再跟别人提了。来人,去把那个尚方禁给我叫来。

一会儿,尚方禁来了,朱博一看,脸上还真有一块疤,他挥挥手:其他人都出去吧,本官要跟尚方禁单独聊聊。

旁边人都出去之后,朱博问:本官有个问题,你要老实回答,你给我说说你脸上这块疤是怎么回事。

尚方禁一下子就冒汗了,扑通跪倒在地:大人恕罪,这是小人年轻的时候一时冲动。

朱博哈哈大笑:这种事,大丈夫有时固然难免,本官不追究你这个。你贿赂功曹的罪过本官也不追究,本官要给你一个重新做人的机会,只是你必须听我的安排,明白吗?

尚方禁赶紧又磕头:谢谢大人,小人明白,您就是让我上刀山下火海,我也在所不辞。

于是,这个尚方禁便成为朱博的一个心腹眼线,底下官吏们干了什么事,他都向朱博秘密汇报,包括那个功曹背地里做的好多事。

过了一段时间,朱博便单独约见这个功曹:说说吧,你背着我都干了什么?

功曹说:大人,我没背着您干什么啊!

朱博说:好,你不说是吧?我给你说说……

他就把这个功曹背地里干的几桩事、几条罪状都说了一遍。

朱博:还要本官继续给你说吗?拿笔墨来,你把你干的所有见不得人的事都给我写出来，敢有半字隐瞒，我就砍掉你的脑袋。

这个功曹早就吓坏了，拿着笔，哆哆嗦嗦，一五一十写了一大卷：您老人家看看吧。

朱博看完后，扔给他一把刀子，让他自己把所写的供词削掉。功曹万分感激，把供词削掉后，跪地给朱博磕头，并信誓旦旦地表示说：永世难忘大人的恩情，以后我再也不会做违法的事了！

朱博把他扶起来，对他说：这件事天知地知，你知我知，其他人都不知道，所以我继续让你做功曹，相信你一定会接受教训、好好工作的。从这之后，功曹再也没有犯过什么错，工作也更加努力。

总之，他还是很有手段的，而且他还很清廉。

> 博为人廉俭，不好酒色游宴。自微贱至富贵，食不重味，案上不过三杯，夜寝早起，妻希见其面。有一女，无男。——《汉书·朱博传》

他清廉、节俭，不好酒色。他做到了御史大夫，位极人臣了，吃的还是粗茶淡饭。每天起早贪黑忙工作，妻子都很难见他一面，完全就是一个工作狂。他只生了一个女儿，没儿子。"不孝有三，无后为大"，那个时代这种观念多强啊，他不在乎，也不想纳妾再生。朱博就是这么拼的一位西汉官吏。

他做了不到半年的御史大夫，终于从孔光手中接过丞相之位，但干了不到半年，竟然自杀了。

第87回

西蜀子云亭

敢打敢拼的朱博接替谨言慎行的孔光，成为汉哀帝的第二任丞相，当时是公元前5年的四月十八日。仅仅四个月后，朱博就自杀了。

这是由于他卷入了外戚傅家内部的斗争。

朱博的一个特点是好交朋友，不遗余力地去跟权贵、士大夫结交。

然好乐士大夫，为郡守九卿，宾客满门，欲仕宦者荐举之，欲报仇怨者解剑以带之。——《汉书·朱博传》

他冒死解救陈咸，这样的朋友太难得了，谁都愿意跟这样的人结交。

于是，朱博就有了一个很强大的官场朋友圈。正是靠着这个朋友圈，朱博才能从底层一步一步爬上来。而在这个朋友圈里，他有一个重量级的朋友，就是傅晏。

傅太后有两个从兄弟：一个是傅喜，一个是傅晏。刚开始，傅喜是傅家的代表，做汉哀帝的内朝首辅。可是，傅喜太正直了，对傅太后很多骄狂的做法有批评、有制约。傅太后就想免了傅喜换傅晏，同时，也要把丞相孔光一起免掉，因为之前孔光不支持汉成帝立她孙子继位。

这时，作为御史大夫的朱博当然要帮忙，这既是帮朋友傅晏，又是讨好傅太后，也是在帮自己，因为免了孔光，自己正好上位。

于是，朱博数次密奏汉哀帝，检举傅喜和孔光。然后，这事真就成了。汉哀帝把这两人全给免了，朱博也顺利坐上了丞相的宝座。

可是，傅太后还觉得不够，因为傅喜的内朝首辅虽然免了，但他的侯爵并

第87回 西蜀子云亭

没有被收回。她要求朱博再参傅喜一本,让皇帝把傅喜的侯爵收了。

朱博一听这个事,很为难,可又不好驳傅晏和傅太后的面子,毕竟自己能当上丞相是靠傅家支持:好吧,我跟御史大夫再商量一下,一起参一本。

他跟御史大夫赵玄一说,赵玄直摇头:朱丞相啊,这事不合适。刚免了官,又要收侯爵,过分了。而且皇上要是知道了这都是太后授意的,他得怎么想啊。不妥,不妥。

朱博叹口气:我也知道这事不大妥当,只是我已经答应傅晏和太后了。

匹夫相要,尚相得死,何况至尊?——《汉书·朱博传》

即便是个布衣百姓,跟我约定个什么事,我也会宁死守约的,何况对方是太后啊?这个事我不管它妥不妥了,死也得办!

赵玄没办法:好吧。

于是,丞相朱博、御史大夫赵玄,还有外戚傅晏,三人一起参劾傅喜。

汉哀帝很诧异:这是怎么啦?我的丞相和御史大夫为何跟傅喜这么过不去?嗯,我明白了,准是我奶奶傅太后授意他们干的。看来你们的眼里只有老太后,没我这个皇帝。朕要调查这个事!

然后,很快就查清了,真就是这么回事。论罪,这是不道之罪,是死罪。于是,朱博自杀,赵玄也被打入大牢。傅晏倒没什么事,后来照样做到了大司马。

对于朱博的这个结局,此前其实已经有人预见到了。

就在正式任命朱博做丞相、赵玄做御史大夫的当天,册封现场的人们忽然听到朝堂之上有一阵奇怪的钟声:咚、咚、咚……

咦,哪来的钟声呢?宫里没人敲钟,外边也没人敲。怎么回事呢?

汉哀帝也觉得很奇怪,退了朝之后,他便问黄门侍郎扬雄:刚才那个钟声你怎么看,是不是什么灾异的征兆?好奇怪。

扬雄回答:皇上,您说得太对了,依微臣看,这就是古书上所谓的"鼓妖"显灵,听着像钟声,其实是鼓妖的鼓声。

汉哀帝问：噢，这鼓妖显灵有什么说法呢？

扬雄说：

> 鼓妖，听失之象也。朱博为人强毅多权谋，宜将不宜相，恐有凶恶亟疾之怒。——《汉书·五行志》

皇上，这鼓妖显灵，就表示帝王听言断事有失误了。这是提醒您，册封朱博当丞相是不妥当的，朱博这个人是武吏出身，没什么学问涵养，全凭着精明强干、有手腕升上来的，这样的人适合做武将，不可以为相。微臣担心，他难以善终。

汉哀帝摇摇头，不以为然。

那么，这位黄门侍郎扬雄是谁呢？《陋室铭》中的"西蜀子云亭"说的就是这位扬雄，他也是住在陋室，有大才。扬雄到底是怎样的一个人呢？

> 扬雄字子云，蜀郡成都人也。——《汉书·扬雄传》

他是成都人，但他祖上是晋国人，被封在一个叫"扬"的地方，于是就以"扬"为姓氏。后来，几经迁徙到了成都，五代单传，到了扬雄这儿还是单门独户。

他家有上百亩地，种地、养蚕，日子不算富裕，也不算很穷，所以，扬雄才有条件读书。

扬雄从小就很喜欢读书。不过，他跟当时绝大多数的读书人不一样，那些人都是奔着功名去的，抱定所谓的"六艺之术"，全力以赴吃透一两种经书，将来好通过考试去做官。扬雄读书并不强求这方面，他不把自己束缚在这几种书里，而是什么书都读。至于将来能不能考试做官，能不能富贵，他比较淡然。

第 87 回 西蜀子云亭

> 清静亡为,少耆欲,不汲汲于富贵,不戚戚于贫贱,不修廉隅以徼名当世。家产不过十金,乏无儋石之储,晏如也。——《汉书·扬雄传》

他宁静淡泊,无欲无求,不是那种拼命想赚钱、当官、追求成功的人;对于底层的清贫生活,他也不焦虑,认为有吃有喝就很好。

那扬雄喜欢什么呢?他喜欢思考。

> 口吃不能剧谈,默而好深湛之思。——《汉书·扬雄传》

他口吃不能快速讲话,喜欢一个人静静地思考,享受自由思考的乐趣。

简单讲,其实就是四个字:安贫乐道。而扬雄是用什么形式来表达思想的呢?用辞赋。

前面说过一个辞赋大家,也是成都人,就是司马相如。扬雄对这位同乡先贤非常仰慕。

> 每作赋,常拟之以为式。——《汉书·扬雄传》

拿司马相如的赋当范文,跟司马相如学。

另外,前面还讲过一位辞赋大家屈原。扬雄认为,屈原比司马相如写得好,才情更高一些。所以,扬雄作赋也跟屈原学,这叫"取法乎上"。

扬雄虽然对屈原的才情很崇拜,但是对于屈原投江自杀很不以为然,也很痛惜。他认为:

> 君子得时则大行,不得时则龙蛇,遇不遇命也,何必湛身哉!——《汉书·扬雄传》

遇上国君看好你、重用你,那就施展一番;遇上国君不看好你,你就等等。遇与不遇,这都是命,何必要沉江自杀?屈夫子啊屈夫子,你好糊涂,你自杀前写的那篇《离骚》，发的那些感慨都不对，我完全反对。这样吧，我写一篇《反离骚》，你看看吧。

他真就写了一篇《反离骚》，也是千古名篇，写好后扔到江里。

扬雄的辞赋写得太好了，所以口口相传，便传到了长安，传到了汉成帝的耳朵里。大致在扬雄四十二岁时，他被汉成帝召到身边，做了未央宫里的郎官，成了一名御用文人。

接下来的几年，扬雄又写了一些赋，如《甘泉赋》《河东赋》《长杨赋》等。这些赋一方面是歌功颂德，另一方面是对汉成帝的一些不当做法委婉地规劝，这叫"赋劝"。

不过，随后他就发现，拿辞赋来劝谏是不管用的。在皇帝的眼中，他写赋让皇帝看，就跟倡优们表演滑稽节目给皇帝看是差不多的意思。说白了，他只是皇帝的一个高级玩物而已。

于是，到了汉哀帝时期，他就干脆不写赋了。不写赋干什么呢？是不是要专心致志地当官呢？并没有。

虽然史书记载，扬雄作为黄门侍郎也曾给汉哀帝建言献策，包括给汉哀帝解释鼓妖。还有一次，汉哀帝病得很厉害，匈奴派使者来，说单于想来朝见。当时有人跟汉哀帝说：皇上，您这个病有可能是匈奴的邪气压的。以前每次单于来朝见，大汉朝这边准会发生什么事，这次干脆拒绝吧，别让他来了。

汉哀帝一皱眉：嗯，有点道理。你们都发表一下意见吧，要不要拒绝匈奴来朝见？

大臣立马都顺着说：皇上啊，拒绝吧，每次他们来，又得接待，又得赏赐，劳民伤财的，没什么意义。

汉哀帝说：好吧，去答复匈奴使者，让他们单于别来了。

那个匈奴使者收拾东西正要离开长安回去复命，这时，扬雄给汉哀帝上了一篇长长的奏疏：

> 臣闻六经之治，贵于未乱；兵家之胜，贵于未战。——《汉书·匈

第87回 西蜀子云亭

奴传》

皇上啊,整个"六经"里讲的治国平天下的道理,都强调一点,就是要在天下未乱之时着力,战争要想胜利也要在未战之前做好准备。咱们处理跟匈奴的关系也是如此啊,难得现在关系这么好,咱更要小心维持。这次真要拒绝了他们朝见,他们会怎么想?势必会出现裂痕。有了裂痕,就可能越来越大,甚至重开战争,那时候花费就更大了,所谓上百年努力才达成的和平,可能会因为这么一件小事就失去了。总之,这事得慎重!

汉哀帝看完,一拍脑袋:哎呀,好,要不是扬雄,这回真要犯大错了!

汉哀帝立马召见使者:我们随时欢迎单于朝见。

同时,他还给了扬雄一笔重重的赏赐:赐帛五十匹,黄金十斤。

可是在《汉书·扬雄传》的最后,仍然说扬雄"家素贫",这是怎么回事呢?很可能是因为他有一个坏习惯,就是太好喝酒。《汉书》说他嗜酒,还说他不是一个算计着过日子的人,不爱钱。

再有,扬雄仕途上一直没有什么发展。他给汉成帝做黄门侍郎的时候,王莽和刘歆都是他的同事;到汉哀帝时,董贤也曾是他的同事。可他呢,从汉成帝到汉哀帝,再到后面的汉平帝,他一直原地踏步。

三世不徙官。——《汉书·扬雄传》

那么,他当官没下功夫,赋也不写了,他把精力都用到哪儿了呢?

第88回

扬雄：
文章千古事

扬雄因为赋写得好，被汉成帝征召做了黄门侍郎，走上仕途。

可是扬雄发现写赋也没什么意思，用他自己的话讲"诗赋小道，壮夫不为"。实际上，皇帝并不拿他的赋当回事，只是图个乐子。于是，他干脆不写了。

那么，扬雄这么多时间都干什么呢？他把全部精力都投入到经史研究之中。扬雄做学问跟当时的很多博士大儒不同，他不是一字一句地去注解经典，而是仿照经典，本着经典的精神内涵、形式特点来撰写自己的著作。

其意欲求文章成名于后世。——《汉书·扬雄传》

扬雄想通过著书立说来传名后世，靠立言来实现不朽。

中国文化中有著名的"三不朽"：立德、立功、立言。当然，如果既立德，又立功，还立言，"三不朽"都占全了，那肯定是最了不起的。

扬雄做不到三样都占，他是想通过立言来追求不朽。那么，他都立的什么言呢？

以为经莫大于《易》，故作《太玄》；传莫大于《论语》，作《法言》；史篇莫善于《仓颉》，作《训纂》；箴莫善于《虞箴》，作《州箴》；赋莫深于《离骚》，反而广之；辞莫丽于相如，作四赋；皆斟酌其本，相与放依而驰骋云。——《汉书·扬雄传》

扬雄分别仿照当时五六种体裁的经典来立言。这里面，辞赋方面，是仿屈原和司马相如，这是他中年之前着力的。其他的几种，都应当是他中年之后的成果，分别是：仿照《易经》写了一部《太玄》，仿照《论语》写了一部《法言》，仿照《仓颉篇》写了一部文字训诂学著作《训纂篇》等。这个工作量相当大！

用心于内，不求于外，于时人皆忽之。——《汉书·扬雄传》

扬雄每天闷在家里写书，跟人交往应酬很少，也没写新诗赋，慢慢地便淡出了公众的视野。

有不少人说：扬雄早年赋写得不错，他也做学问吗？不过，也有少数几个朋友对他的学问还是非常认可的。比如刘歆，他本身是大学问家，是懂行的，知道扬雄学问了得。在汉成帝时，他们还是同事，关系不错。《西京杂记》据说是刘歆写的，里面有好几处提到扬雄。

有人问扬雄：您的赋写得这么好，有什么秘诀吗？能教教我吗？

扬雄说：没有啊，你就多读，读千赋乃能作赋。

还有一段说，刘歆有一次跟扬雄聊天，提到飞将军李广竟然能把箭射进石头里：子云兄啊，你说说，李广怎么这么厉害呢？

扬雄一字一顿地回了一句：精诚所至，金石为开。

可是，对于扬雄这些著作能否传世，能不能以立言而不朽，刘歆当时的看法还是有所保留的。《汉书》里说，有一次，刘歆到扬雄家去，扬雄正在写书，刘歆环视扬雄住的那间简陋的房子，除了书，没什么像样的家具陈设，真是清贫啊！他拿起扬雄的书稿，一看是《太玄》，就浏览了一番，然后摇摇头：我说子云兄啊，我说句话，你可不要烦。我看你下这么大的功夫，世俗的功名利禄都不要了，天天写这个，恐怕是白受累。这《太玄》会有人读吗？会有人去研究、去理解吗？

吾恐后人用覆酱瓿（bù）也。——《汉书·扬雄传》

恐怕后人要拿它去盖酱罐。不要再想什么立言不朽了,那种可能性太小了,即便流传后世了,你也早死了,对你还有什么意义呢?还是现世里多享受享受人生吧。

扬雄也只是笑笑,没有说话。

扬雄活到了七十一岁,在王莽的新朝去世。

他去世时,当时有几个人,都是高官,也都是文化人,他们又聊起这个话题:你们说,扬雄写的书能传世吗?

大部分人都摇头:不可能,哪那么容易传世啊?能立言不朽的有几个?扬雄传不了。

只有一个叫桓谭的人坚信,扬雄著的书肯定能传世,扬雄一定会名扬天下。桓谭说:

凡人贱近而贵远,亲见扬子云禄位容貌不能动人,故轻其书。——《汉书·扬雄传》

凡人都看轻眼前的事物,看重久远的事物,他们亲眼看见扬雄的俸禄、职位、容貌都不能让人动心,所以就看轻他的书。可是,在我桓谭看来:

扬子之书文义至深,而论不诡于圣人,若使遭遇时君,更阅贤知,为所称善,则必度越诸子矣。——《汉书·扬雄传》

扬子的书文义最深,论述不违背圣人,如果后面遇到逢时的明君,再经过几个贤明的人的阅读,被他们称道,那么必定超过诸子了。

桓谭的这番话说完,一晃四十多年过去了,班固在《汉书》里用了两卷篇幅来写《扬雄传》,在传的最后,班固讲:

自雄之没至今四十余年,其《法言》大行,而《玄》终不显,然篇籍具存。——《汉书·扬雄传》

到东汉初，扬雄仿《论语》著的《法言》已经火了，得到了士林普遍的赞扬，很多人都研读。不过，刘歆不看好的那部《太玄》，还真就没人看，但是，终归也流传下来了。

后来，司马光想研究《易经》，可是《易经》太深奥，读不懂。他听说《太玄》是扬雄仿照《易经》写的，比《易经》要浅显一些，可以作为一个入门书来看。于是，他求访了好几年，终于得到一本《太玄》。

可是，他乍一看感觉这书写得毫无头绪，一点也看不进去。他继续读，细细琢磨它。读一遍不通，再读一遍，读十遍不通，再读十遍。就这样，司马光闷在家里把这部《太玄》读了数十遍，终于读通了，终于窥见其中精妙，于是称赞扬雄是孔子之后的一代大儒。

司马光进一步收集前代学者对《太玄》的注解，开始撰写《太玄集注》。断断续续花了三十多年的工夫，在他去世前四年，完成了这部《太玄集注》。这部集注也成为后来数年间，研究《太玄》最权威的版本。

另外，大致也是在同一时期，他还为扬雄另一部著作作注，完成了《扬子法言集注》。扬雄在《法言》中提出好多条史论，比如，他分析刘邦之所以战胜项羽，是因为刘邦能够群策群力，而项羽只是自屈其力，等等。司马光都将这些引用到了《资治通鉴》里。

再有，司马光还参与了当时两部重要的文字学著作《集韵》和《类篇》的编写工作。这应当也反映了扬雄对他的影响，因为扬雄在文字学方面写出了《训纂篇》和《方言》。

司马光仿《太玄》写的《潜虚》，也是由小短杠组成的符号系统，司马光大致就是用这套符号系统来概括他整个的哲学思想，包括对天道、地道、人道的思考。

整个《太玄》的思想建构很大程度上受了一个人的影响，谁呢？就是老子。《太玄》中的小杠分三种，不同于《易经》的一分为二，它是一分为三的，是三进制思维。

扬雄怎么会受到老子的影响呢？从什么时候开始的呢？

这得从扬雄的老师说起。扬雄年轻时在成都有一位老师，叫严遵，字君

第88回 扬雄：文章千古事

平。严君平是一位世外高人，平日混迹于市井之间，靠给人占卜算命赚点钱养家糊口。他算命有讲究，每天只要挣够一百钱就立马收摊回家。而且他算命也不单纯为了挣钱糊口，他还顺便教育人。他认为，占卜算命这算是下九流，但它可以造福社会，还有益于人民。有来占卜算命的，算的这个事儿不大好，他就会借助算出的卦象、卦辞来引导这个人往好道上走，劝人向善。比如，你当儿子的，越是孝敬老人就会越有福气；你当弟弟的，越是尊重兄长，你的财运就越旺；你当臣子的，越是忠心，官运就越好。

他每天早早收摊，之后著书教学。《汉书》中说，严君平精通老子、庄子的学问，写成了十几万字的著作。他活到了九十多岁，一生未仕。中间因为扬雄在京师传扬他的声名，当时的益州牧李强曾想请他出来做官。可是，扬雄跟李强说：别，你带上些礼物去看看我老师就行了，他不可能到你手下做官的。当李强带着礼物来看严君平时，一见面，就被老爷子的气场镇住了，根本不好提做官、富贵之类的。

虽然严君平的著作没有传世，但他的这种所谓的"不作苟见，不治苟得，久幽而不改其操"的人生状态，最终使他青史留名。此可谓，立德不朽。

第89回

忠臣的下场

汉哀帝手下第一任丞相孔光干了两年被免为庶人，第二任丞相朱博只干了四个月就自杀了。

接下来，汉哀帝的第三位丞相叫平当，是一位从底层做起的老文官，也是大儒，曾做过五经博士。平当是公元前5年十月被封为丞相的，按惯例，同时也应被封侯。可是，当时讲究春庆、夏赏、秋罚、冬刑，冬天不举行封侯仪式，暂时只给了个关内侯的名头。关内侯没有封国，只有食邑百十户。

一开春，汉成帝立马派人到平当家，要正式给他封侯。平当正生着病，病得很重。他把使者回绝了：公公啊，谢谢皇上的恩典，老臣活不了几天了，请不要封我了。

使者说：好吧，您可想好了？

平当说：我想好了。

使者扭头就走了，回宫复命。

平当的家人立马急了：老爷子啊，您就不能强打精神进宫接了那侯印吗？那可是千户侯、万户侯啊，是可以世袭的，您怎么就不为子孙们着想？

平当摇摇头：我从当上丞相就一直生病，几乎就没干什么丞相的工作，不知道多少人在骂我尸位素餐呢。今天我要是拼了命起来进宫接了侯印，然后回家就死了，那我就得让人骂死，那样的话，你们还能安生吗？我不要这个封侯，才是为你们这帮子孙着想。

一个多月后，平当去世。后来，他儿子平晏在汉平帝时也做到了宰相之位。整个西汉，父子先后当宰相的，只有韦贤、韦玄成父子和平当、平晏父子。

平当之后的，汉哀帝的第四位丞相叫王嘉。

王嘉也是从底层做起来的，是儒生出身，通过考试做了郎官，走上仕途。他被汉成帝召见过一次，大得欣赏，被破格提拔。后来，做过两个郡的太守，还做过京兆尹，然后做到御史大夫。公元前4年，他接替平当做了汉哀帝的丞相。

嘉为人刚直严毅有威重，上甚敬之。——《汉书·王嘉传》

王嘉为人刚强正直，严厉有威望，皇上很敬重他。

他一上任，立马上书汉哀帝：

臣闻圣王之功在于得人。——《汉书·王嘉传》

圣明的帝王之所以能把天下治理好，靠的是人。要发现人才、培养人才，让更多优秀的人才充实到官员队伍中来。要给他们相对宽松的环境，希望皇上能：

记善忘过，容忍臣子，勿责以备。——《汉书·王嘉传》

记住他们的优点，忘掉他们的过失，容忍臣子的短处，不要以完备的标准来要求他们。

汉哀帝很认同，也很支持。刚开始关系还挺好，汉哀帝对王嘉很敬重。可差不多同时，汉哀帝也已经十分信任董贤了。很快，矛盾爆发了。汉哀帝找了个借口，说东平王案中董贤立了大功，要给董贤封侯。

这个东平王案是怎么回事呢？汉元帝时期的东平王叫刘宇，是汉元帝同父异母的弟弟，是个胡作非为的混世魔王，而且不大孝顺。有一次，他气得母亲公孙太后上书汉元帝：皇上啊，请您把我调回长安给先帝守陵园去吧，我得离他远远的。

汉元帝很仁爱，他下诏劝慰公孙太后：您别着急，刘宇他还年轻，身上有

第89回 忠臣的下场

些毛病，犯点什么错也都正常，还请您多原谅。

然后，汉元帝把刘宇批评了一通。这一篇就这么翻过去了。

可是，刘宇并没有老实几天，到汉成帝时，他又犯了一个事——把一个妃子杀了。汉成帝也没有太追究，削夺了东平国的两个县以示惩戒，随后又退给了他。

接下来，刘宇跟汉成帝之间有一个小故事。有一次刘宇上书汉成帝，提了一个小请求：皇上啊，臣听说您正组织整理皇室藏书。您看我们这个小东平国，地处偏远，除了"六艺"经书，国内几乎看不到什么别的书，能不能赐给我几本书让我也好好学习学习。比如诸子百家的书，还有司马迁写的《太史公书》，听说都不错，能不能每样赐我一套？

汉成帝把这篇上书拿给大将军王凤：舅舅啊，您看，给他吗？

王凤一翻白眼：不行，皇上啊。

诸子书或反经术，非圣人；或明鬼神，信物怪；《太史公书》有战国纵横权谲之谋，汉兴之初谋臣奇策，天官灾异，地形厄塞；皆不宜在诸侯王。不可予。——《汉书·宣元六王传》

诸子之书有些反对经术，诬蔑圣人，有些记录鬼神，信奉异物怪象；司马迁的《太史公书》里有太多的权谋之术，汉初打天下时的那些军事战略思想、山川形势、天象灾异什么的，都讲得太详细了，诸侯王要看了、学了，那朝廷就管不了了，所以都不能给。您就给他回复，他只要把"六艺"经书看好了，那就了不得了，用不着看这些杂七杂八的书。

汉成帝于是拒绝东平王讨书的请求。

东平王刘宇死后，传位给儿子刘云。刘云就是所谓"东平王案"的主角。

按《资治通鉴》的记载，就在王嘉被封为丞相的这一年，东平国境内的无盐县接连发生怪事，

> 无盐危山土自起覆草，如驰道状，又瓠山石转立。——《汉书·宣元六王传》

无盐危山的地面自行鼓起，上面长满了草，像驰道的形状，瓠山的石头转侧立起来了。东平王刘云很惊奇：怎么回事呢？这是天神在发力啊！

于是，他带着王后到现场拜祭。回到王宫后，他又弄了块类似的石头供起来，每天祭拜。

很快，这个事情传到了长安，传到一个叫息夫躬的郎官耳中。息夫躬是一个类似纵横家的人物，他不甘心只做个小郎官，听说这个情况，计上心头：有了，我要抓住这个机会封侯！

息夫躬立即找到他的好朋友，一个被免官的太守，叫孙宠，当时孙宠也是一个郎官，也正盼着东山再起。两人商量一番，便草拟出一篇上书，通过中常侍宋弘呈给了汉哀帝。

汉哀帝本来就病恹恹的，看完这篇上书，差点没气死：好你个东平王，竟敢谋反！

那么，息夫躬在这篇上书里都写了什么呢？他是这样写的：东平王刘云看到境内发生了这两桩怪事，他就想到当年汉宣帝刘询即位前发生的怪事了，即泰山上大石头自己立起来，还有枯树自己立起来。而且东平王听说皇上又在生病，他便以为自己可能要当皇帝了。于是，他跟王后在王宫里立了石头，天天诅咒皇上，让皇上的病越来越重，早点病死。皇上，您知道吗？现在给您看病的这位叫伍宏的太医，他正是东平王刘云的舅舅。您的病让他治，怎么可能治得好？很可能他正准备给您下毒，要毒死您呢！

汉哀帝大怒，下旨严查东平王谋反案！

最后，东平王刘云百口莫辩，自杀而死。那么，董贤在这里面立了什么大功呢？是这样的，中间息夫躬和孙宠通过中常侍宋弘把这篇揭发东平王的上书呈给汉哀帝，汉哀帝对外没提宋弘，说是董贤把这个上书转呈给他，就把这个功劳安到董贤头上了。随后，他就要给董贤还有息夫躬、孙宠封侯。

丞相王嘉联合御史大夫上书反对：皇上啊，您要封董贤，这没问题，只是

第89回 忠臣的下场

得走程序啊！咱可以把董贤的功劳、事迹摆到桌面上，召集公卿大夫们一起来讨论一下。这样的话，即便天下人心里认为是您偏爱董贤给他封侯，他们也说不出别的。皇上啊，也请您理解我们，我们也会完全顺着您的意思说话、办事，可是，总感觉那样有负您的信任和恩德。

汉哀帝看完很受用：好吧，那就以后再说。

可是，没过几个月，汉哀帝就忍不了了：要不是董贤及时发现东平王谋反，朕早就让他的太医舅舅毒死了。董贤是朕的救命恩人，还有比这更大的功绩吗？

于是他把董贤封为高安侯，同时对董贤大加赏赐。

朝野上下怨声载道：皇上这是疯了吗？咱们得劝劝皇上！

有人说：劝皇上用得着你啊？人家丞相都没言语呢，你着什么急？

这人就点头：啊，也对。

由此，丞相王嘉的压力可想而知。可是，他也知道"伴君如伴虎"，要进这个逆耳的忠言，他也得掂量掂量，得找合适的机会。

几个月后，机会来了。发生了日食，这在当时自然被认为是上天发警示了。借着这个由头，王嘉立即上书汉哀帝，苦口婆心地讲了一通，从周武王讲到汉文帝、汉成帝，举了很多例子，大体就是说：别管宠爱谁、赏赐谁，都得有个度，不能让天下人非议。您现在宠爱董贤的这个劲头，绝对是亘古未有，这太影响您的形象了。而且现在那么多灾异，民间已经是说什么的都有了。

或以为筹者策失之戒也。——《汉书·王嘉传》

有人认为这是对谋划者策略失误的告诫。

孔子曰：危而不持，颠而不扶，则将安用彼相矣！——《汉书·王嘉传》

孔子说：国家倾危了却不能支撑，国家颠覆了却不能扶持，那为什么还任用那个人做相呢?

所以,我必须得说。对一个人的爱要适度,过了就是害他。望皇上吸取前代的教训,对董贤的宠爱节制点吧,这样才能保全他的性命。

可惜,汉哀帝已经鬼迷心窍了,一句也听不进去,还恨上王嘉了。正好,此前不久,另一件事王嘉跟汉哀帝也拧着。

这件事也算是由息夫躬而起。息夫躬因为揭发东平王有功,被封侯,进而也得到了汉哀帝的宠信。他是傅晏的同乡兼好友,此前傅晏没少帮他。现在他想回报一下傅晏,想帮助傅晏上位,争取做大司马。

于是,他就忽悠汉哀帝:皇上啊,匈奴单于今年没来朝见您,他说是因为生病,实际上可能有变。微臣认为,现在大司马丁明首辅国政,主内,应当把傅晏也封为大司马,主外,率领大军北上巡边,防备匈奴可能发起的军事行动。

汉哀帝听完,很兴奋:太好了,朕也可以像武帝爷似的运筹帷幄、决胜大漠,那多威风啊!王丞相啊,你认为这事怎么样?

王嘉摇摇头:皇上,谁说匈奴没来朝见就是要跟咱开战啊,这可不能听个辩士随便说一通,咱就要派大军。这是多大的动作?得牵涉多少人力、物力?

夫议政者,苦其谄谀倾险辩慧深刻也。谄谀则主德毁,倾险则下怨恨,辩慧则破正道,深刻则伤恩惠。——《汉书·息夫躬传》

我们这些大臣帮助皇上参议政务,最怕四种人:一是谄谀。什么都顺着皇上说,这其实是在败坏皇上的德行。二是倾险。教给皇上阴招、狠招,这会给皇上招来下面的怨恨。三是辩慧。光讲漂亮话,纸上谈兵,这容易把事情搞坏。四是深刻。对人对事太苛求,太求全责备,这样会显得皇上不体恤人,不懂得人性化管理。

息夫躬出的这个主意就属于这四条里面的。总之,不可轻言战事,大军不可妄动。

汉哀帝不听,真就把傅晏册封为大司马。

第89回 忠臣的下场

册封当天正好出现了日食。王嘉利用这次日食参劾董贤。而董贤也利用这次日食参劾傅晏，因为董贤也想上位。结果，傅晏大司马印绶还没捂热乎，就被汉哀帝收回了。

几天之后，傅太后驾崩。汉哀帝假托傅太后的遗诏，让太皇太后王政君下诏给丞相王嘉，要给董贤再增加两千户封地，同时赐给另外三个亲信侯封地。

王政君也不好说什么，毕竟汉哀帝不是她的亲孙子，于是就把这个诏书下给了王嘉：王丞相啊，皇上说的这个事儿你安排吧。

王嘉手捧诏书，摇头长叹：唉，真是胡闹！老夫我今天豁出去了！

他直接把这篇诏书卷起来，封上印归还，并趁此进上密封的奏书劝谏皇上和太后说：

臣闻爵禄土地，天之有也。——《汉书·王嘉传》

王者代天爵人，尤宜慎之。裂地而封，不得其宜，则众庶不服，感动阴阳，其害疾自深。——《汉书·王嘉传》

爵位、福禄、土地，这都是属于上天的，帝王是代表上天把这些东西分封给一些人，这是要慎之又慎的，如果做得不够合适，天下人就会不服气，进而打破天地间的阴阳平衡，帝王就可能因此而损害自身健康。

皇上，您的身体一直不好，您要从这方面考虑啊！您现在对董贤的宠爱已经非常过分了，他现在的荣华富贵自古以来的贵臣都比不了。举国上下的人们几乎都在谈论董贤，都讨厌他、恨他，这样下去董贤是不可能有好结果的。您怎么还嫌不够呢，还要再给他增加封地封国，这不是更要引起众怒吗？这样，您的病只能更严重！您现在还没有子嗣，不能再这样任性了，得以江山社稷为重。皇上，微臣这样直言不讳，还请您多多体谅。微臣的这些话只跟您和太后讲，这篇上书别人也不会看到。总之，请您千万不要怪罪微臣的直言。

王嘉的话讲得如此掏心掏肺，可是，汉哀帝看在眼里，竟然杀机顿起：来人，去叫丞相王嘉到尚书这儿，朕要当面跟他把梁相的问题讲清楚，看看他安的什么心！

"梁相"是个人名，此前他是廷尉。廷尉是主管司法的最高长官，执法得是最公平的。梁相是一位称职的廷尉，在审理所谓的"东平王谋反案"时，他发现其中有很多疑点，认为这可能是个冤案。他上书汉哀帝，建议朝廷再重新组织公卿仔细地审一遍。

当时，梁相的上书先呈到尚书这儿，尚书令和尚书仆射要先看看，并且要代汉哀帝拟一个意见。这两位也很正直，认为梁相讲得有道理，应当批准。

结果，汉哀帝一下子就怒了：你们仨这是干什么？怎么这么向着东平王？是不是盼着我死了，东平王当皇帝你们好沾光啊？你们这是吃里爬外，怀有二心！

外内顾望，操持两心！——《汉书·王嘉传》

于是，这三个人都被罢官，免为庶人。几个月后，也就是在王嘉打回诏书的前些天，赶上那次日食，汉哀帝大赦天下。王嘉乘机上书，替梁相等三人讲情：皇上，这三位都是难得之才，恳请皇上原谅他们的过错，重新起用他们。

可是，汉哀帝理解为王嘉这也是在为东平王喊冤，也是有了二心。当时他没爆发，也没答复王嘉。这次他爆发了！他把王嘉叫到尚书这儿，指着鼻子大骂一通：王丞相，此前朕罢免梁相他们时，你不是没说什么吗？当时你还跟着谢罪，怎么这会儿又说要重新起用他们呢？你到底有什么想法？依朕看，你就是任凭自己的心意，迷乱国家、欺罔主上，你还有脸指责别人。你必须给朕解释清楚，你回去想想吧，听候处理！

盛怒之中的汉哀帝召集内朝主要的官员，包括刚刚被重新起用的光禄大夫孔光，还有左将军、右将军等人：你们议一下应该怎么处理王嘉。

光等请谒者召嘉诣廷尉诏狱。——《汉书·王嘉传》

孔光等人认为：皇上应当派谒者持节去召王嘉，让王嘉到廷尉大狱接受审理。

第89回 忠臣的下场

这其实就是判了王嘉死罪。《汉书》上讲,当汉哀帝派的谒者来到丞相府宣布了诏令后,王嘉手下一班官吏都哭了,有人一边哭着,一边调好一碗毒药,端到了王嘉面前:丞相,您快喝吧。

王嘉不肯。手下劝道:

将相不对理陈冤,相踵以为故事,君侯宜引决。——《汉书·王嘉传》

丞相啊,您应当知道这个老传统啊,到了将军、丞相这个级别的,是不能被关到大牢里跟狱吏陈述冤情的。所以,现在这种情况,按惯例就得饮药自杀。丞相,您赶紧喝吧。

王嘉大怒,拿起碗就摔了:这是什么破传统,有罪没罪不说清楚就自杀,作为丞相,要是死罪,就应当死在天下人面前。

于是,王嘉跟随谒者来到廷尉,交上丞相和侯爵的印绶,被关进大牢。

汉哀帝听说这个情况,更加怒不可遏:好你个王嘉,你这是跟我叫板啊!给我狠狠地审!

落到狱吏手里的王嘉还好得了吗?最终,王嘉在狱中绝食自杀。

这就是忠臣的下场,就是劝谏汉哀帝不要过分宠信董贤的结果。怎一个"冤"字了得!

第90回

汉书游侠传

丞相王嘉触怒汉哀帝，被打入廷尉大牢绝食而死。这是公元前2年四五月份的事。当年七月，孔光被汉哀帝重新任命为丞相，恢复博山侯的封爵。

《资治通鉴》里写了这样一句话：

司隶鲍宣坐摧辱丞相，拒闭使者，无人臣礼，减死髡钳。——《资治通鉴·汉纪二十七》

这位司隶鲍宣怎么"摧辱丞相"的，《资治通鉴》里并没有详细交代。而《汉书》说，鲍宣是勃海郡高城县人。还说鲍宣好学，通晓经术，成为县乡的小官吏。后来，他得到贵人欣赏、相助，被大司马王商提拔、举荐，做了汉哀帝身边的谏大夫。他直言敢谏，对于汉哀帝过分宠信董贤等问题大胆批评，其中有一篇上书说：

天下乃皇天之天下也，陛下上为皇天子，下为黎庶父母，为天牧养元元，视之当如一。——《汉书·鲍宣传》

天下是皇天的天下，陛下上为皇天的儿子，下为黎民百姓的父母，替天统治养活平民，应该一样看待他们。现在却民不聊生：

菜食不厌，衣又穿空，父子夫妇不能相保，诚可为酸鼻。——《汉

书·鲍宣传》

天天吃糠咽菜，没有衣服穿，父子夫妇不能保全，实在让人心酸。可是，皇上，这些人您不管，却只管给董贤之流加官晋爵。这说不过去啊！

汉哀帝对于鲍宣的批评，不像对王嘉那么激烈、反感。

上以宣名儒，优容之。——《汉书·鲍宣传》

因为鲍宣当时是著名的大儒，汉哀帝对他比较宽容。

汉哀帝看鲍宣这么耿直、不畏强权，觉得他适合做司隶校尉，监察长安的大小官员。于是，他就提拔了鲍宣。鲍宣刚上任就监察了一个最大的官——丞相孔光。

这天，丞相府的几个官吏驾车走在驰道的中央，正好被鲍宣撞上，驰道中央不是谁都能走的，鲍宣就把车马扣了。丞相孔光派人来要车，但鲍宣不给。

孔光没办法，只好请御史府来裁决这个事。御史大夫派人来到鲍宣这儿，要提审当时鲍宣手下办这个案子的人。鲍宣叫人把大门一关，不让进。这一下子，丞相和御史大夫都怒了，告到了汉哀帝那儿。

汉哀帝也怒了。于是，鲍宣被关进了廷尉大牢，眼看着也要走王嘉的老路。鲍宣既有学问又直言敢谏，在朝野上下的口碑很好，特别是在士林中的声望很高，在那些年轻的太学生的心目中，鲍宣简直就是他们的精神领袖。他们听说鲍宣竟然因为严格执法而被定了死罪，一下子就炸了锅。

太学生中有个叫王咸的青年挺身而出。

举幡太学下，曰：欲救鲍司隶者会此下。——《汉书·鲍宣传》

他举了一面大旗，站在太学门口，说：想营救鲍司隶的，站过来。

> 诸生会者千余人。——《汉书·鲍宣传》

一下子，一千多太学生都加入了王咸的队伍。

当时孔光正坐着车要上朝，被迎面而来的游行队伍拦下：丞相，我们抗议，我们坚决要求释放鲍司隶！孔光解释了一通。

太学生们看跟孔光也讲不出什么来，又来到未央宫门外，联名写了请愿书呈给汉哀帝：皇上啰，鲍司隶冤枉，不能杀！

结果呢？汉哀帝向太学生们做出让步，把鲍宣从死罪改成了"髡钳"。有资料说，髡刑是把头发剪到只有三寸长，钳是"以铁束颈"，脖子上戴个箍，这样来服刑。

总之，鲍宣逃过一死。

鲍宣的仕途从此结束，不过，他依然保持着对汉室的忠心。后来，汉平帝时，王莽想篡位，要扫清道路上的阻碍，对那些忠于汉室而不支持他的直臣都给罗织了各种罪名。最终，鲍宣被逼自杀。

《汉书》里对鲍宣的记载大致如此。但他之所以被后世熟知，是因为另一段小故事，这个小故事是写在《后汉书》里的。《后汉书·列女传》第一个故事写的不是别人，正是鲍宣的妻子，叫桓少君。

当初鲍宣家里很穷，不过，他非常好学，跟随桓少君的父亲学习。桓少君的父亲非常欣赏鲍宣，决定把女儿桓少君嫁给他，鲍宣当然非常高兴。

桓家当时很有钱，这位桓先生疼闺女，也喜欢这个姑爷，于是就给准备了一大笔嫁妆。吃的、穿的、用的和钱财，都特别多。

鲍宣是不是乐开花了呢？并没有，他不但没乐开花，反而郁闷了，有压力了。他私下对桓少君说：少君啊，我知道你从小都是过富贵生活的，习惯了这些吃的、穿的、用的，可我出身寒门，你这些嫁妆要是陪送到我家里，我怕我们家承受不起。

桓少君当时看着鲍宣，满满都是爱意：

> 既奉承君子，唯命是从。——《后汉书·列女传》

既然我跟了你，我就什么都听你的。这些嫁妆不要了，我去跟你过穷日子，我乐意！

到了结婚这天，桓少君嫁妆不要了，换上粗布衣服，首饰也都摘了，一起推着个小车，就算是迎娶过门了。于是，后世便有了一段"鹿车共挽"的佳话。

接下来讲讲游侠。游侠和太学生一样，都是后来历史变革中的重要力量。从班固的立场，他写《游侠传》的用意，应当也是为了提醒执政者这一点：游侠是一股破坏性的力量。

关于游侠，班固在《汉书》里主要写了萬章、楼护、陈遵、原涉这四位。

萬章是汉元帝时的人，在当时的京兆尹手下做一个小官。有一次，这位京兆尹进宫办事，带着他。进了宫，路上遇到好几位皇亲贵戚，这些皇亲贵戚竟然都表现得格外热情，都主动上来作揖行礼，不过不是给这位京兆尹，而是给他身后的萬章。

萬章怎么有这么大面子呢？因为他跟大宦官石显关系特别好。

随后，汉成帝即位，石显被罢官。当时石显并没有被抄家，所以，他只带走一些金银细软，好多的家具、摆设没法带，也都很值钱，他就想都送给萬章，但萬章坚决不要：谢谢您，我心领了，我不能要。

事后有人说：不要白不要啊，你不要他也带不走，还得便宜别人。

萬章说：咱只是一个平头百姓，但石显却对我有知遇之恩。古人所谓"士为知己者死"，如今石显落难，我一点力也出不了，要是还收人家财物，那我成什么人了？

后来，王尊做京兆尹，"捕杀豪侠"，就把萬章杀了。

楼护，字君卿，他的公开身份也是京兆尹下面的一个官吏。虽然官职不高，但他跟当时王氏五侯的关系非常好。

> 与谷永俱为五侯上客，长安号曰：谷子云笔札，楼君卿唇舌。——《汉书·游侠传》

谷永是大儒，写得一手好文章，经常帮着王家起草上书，是五侯的座上客；楼护口才好，经常给王家人说个什么事、讲个什么道理，都头头是道的。

五侯中，王商跟楼护的关系尤其好。有一次，楼护生病，当时作为大司马卫将军的王商听说后，立即吩咐手下备车，要去看望他。

他手下的主簿说：您这么尊贵的身份，怎么能屈尊到他们那个小平民区呢？不去为好。

王商一摆手：这叫什么道理。叫你安排你就安排，咱这就去。

王商带着一大帮随从到了楼护家。楼护住在一个简陋的小房子里，一下子来了这么多人，屋里连站的地方都没有。随从们都站在门外等着，只留王商和楼护在屋里聊天，这一聊就没完了。

正赶上阴天，天阴得越来越厉害，眼看着大雨将至。那位主簿就开始抱怨：你看看，刚才我劝大司马别来，你们也说个话，跟我一块劝劝他啊。这下就等着让大雨浇吧。

事后，有人把这话传给了王商，王商大怒，把这个主簿开除了，永不录用。

后来，王商死了，他的儿子王邑也做到了大司空，位列三公。王邑对楼护仍然非常尊重，不敢有丝毫怠慢。

那么，为什么楼护的面子这么大呢？《汉书》里并没有怎么讲，只是讲了楼护在道德方面的表现。

> 因会宗族故人，各以亲疏与束帛，一日散百金之费。——《汉书·游侠传》
>
> 其居位，爵禄赂遗所得亦缘手尽。——《汉书·游侠传》

挣到手的钱财，都随手散出去，接济贫困的亲朋好友了。

他有个忘年交的朋友吕公，比他年长很多。吕公没有子女，年老需要人照顾，楼护就把吕公老两口都接到家中。他跟吕公一张桌，他妻子跟吕公的妻子一张桌，同吃同住。

时间长了，楼护的妻子、孩子们都烦了：家里多出这么俩老人，多别扭啊！楼护哭着把妻子和孩子们责备了一通：做人不能这样啊，我跟吕公这么多年的交情，现在他没有人照顾，我不能不管，这是我应该做的。他一直照顾吕公老两口，直到给他们送终。

这真是一个可以生死相托的人，楼护身上体现了侠的感召力。

陈遵的出身比萬章和楼护都要高，他祖父陈遂当年跟汉宣帝算是发小。那时候，汉宣帝刘病已还混迹民间，经常跟陈遂一起斗鸡走马，玩各种赌博游戏。好多次，刘病已欠了陈遂的赌债都耍赖不给了。

汉宣帝即位之后，提拔陈遂做官，开始是个小官，之后一路提拔到了两千石的高官，做太原太守。陈遂高兴坏了，兴冲冲地到太原上任。这天，宫里宦官拿着圣旨来了，陈遂急忙出来迎接，跪地上准备接旨，只见那个宦官不紧不慢地把圣旨展开，宣读：

制诏太原太守：官尊禄厚，可以偿博进矣。——《汉书·游侠传》

宣太原太守陈遂，朕现在给你这样的高官厚禄，以前欠你的赌债咱可两清了。

后来，到汉元帝时，陈遂又被提拔做了廷尉，官至九卿。

所以，作为陈遂的孙子，陈遵是名副其实的官三代，他开始也是京兆尹手下的官吏。

《汉书》对于陈遵的描述强调了他在才情方面的魅力，那真正是名士风采。所谓名士风采，首先一样就是能喝酒。

遵嗜酒，每大饮，宾客满堂，辄关门，取客车辖投井中，虽有急，终

第90回 汉书游侠传

不得去。——《汉书·游侠传》

陈遵爱喝酒，经常请宾客朋友来他家一块喝，还把门锁上，把客人车轴外端的辖取下来丢到井里，即使有急事，他们也无法离开。

有一次，有个下面的刺史回朝廷汇报工作，到了长安，先到陈遵家拜访，正赶上这天喝酒。一喝上就走不了了，眼看着跟朝廷那边尚书约定见面的时间就要到了，陈遵坚决不让走：不行，说什么也不行，别人不走，凭什么你走啊，喝！

这个刺史也不好翻脸，怎么办呢？他又硬着头皮喝了几杯，然后看陈遵已经有点醉了，就赶紧来到陈遵母亲的房间：伯母啊，您快给我想想办法吧，他说什么也不让我走，那边尚书还等着我汇报工作呢，我这要耽误大事了。

老太太也很抱歉：对不住，我这边有个后门，你从后门走吧。

这个刺史才成功脱身。

另外，古代时名士还得有才华，得是大才。陈遵绝对是大才。他的工作能力是很强的，他带兵诛斩贼盗有功而被封侯。政务管理的能力也很强，不论喝多少酒，他从不耽误工作。这些且不说，只说文艺方面的才华，中国古代名士讲究的是诗、书、画三绝起码要占一样，陈遵占的这一绝就是书法。

性善书，与人尺牍，主皆藏去以为荣。——《汉书·游侠传》

他的书法写得太好了，他只要给人写个信什么的，写在尺牍上，收到这块尺牍的人就如获至宝，珍藏起来，并以此为荣。

当时有个人与他同姓同字，也姓陈，字孟公，也是有点身份的人。有一次，这人去别人家，家人进去通报：老爷，门口来了一个人，要见您。

老爷问：谁啊？

家人说：他说他是陈孟公。

一听"陈孟公"，这主家便一惊，在座的正好有几个朋友，也都是心头一震。等这人进来后一看，此陈孟公非彼陈孟公，不是陈遵。

《汉书·游侠传》讲的最后一个人物是原涉,他没有陈遵这样的文艺范儿,完全是郭解那种暴戾狠鸷的形象。在王莽后期,原涉也带兵,算是一方小霸主。

总之,《汉书》中所讲的游侠,他们身上都有很强的感召力,是一种社会力量。太学生也是一种社会力量。这两种社会力量在西汉社会后期,特别是王莽政权的后期出现动乱时,他们都将发挥作用。

另外,还有一种力量,一般读史的人可能注意不到。儒家强调的礼乐治国,在西汉执行得并不怎么样,乐的作用并没有发挥出来。《汉书·礼乐志》中说,汉成帝时,儒家反对的所谓靡靡之音,在当时的社会非常流行,从事这个工作的人也都十分富有。

郑声尤甚。黄门名倡丙强、景武之属富显于世。——《汉书·礼乐志》

在这种状态下,传统的价值观已经不怎么被人们重视了,所以,谁还会去维护刘姓国君啊?也就无所谓忠君不忠君了。

第91回

王莽崛起

社会变革时期的重要力量，除了太学生、游侠等，还有一股更为重要，那就是军人。

前面讲到陈汤灭了北匈奴，杀了郅支单于，豪情万丈，但随后就有点堵心了。当时汉元帝最宠信的大宦官石显和丞相匡衡都没给他说好话，陈汤只勉强被封了个关内侯，升为射声校尉。

汉成帝刚刚即位，匡衡就上书参劾陈汤，也是旧账重提，说陈汤灭北匈奴时贪污战利品。于是，陈汤被免官，不久之后，又被定了一个罪名，打入了死牢。对此《汉书》写得很简单，说陈汤上书汉成帝，揭发康居王送到长安的"侍子"根本不是王子，只是随便找了个康居人来糊弄的。

陈汤准是想找这么个立功的机会官复原职。结果汉成帝派人调查了一番，发现没问题，那个康居国侍子就是王子。陈汤这样做就成了欺君之罪，被关进大牢，等着秋后问斩。幸亏谷永出手相救，他上书汉成帝，讲了一个道理：赵国因为有大将廉颇和马服君赵奢在，秦国就不敢轻易打赵国的主意。这说明：

战克之将，国之爪牙，不可不重也。——《汉书·陈汤传》

这种能带兵、能打仗的名将，就好比一个国家的爪子和牙齿，老虎要是没了爪子和牙齿还有什么威力？所以，陈汤这样的名将必须得珍惜。以后真要打起仗来，咱还得依靠这些将帅之臣呢！

第91回 | 王莽崛起

> 周书曰：记人之功，忘人之过，宜为君者也。——《汉书·陈汤传》

《周书》说：牢记别人的功劳，忘记他人的过错，就适合做君主了。希望皇上念在陈汤此前为国立功的分儿上，赦免他的这次罪过吧。

谷永是大才，写得非常好。他算是王氏五侯的御用大秘书，他的这篇上书也代表着当时大将军王凤的意见。于是，汉成帝就把陈汤放了，关内侯的封爵被收回，免为庶人。

又过了几年，谷永讲的这番道理发光了，怎么回事呢？

有一天，汉成帝接到西域都护段会宗发来的一封急报，说乌孙造反了，乌孙兵包围了西域都护府，情况非常危急，请求朝廷发兵相救。

怎么办呢？之前也没个应急预案，要发多少兵？使用什么战略战术？

汉成帝一下子蒙了，大将军王凤、丞相王商也都不知所措。还是王凤建议：皇上，把陈汤找来吧，听听他是什么意见。

汉成帝一拍脑门：对啊，召见陈汤……朕听说了，他打郅支北匈奴时冻着了，落下病了，两条胳膊不能打弯。唉，这真是国之功臣。这样吧，一会儿陈汤来了就别让他行跪拜之礼了。

很快，陈汤来了，站到了汉成帝面前。汉成帝拿出西域都护府发来的求援信：陈爱卿，你看看，这个情况咱们应当怎么办。

陈汤说：皇上啊，您太抬举小臣了，您这么圣明，哪轮得上小臣来出主意？

汉成帝脸一红，说：

> 国家有急，君其毋让。——《汉书·陈汤传》

陈爱卿，国家有急事，你就不要推让了。

陈汤一笑：谢谢皇上，那小臣就斗胆说一句，依小臣看，这没什么可担心的。

汉成帝问：噢，这怎么说？

陈汤就给分析了一通，说乌孙肯定攻不下西域都护府，不用派救兵，西域都护府也可以解围。

汉成帝问：这样说来，陈爱卿，你估计还得多久可以解围呢？

陈汤掐指一算：回皇上，小臣估计，西域之围目前已解。

汉成帝瞪大了眼睛，不敢相信。陈汤继续说：

不出五日，当有吉语闻。——《汉书·陈汤传》

五天之内，准能收到西域都护府送来的喜报。皇上，您就放心吧。

结果，第四天喜报就到了，乌孙已经撤兵。

随后，陈汤被大将军王凤收入麾下，算是首席高参。后面，他的人生还是很悲剧。

常受人金钱作章奏，卒以此败。——《汉书·陈汤传》

他经常接受别人的贿赂。还有做事冲动，说话也冲动。对于汉成帝的一些做法，他也妄加评论，最终因言获罪，被充军发配。汉哀帝即位后，他才被赦免，回到长安就死了。

陈汤绝对是个有才能也有大功勋的人，可是有些悲剧。不过，他在死后差不多六七年，终于可以含笑九泉了，因为他被正式追认为破胡壮侯，他的两个儿子也被封侯。

是谁给了陈汤这个荣誉呢？正是接下来要好好讲讲的这位男主角——王莽。

从前面第一次讲王政君，直到这回，可以说，都是在为讲王莽做铺垫，同时也是在展现西汉王朝在汉元帝之后，是怎样在汉成帝、汉哀帝的手中一点点被断送掉的。

公元前1年正月，匈奴单于来朝见，看到大司马董贤竟然这么年轻，非常惊讶。汉哀帝则自鸣得意地说：

第91回 王莽崛起

> 大司马年少，以大贤居位。——《汉书·佞幸传》

别看他年轻，他可是大贤。

过了半年，六月，汉哀帝便崩于未央宫。这时，大汉王朝的最高权力再次被太皇太后王政君掌握，因为这时汉哀帝的亲奶奶傅皇太太后和他母亲丁太后都已经死了。

王政君早已做好了准备，第一时间就去未央宫把皇帝玉玺收了。同时，她派人把董贤叫到跟前：董大司马，你看接下来皇帝的丧事该怎么安排？

董贤支支吾吾：这个……这个……他光摸后脑勺，回答不上来。

王政君接着说：董大司马，要不这样吧，此前成帝的丧事都是时任大司马的王莽操持办的，他比较明白。我把他召来给你帮帮忙，怎么样？

董贤赶紧磕头：那……那……那太好了。

其实，王政君来未央宫的时候，就已经派使者火速召王莽进宫。董贤转身出去，王莽就进来了。于是，王莽的时代正式开始！这一年，他四十五岁。而在这一天到来之前，王莽经历了很多的痛苦、历练，他是下了大功夫的。

看一个人需要时间，有时得看他一辈子的表现，才能说这人怎么样。就拿王莽来讲，在他四十五岁被王政君召进未央宫之前，很难说他不是一个好人，不是一个忠臣孝子。

> 王莽字巨君，孝元皇后之弟子也。——《汉书·王莽传》

他是王政君的弟弟王曼的儿子。王曼死得早，王莽就跟母亲和哥哥生活。哥哥又英年早逝，王莽成了家里挑大梁的。

> 事母及寡嫂，养孤兄子，行甚敕备。——《汉书·王莽传》

对老母亲、寡妇嫂子，还有侄子王光，他都悉心照料。

他对自己那些封侯拜相的叔叔大伯们也都非常恭敬、体贴。赶上哪个叔叔病了或者有什么事，他这个侄子比儿子都细致。比如，大伯王凤病了，王莽每天脸也顾不上洗，亲自给熬药、尝药、喂药，衣不解带，在床前照顾。

跟家族之外的人交往，王莽表现得也极为真诚、谦恭有礼。朋友们遇到什么困难，他都全力以赴地提供帮助，要钱给钱，要力出力。

王莽的学问也很好，他跟当时的大儒陈参学习《礼经》。

勤身博学，被服如儒生。——《汉书·王莽传》

王莽展现在世人面前的，完全是一位年轻学者的形象，勤奋好学、彬彬有礼、德才兼备。

跟他的那些被封侯的叔伯兄弟们大不一样，那些兄弟都是声色犬马、极尽奢靡的。

总之，王莽当时的形象很突出，赢得了家族内外的称赞。

人们都跟谁称赞他呢？跟汉成帝。王凤临死前，专门跟汉成帝讲：皇上，您得多照顾您表弟王莽啊，我兄弟走得早，这孩子不容易。

后来，叔叔王商干脆帮着王莽争取封侯，他不敢跟汉成帝明说，而是这样说的：皇上，王莽这孩子太好了，我想拿出我封地的一半给他，您看怎么样？

陈汤等好多当时的名士，都是汉成帝比较器重欣赏的人，也对汉成帝说王莽的好话，认为应当给王莽封侯。

公元前16年，王莽二十九岁时，真就被封侯了，是给他父亲王曼追封新都侯，然后他继承，食邑一千五百户。王莽能被封侯，陈汤是出了力的，所以，后来王莽主政时给陈汤封侯也算是报恩。

二十九岁的王莽不但被封侯，还升任骑都尉、光禄大夫、侍中，成了汉成帝的贴身大秘书，同时算是皇家卫队长，可以说非常显贵。那么，这时的王莽有没有变化呢？没有。《汉书》说：

第91回 王莽崛起

爵位益尊，节操愈谦。——《汉书·王莽传》

王莽当时越往高处走，就越谦卑。

这绝对是大人物的做派。王莽还有一手，也是大人物的做派，就是财散人聚。

散舆马衣裘，振施宾客，家无所余。——《汉书·王莽传》

他不但往外捐钱，连车马、衣服等都散出去了，自己穿的用的都比较紧张。

于是，王莽的声誉越来越高，渐渐地，他的声名都盖过了他的叔叔伯伯们，尽管他的叔叔伯伯们都是特别能结交、能养士的人。

《汉书》里特别提到一个细节。王莽的侄子王光在太学学习，有一天，王莽休沐，他带上好多酒菜到太学，请博士和太学生们一起吃饭。当时，整个太学里的人都被王莽的气质折服了。

《汉书》里还提到一个细节。王莽的儿子王宇比他侄子王光年长几岁。王宇到了结婚的年龄，王莽一琢磨：不行，要结婚就得跟王光一块结，这个不能分出先后来。

于是，王宇、王光同日举行婚礼。那天宾客满门，把王莽忙活够呛，可即便这么忙，他仍然好几次抽身到后院，去照看生病的母亲。

那么，王莽真就这么完美吗？一点缺点或者见不得人的事都没有吗？好些人也是在暗中观察王莽，以一种挑剔的眼光看他：听人说王莽前些天私下偷偷买了一个小婢女……

很快，有人就把这话传到王莽的耳朵里：侯爷啊，现在外面有人议论您，说您买了一个小婢女，到底有没有这事呀？

王莽哈哈大笑：我是买了一个婢女，不过我不是给自己买的，是专门给后将军朱博买的。他整天忙于朝廷的事务，到现在只有一个女儿，后继无人，他妻子的年纪也不好生育了。我听说这个婢女是容易生儿子的那种，所以就买来送给他。今天正好，你们收拾收拾，把她给朱将军送过去吧！咱们一块过去喝喜酒。

只凭着这样一种正面的形象王莽就能崛起吗？这是不可能的。关键时刻，面对关键时机，王莽必须豁出这种形象，去搏一把。

怎么豁出去呢？告密。他揭发了自己表哥的一桩丑闻。汉成帝时期，王氏专权，汉成帝的几个舅舅王凤、王音、王商、王根相继担任大司马、大将军、领尚书事。到王根这儿，他的身体一直不大好，好几次都想辞职。

如果王根辞职了，会换谁接班呢？当时，应当是两个人选：一个是王莽，另一个就是王莽的表哥淳于长。论资排辈，淳于长靠前，也就是说，按正常讲，王根辞职后，淳于长会接班，王莽只能等着接淳于长的班。这样的话，还要等多少年，甚至能不能等上都不好说。

淳于长的母亲叫王君侠，是王政君的大姐。王家姐妹的父亲王禁娶了好几个小老婆，生了好多孩子，四女八男。其中，大姐王君侠和二姐王政君年纪相近，估计感情很好。而且淳于长也特别会来事儿，大舅王凤病重时，他也是衣不解带地伺候，给人印象不错。汉成帝对这个姨表兄弟印象也很好，就给提拔上来了，做侍中、卫尉，也是最亲信的职位。

随后，汉成帝要立赵飞燕为皇后，王政君反对，嫌赵飞燕出身太低贱。这中间，淳于长当起了说客，帮着汉成帝劝王政君：太后啊，您就依了皇上吧，人生难得遇到真爱啊……

于是真就把王政君劝得松口了，同意了。

汉成帝很感激：淳于长真是给我帮了大忙了。

汉成帝找了个借口，给淳于长安了个功劳，就封了定陵侯，从此他成为汉成帝面前的大红人，富贵甚至超过了当时的公卿大臣，风头比王莽要强劲得多。

只是，他的个人操守比当时的王莽要差很多。他特别贪财好色，大肆受贿，养了很多妻妾。

但是，对王莽来讲，要想在这方面去抓淳于长的把柄，告淳于长贪污受贿、道德作风不好，却很难，因为王氏五侯几乎都这样，汉成帝都不是很

第91回 王莽崛起

在意。

王莽暗中盯着淳于长。关于淳于长的一举一动、各种消息，他都很留意。就在王根即将把首辅之位传给淳于长的关键时刻，王莽突然亮剑。有一天他跟王根说：

> 长见将军久病，意喜，自以当代辅政，至对衣冠议语署置。——《汉书·佞幸传》

淳于长眼看着您病得一天比一天重，他竟然喜形于色，以为过不了多久他就可以接掌首辅之位了，甚至现在就开始跟很多人封官许愿，您说有他这样的吗？

王根一下子就气炸了。

王莽又说：他不但对您这样，对皇上也是大不敬。

王根问：噢，这话怎讲？

于是，王莽就绘声绘色地说了一通。

王根正在气头上：好小子，走，咱们去找太后。

王政君听了也是大怒：这孩子真是太过分了，得告诉皇上。

汉成帝一听，那更是大怒。最终，淳于长妻子、孩子都被发配了，淳于长则死在狱中。

那么，王莽到底告发了淳于长的什么罪行呢？此前淳于长跟一个叫许嬷的寡妇通奸，后来，干脆把这个许嬷纳为小妾。

这个许嬷不是一般人，她是汉成帝此前废掉的许皇后的姐姐。许皇后虽然被废掉了，但毕竟没有什么大罪过，只不过是后宫争风吃醋，用了什么所谓的媚道。所以，虽然许皇后的皇后之位被废了，搬出了未央宫，搬到了长定宫，但待遇还是很高的。

于是，淳于长就着这层关系动了歪心眼。他通过小妾许嬷传话，忽悠许皇后：我可以想办法把您这皇后之位再争取回来。那赵飞燕能做皇后，也是我给争取的。我争取让皇上设立两个皇后，赵飞燕当右皇后，您当左皇后。

许皇后也是通读诗书的，有文化，可惜真就被淳于长忽悠住了。她前前后后送给淳于长好多东西，淳于长大捞了一笔。

不过，真正让汉成帝心坎上过不去的，是淳于长竟然跟许皇后也搞得不清不楚了，关系很暧昧。许嬺每次到长定宫，淳于长都让她捎一封信给许皇后。信里写的什么呢？《汉书》中说，这信里都是打情骂俏的话。

所以，王莽这次告密，一剑封喉。

可怜了许皇后，汉成帝对她耿耿于怀，让孔光给送去了毒药，许皇后饮药自杀。

公元前8年，汉成帝去世的前一年，三十七岁的王莽成功地做上了大司马，内朝首辅，一人之下，万人之上。

第92回

王莽刨坟

公元前8年，当上了汉成帝的大司马、首辅大臣的王莽，实现了人生最大的梦想，位极人臣。

如果说此前王莽的各种表现都是为了实现他的政治野心而装出来的，那么，这时候他还有必要装吗？他是不是变得很骄狂呢？没有。

莽既拔出同列，继四父而辅政，欲令名誉过前人，遂克己不倦，聘诸贤良以为掾史，赏赐邑钱悉以享士，愈为俭约。——《汉书·王莽传》

王莽非但没有骄狂，反而更加地克制、自律。他执政后，克己不倦，招聘贤良，所受赏赐和邑钱都用来款待名士，生活反倒更加俭约。

有一次，他的老母亲病了，几个权贵的夫人到府上来看望，临走时，旁边一个中年女人恭恭敬敬地答应老太太，替老太太送客。这帮官太太们一边往外走，一边还客气着：老太太，我们走啦，您保重。而她们对这个送她们出门的中年女人却都没怎么在意，因为看这个女人的穿着打扮，就是一个普通人，大家都以为这是老太太手下一个贴身婢女。

临出门，有个官太太忽然想起应该看望一下大司马夫人啊，就说：这位大姐，麻烦您领我们到大司马夫人屋里坐坐吧。

中年女人还没说话，旁边小丫头抢过话来：这不就是我们家大司马夫人吗？

这几个官太太大惊失色：失礼失礼！恕罪恕罪！

王莽的大司马首辅干了不到两年，汉成帝驾崩，汉哀帝即位。"一朝天子

第92回 王莽刨坟

一朝臣",新皇帝即位,一般都会有一次权力的大洗牌。

王莽很明智,与其被免掉,不如主动退让。怎么退让呢?

> 太后诏莽就第,避帝外家。——《汉书·王莽传》

这应是王莽深思熟虑的一步棋。他不是直接跟汉哀帝请求辞职,而是让太皇太后王政君下诏:王莽啊,你辞职回家吧,给新皇上外戚家的人腾地方。

这时,汉哀帝对怎么做皇帝还不太清楚,当然要挽留。这正中王莽下怀,这叫以退为进,于是他继续干大司马。

汉哀帝的奶奶傅太后可不是吃素的,她很快就开始争夺权力。

王莽跟她拧着劲。有一次,未央宫里举行宴会。宴会开始前,王莽先到现场转了转,看看布置得怎么样。结果,他发现王政君的座位桌牌旁边并排摆放着傅太后的桌牌,于是大怒,把布置会场的大宦官大骂一通:你这怎么干活的?

> 定陶太后藩妾,何以得与至尊并!——《汉书·王莽传》

傅太后只不过是原来定陶王的太后,是汉元帝一个普通的妃子,怎么可以跟我们正宫皇太后相提并论、平起平坐呢?撤掉,把她放下座去!

宴会开始,傅太后一入场,离着很远就看到那个桌牌座位,一甩手,扭头就走了。她找汉哀帝一通大闹,跟王家算是撕破脸了。

王莽只好再次辞职。这次,汉哀帝没挽留。

傅太后继续紧逼,她扶持的丞相朱博给王莽安了几个罪名,上书汉哀帝,建议收回王莽的侯爵,免为庶人。

所幸的是,汉哀帝对王莽的印象一直不错,而又有很多公卿大夫经常在汉哀帝面前称赞王莽,所以,汉哀帝并没有采纳朱博的意见:朱丞相啊,保留王莽的侯爵,把他赶出长安,让他回到新都侯国就可以了。

于是,前大司马王莽从巅峰跌落,一大家子灰溜溜地出了长安,搬到千里之外的新都侯国。他一下子从权力核心的大显贵变成了乡间小地主，这得说是大挫折。他会不会很绝望呢？

不过，在接下来的日子里，远离长安的王莽仍然在刻意维持着他的名声。名声，这种无形的政治资本，仍然是他翻身的希望。《汉书》里讲了两件事：

一是他在与当地官场的交往中，继续保持着那种谦恭、真诚的姿态。有一次，王莽生病，当地的官员新都相宛县人孔休来看望他，王莽很感激：谢谢孔大人，这么忙还来看我。这样，您来得正好，我正好有样东西要给您送过去呢。

说着，他便拿出了一把非常精美的小宝剑，剑柄上系着一块美玉，雕工精美，非常漂亮，一看就是宝玉，价值不菲。

王莽说：这个，您收下吧。

孔休哪好意思要：别别别，侯爷，这个我不能要。

王莽一笑：孔大人，我没别的意思，我就是看您脸上有块疤痕，听说玉的粉末可以除疤痕，正好我这把剑上有块玉，要不我只把这块玉解下来给您吧。

孔休还是不要。

王莽一皱眉：您的意思我明白，这个东西不值什么钱的。

最终，王莽楞是拿这块宝玉砸了一包碎玉粉送给了孔休。事情做得虽然有点过了，但当事人肯定很感动。

还有一件事，在很多人看来可能更过分，就是他竟然逼着亲生儿子自杀。

当时，王莽这个儿子因为一件事杀死了一个奴仆。

王莽怒不可遏：杀人偿命，欠债还钱，你去死！必须一命抵一命！

他妻子还有家人赶紧劝：侯爷啊，这不至于。那个奴仆贱命一条，只不过是咱家一个劳力，怎么能让咱家公子给他抵命呢？

王莽大骂：人和人只是身份不同，生命是一样宝贵的。必须一命抵一命！

最终，他这个亲生儿子真就自杀了。

王莽大义灭亲的消息很快便传到了千里之外的长安，人们都震惊不已：王莽真是太了不起了，这是圣人的心地。这样的圣贤不被朝廷起用，太不应该了！

第 92 回　王莽刨坟

于是，朝野上下的很多人，尤其是很多青年儒生都通过各种渠道向汉哀帝建议：皇上，之前朱博告王莽的那些罪名都是冤枉王莽。王莽是大贤，人才难得，应当重新召回重用。

王莽只在封地待了三年，就被汉哀帝召回了长安，准备重新起用。

又过了一年多，公元前1年六月的一天，在长安家中的王莽，被匆匆赶来的宦官召进了未央宫。

此时的未央宫里，汉哀帝已驾崩，太皇太后王政君已掌握最高皇权。王政君下诏：

> 诏尚书，诸发兵符节，百官奏事，中黄门、期门兵皆属莽。——《汉书·王莽传》

命令尚书，朝廷所有派遣军队的符节凭证，文武百官向皇上陈述朝事，内宫宦官和皇帝的亲兵都归王莽指挥。

这时的王莽，虽然表面上还是一副谦谦君子的样子，可是内心世界跟之前已经完全不一样了。这时王莽是带着杀气的，内心充满了仇怨，可以说是一种复仇者的心态。作为西汉王朝的掘墓人，他曾两次掘坟。

头一次，是掘董贤的坟。

就在汉哀帝死后的第二天，王莽让王政君下诏，收回董贤的大司马印绶。董贤和他妻子当晚双双自杀。整个董家张皇失措，也没举行葬礼，连夜将董贤和他妻子安葬了。董家全部抄家发配。抄来的全部家产一律拍卖，卖了多少钱呢？卖了四十三万万。

王莽在办完董贤之后，正式接任大司马、首辅之位。首辅辅谁？当然是辅皇帝。汉哀帝没有子嗣，上面汉成帝也没有子嗣，再往上，汉元帝的直系后代里，只剩下一个小男孩，就是汉元帝跟冯媛的孙子刘箕子。此前，傅太后把冯媛逼死了，小箕子由母亲卫姬照顾。

公元前1年，八岁的刘箕子继位，就是汉平帝。因为年纪小，他还不能亲政。

> 太后临朝称制，委政于莽。——《汉书·王莽传》

名义上，太皇太后王政君临朝听政。实际上，她已经年过古稀，哪有精力和能力来管理国家政务，所以她就把最高统治者的工作都交给了她最信任的娘家侄子王莽。

王莽当然也投桃报李，想尽办法去讨王政君的欢心。他知道，王政君一辈子困守在深宫之中，闷得慌，他便给创造条件，说：

> 令太后四时车驾巡狩四郊，存见孤寡贞妇。——《汉书·元后传》

太皇太后啊，我都安排好了。以后每季度都可以出去巡狩一次，到全国各地视察，慰问底层的人民，接受人民的敬仰。

老太太很高兴：啊，外面的世界，好久没见过了。太好了！

老太太身边的人，包括姐妹，伺候她的宫女、宦官什么的，王莽也都大把大把地给钱。这些人在王政君面前全都为王莽说好话。

王莽还专门从匈奴那边把王昭君的一个女儿须卜居次接回长安来服侍王政君。另外，每逢遭遇水旱灾害，王莽只吃素食，不用酒肉。王政君听身边人一说这个情况，又心疼又高兴，让人去告诉王莽，肉可不能完全断了，要爱身为国。

总之，王政君怎么高兴，王莽就怎么做。具体的国事政务，有一些事情必须请示王政君的，王莽常常不自己出面，而是让一个在王政君面前特别有面子的大臣来说。这个大臣是谁呢？就是孔光。

> 莽以大司徒孔光名儒，相三主，太后所敬，天下信之，于是盛尊事光。——《汉书·王莽传》

当时孔光是大司徒，也就是丞相，第二次任丞相，三朝元老，还是名儒，

第 92 回 | 王莽刨坟

深得太皇太后王政君的敬重，在朝野上下、士林内外都有极高的声誉和威望。王莽便捧着孔光，把孔光的女婿甄邯提拔为侍中。

之后，王莽想整谁，想给谁弄个什么罪名，就让甄邯起草奏折给孔光拿去，让孔光以他自己的名义上奏太后，并告知这是王莽的意思。

孔光是个胆小的人，不敢不从，只能甘心被王莽当枪使。

王政君不知道这一层，就以为是孔光的意思：好，你跟王莽商量着办吧。

于是附顺者拔擢，忤恨者诛灭。——《汉书·王莽传》

王莽借助丞相孔光之手，顺利完成了高层权力的洗牌，将傅家、丁家、董家的势力都清洗干净，杀的杀，发配的发配，包括赵飞燕，也被逼自杀。

不过，傅家有一个人，王莽非但没有打击，反而请王政君下诏褒奖。这人就是傅喜。傅喜虽然是傅太后的兄弟，曾是傅氏外戚的代表人物，但是，他跟傅太后不是一路人，对于傅太后很多飞扬跋扈的做法都有限制，在民间的声誉很好。傅喜本来被傅太后贬到了封地，王莽又给接回了长安，提高了待遇，还称赞傅喜：

岁寒然后知松柏之后凋也。——《汉书·傅喜传》

到了最严寒的时节，才知道松柏是不会凋谢的。

王莽一方面打击傅家、丁家、董家，一方面又褒扬傅喜，给人们的感觉是王莽爱憎分明：你看，王大司马并不是党同伐异，人家这是出于公心，主持公道。

此时的王莽一方面运用政治手腕打击异己，巩固自己的权力地位；另一方面也在努力地树立良好的政治形象。在这后一方面，可以说王莽是不遗余力的，比如他给宗室很多人都封王封侯，给官吏提高待遇，给儒生增加入仕为官的机会，增加五经博士和太学生的人数并提高待遇，之前刘歆争取立为官学的所谓古文经全都批准，给予底层老百姓很多优惠政策。

总之，王莽在这方面做得很到位。在当时很多人眼里，王莽仍然是非常正面的形象：克己不倦，勤于政务，为国为民。

只是后来写历史的人们以一种事后诸葛亮式的明智，认定这时的王莽表现出的完全是一个典型的政治野心家的虚伪。《汉书》说：

> 莽色厉而言方，欲有所为，微见风采，党与承其指意而显奏之，莽稽首涕泣，固推让焉，上以惑太后，下用示信于众庶。——《汉书·王莽传》

王莽平时表情严肃、一本正经，当想要获取利益的时候，只需略微示意，他的党羽就会按他的意思纷纷上奏，然后王莽就磕头哭泣，坚决推辞，从而对上以迷惑太后，对下向平民百姓掩盖自己的野心。

比如，王莽的大司马干了不到半年，手下人就演了一出戏。他们授意益州令让塞外的蛮夷向朝廷进献一种纯白色羽毛的雉鸡。这种雉鸡在当时被视为一种祥瑞。出现这种祥瑞，就说明当世有圣人。那这个圣人是谁呢？当然就是大司马王莽。

大臣们以此为由请求王政君：太皇太后啊，我们认为，有此祥瑞是上天对大司马的表彰，应当顺应天意，给王大司马赐号"安汉公"。

王莽则坚决不接受，然后又是磕头，又是掉泪的，一次又一次地推让。最后，实在是推让不掉了，他"不得已"才接受这个"安汉公"的称号。

王莽想让他女儿当皇后，也是如法炮制。他先是授意一帮大臣提议，向王政君极力推荐。王莽还是极力推辞，最后不得已才接受：这个聘礼可不能多了，一切要从俭。

大臣们很感动：哎呀，咱们安汉公太低调了，处处都想给国家省钱，可是，聘皇后的聘礼怎么能少了呢？这个聘礼起码得两万斤黄金，也就是两万万钱。

王莽又是好一通辞让，最后只要了六千多万，而且把其中的四千多万都分了，分给了十一媵（yìng）家和九族贫者。"十一媵家"是十一个陪嫁伴娘的家，"九族贫者"就是家族里比较穷的人家。

第 92 回　王莽刨坟

总之，就在这种一推一让之间，王莽既达成了自己的私心，又表现得很有节操，而且更加融洽了各方面的关系，皆大欢喜。

于是，再往后，这种一推一让的表演便逐步升级，最后甚至变成了一场全民运动。这场全民运动的起点是一篇著名的奏疏。这篇奏疏是张敞的孙子张竦起草的，由一位叫陈崇的大臣上奏给王政君。奏疏的主题就是给王莽歌功颂德。

《汉书》里全文收录了这篇奏疏，其文摆事实、讲道理，引经据典，把安汉公王莽拍到天上去了，几乎把经典里称赞的各种优良品质、政绩功勋及各种好词都安在了王莽头上。用奏疏里的原话讲，就是：

此皆上世之所鲜，禹、稷之所难，而公包其终始，一以贯之，可谓备矣！——《汉书·王莽传》

大禹、后稷等古圣人做不到的事，安汉公王莽都做到了；他们不具备的美德，安汉公都具备了，比儒家的大圣人周公也有过之而无不及。所以，应当参照当年周公的标准，增加安汉公的封地封国，安汉公的儿子们也得有封地，安汉公要有类似周公摄政的地位，要在诸侯王公之上，要加尊号为"宰衡"。

王政君似乎没觉得文章写得夸张，而是让朝廷大臣们一起讨论一下，看看怎么办。

朝廷大臣们一看这个，立马纷纷表态：太后啊，这篇奏疏很客观，它讲出了我们的心声。我们坚决拥护、坚决支持给安汉公进一步提高地位，扩大封地。

随后，这种表态从朝廷扩展到了全国。全国各地的官员和老百姓也都纷纷给朝廷上书，支持这篇奏疏的主张。很短的时间里，朝廷就收到了八千多人的上书。王莽还是老一套，就是不接受。

而朝廷大臣们，还有很多民间的支持者们更起劲了：安汉公不能推辞了，必须得接受，这是人民的心意！

越来越多的人加入支持王莽的这场运动中来，都给朝廷上书。《汉书》记载了一个惊人的数据，截至公元 5 年的正月，上书支持王莽的将近有五十万人。

及诸侯、王公、列侯、宗室见者皆叩头言，宜亟加赏于安汉公。——《汉书·王莽传》

所有能见着王政君面的王公贵族，见了面没别的话，都是紧着磕头，请求王政君给王莽再提格。这种自上而下的全民参与的运动，绝对不是一般的政治手腕及权术所能促成的。可以说，对王莽的个人崇拜达到了疯狂的地步。

同样在公元 5 年，在这种个人崇拜的全民运动中，发生了一个经典的事件，就是刨坟。刨王莽最恨的那个人的坟，也就是傅太后的坟。

对于傅太后当年给他的伤害，王莽一直耿耿于怀：可是，人家已经死了，怎么办呢？傅太后这个"太后"的尊号得给她剥夺。她生前不是玩了命地要尊号吗，要"帝太太后"，又要"皇太太后"，现在通通取消，把她打回原形，她只是汉元帝一个普通的妃子。作为一个普通的皇妃，她的坟冢及埋葬的规格都太高了，不符合礼制，必须改葬，必须刨坟！

公卿在位皆阿莽指，入钱帛，遣子弟及诸生四夷，凡十余万人，操持作具，助将作掘平共王母、丁姬故冢，二旬间皆平。——《汉书·外戚传》

从《汉书》的这段描述，可以想见当时的场面之大！竟然有十几万人一起刨，连带着汉哀帝母亲丁姬的坟，整整刨了二十天。还可以发现，参与刨坟的这十几万人并不是朝廷出面征调或者雇用的，而是自发组织起来的，是当时的公卿大夫们有钱的出钱，有人的出人，凑起了很多人。

另外，值得一提的是，当时刨坟现场的情况《汉书》里写得很细，有点吓人：

既发傅太后冢，崩压杀数百人；开丁姬椁户，火出炎四五丈。——《汉

第 92 回 王莽刨坟

书 · 外戚传》

　　这俩人的坟冢里都是有机关的,打开傅太后的坟,当场就压死好几百人;打开丁姬的棺椁,里面竟然喷射出四五丈远的火焰。

　　从这次刨坟事件可以看出,王莽的政治地位已经达到空前的高度。而就在这一年,十四岁的汉平帝神秘地死掉了。

第93回

王莽篡汉

公元5年，西汉王朝的掘墓人王莽的政治威望达到了空前的高度，而这种局面，当然不仅仅是靠各种美好政治形象的塑造、个人崇拜的舆论营造就能实现的，它更本质的，还是依靠暴力、依靠绝对的血腥的权力。

就在刨坟事件的一年多前，公元3年，王莽就曾大开杀戒，下手之狠，让人不寒而栗。

王莽重新掌权后，立即清洗了汉哀帝的外戚傅家、丁家的势力。然后，对于新继位的汉平帝的外戚卫家，王莽干脆就没让卫王后来长安：你就老实待在中山国吧，也不要想什么太后的称号，你们卫家人也都离长安远远的，别过来跟我争权。

而对于这位卫王后来说，称号、权力那都是次要的，重要的是她儿子才九岁，就这样母子分离，而且她儿子身体又不好，她很挂念。

卫王后天天哭，卫家人当然对王莽有看法。小皇帝心里肯定也不高兴，怨恨王莽。

可是，有一个人心里不踏实了，这个人就是王莽的大儿子王宇。王宇这时已经成家了，二十出头，挺明辨是非的：我爹这么搞不行啊！哪天小皇帝长大亲政了，肯定得秋后算账，到时我们王家就危险了。怎么办呢？我爹向来听不进我说的话，劝也白劝。怎么办呢？得了，我爹唱白脸，我就唱个红脸吧！

于是，王宇私自跟卫家人联系，示好：你们这样，这样……争取赢得我爹的好感，有可能他就同意你们来长安了。

卫家人很感激：好吧，大公子人真不错，我们照办。

卫家人就把王莽歌功颂德了一通。王莽很高兴：给卫家增加封地，提高待遇。

可是，卫家人想到长安来，不行！王莽还是不同意。

卫家问：这怎么办呢？王大公子，还有别的办法吗？

王宇没辙了，他便找他的老师吴章商量：怎样把这个事办好，才能避免我们王家将来遭难？

这位吴章，是个大儒，还是当时的五经博士，他竟然给出主意：

不可谏，而好鬼神，可为变怪以惊惧之。——《汉书·王莽传》

大公子，您父亲这个人，您直接跟他讲道理，他是不听的，他特别迷信鬼神灾异什么的。咱可以给他制造点灾变鬼怪的假象，吓唬他一下。他可能就得找我帮他分析，那样的话，我再乘机进言，说让卫家到长安来就能破。

王宇平日对老师很崇拜：好，这主意不错，就这么办。

于是，有天夜里，王宇让他大舅哥吕宽带着几个仆人，拎着几大桶狗血，偷偷地来到王莽的府门前，朝大门、院墙一通泼洒，表明这是鬼神作祟。结果，泼狗血的这个动静有点大了，被门吏发觉，当场就逮住了一个仆人，这仆人全招了。

王莽大怒后采取行动，王宇被关入大牢，自杀。王宇的妻子当时正怀有身孕，生完孩子也被杀掉！王宇的老师吴章则被腰斩，在东市门示众。

吴章的弟子有上千人。王莽拿来这些弟子的名单，大笔一挥：这些人全部都是恶人党，以后都不得入仕为官！

于是，这些弟子好多都改名换姓，重新去找门路。

王莽抓住这个由头扩大打击面，把汉元帝的妹妹敬武长公主，还有他自己的亲叔叔王立、亲叔伯兄弟王仁等好几个反对他的重要人物都逼得自杀了。其他连带的，杀死了好几百人。一下子，朝野上下，天下人，都给震慑住了。

那么，这种血腥的事件会不会破坏王莽那种特别亲民的圣贤一样的政治形象呢？会不会让人们对他不再有好感呢？不会的。这种血腥暴力的展示正好能加深人们对他的崇敬。

第 93 回 | 王莽篡汉

对于人性的这个特点，司马光可能没有注意到。按司马光的理解，当时王莽把小汉平帝的娘家卫家全部杀光，只留下他母亲卫王后，小汉平帝肯定非常恨王莽。而对王莽来讲，只要小汉平帝活着，一天天长大，自己是一天的安稳觉也睡不了。所以，王莽必须得杀死汉平帝。

于是，按司马光在《资治通鉴》中的记载：

冬，十二月，莽因腊日上椒酒，置毒酒中。——《资治通鉴·汉纪二十八》

公元 5 年，腊八这天，皇宫里有个仪式，王莽趁给汉平帝敬酒，就在酒中下了毒药。几天之后，年仅十四岁的汉平帝就驾崩了。也就是说，汉平帝是被王莽毒死的。

可是，我们看《汉书·平帝纪》《汉书·王莽传》，都没有讲王莽毒死汉平帝。反而说：

平帝疾，莽作策，请命于泰畤（zhì），戴璧秉圭，愿以身代。——《汉书·王莽传》

在汉平帝病重期间，王莽效仿周公那样书写策文，表示愿意代替平帝去死。

《汉书》里确实提到了王莽毒杀汉平帝，那应该是后来有人起兵反对王莽，加在了讨伐王莽的檄文里，是不足为凭的，而司马光直接采信了这个说法。

汉平帝的病死，更加深了当时人们的一个共识，刘姓皇权气数已尽，必须要"更受命"。按照"五德终始"，将有新的圣人受命于天，承继天命，这个新的圣人是谁呢？当然是王莽。

王莽不动声色：太后啊，这皇位接下来传给谁呢？汉元帝所有的直系子孙都已经没了，只能从旁系再找了。现在宣帝爷还有一些子孙，要是本着不差辈的原则，就得从宣帝爷的玄孙里找人，过继给平帝。宣帝一共有二十三个玄孙,您看立哪个呢?

王政君跟汉元帝算是结发夫妻,一听元帝的直系子孙都死光了,很伤心:唉,既然要从旁系选,跟元帝也没啥关系了,你们看着定吧。

王莽就等这句话呢:侄儿我找人给这二十三个玄孙都一一占卜相面,其中,有一位叫刘婴的"卜相最吉"。我看就定他吧,先把他立为太子,随后再择吉日即皇帝位。您看怎么样?

王政君点头:好吧。

王莽心中窃喜,这个刘婴当时只有两岁,是所有候选人中最年幼的,他好控制。紧接着,王莽的超级粉丝团出手跟进。就在汉平帝驾崩的几天后,长安附近的一个县官上奏朝廷说,他们当地在修一口水井时,从井底发现一块白色的石头。

上圆下方,有丹书著石,文曰"告安汉公莽为皇帝"。——《汉书·王莽传》

这块白石上圆下方,上圆象征天,下方象征地,天圆地方,这是天地之符命,上面写着:宣告安汉公王莽要成为皇帝。

朝中大臣们闻讯立马都给王莽跪下了,高呼万岁:安汉公真正是真命天子!

王莽摇头:你们先去告诉老太后,别着急喊万岁啊!

一帮大臣赶紧去见王政君,王政君一听生气了:你们真当我老糊涂了,这也太过分了。

这都是骗人的,天下人这么好骗吗?不行!我不同意!

这帮大臣中领头的叫王舜,是王政君的叔伯兄弟王音的儿子,王莽的心腹,跟王政君的关系也不错,他扭过头说:诸位同僚,你们先出去,我跟太后单独说两句。

人们都出去了。王舜说:太后啊,即便这块石头是假的,即便这都是演戏,事已至此,咱也得演啊,王莽真要是想当皇帝您能阻止得了吗?依侄儿看,他现在还不敢怎么着,充其量就是想摄皇帝位,跟周公似的,代行天子之事。您都这么大年纪了,"与人方便,与己方便"吧。

王政君长叹一口气:唉,由着你们折腾吧。

于是,在公元6年的正月,王莽终于成为大汉王朝的"摄皇帝",也就是代理皇帝。又过了两年,他就把"摄"字去了,成了真皇帝了。

大家可能会想,他这也太顺利了,一点儿阻力也没有吗?

所幸的是,在类似这样重要的历史时刻,总会有人站出来;不幸的是,这些站出来的人常常是在主流之外的人,是比较小的人物。人们常常想不到,竟然会是这样的一个人站了出来,而那些本该站出来的、掌握权势的大人物们却都当了缩头乌龟。

这个起来反对王莽的人,可能当时也没有人会想到,他只是一个普通的太守,千里之外的东郡太守翟义。对比长安的三公九卿那些权贵,翟义作为太守就是比较小的人物。不过,他父亲得说是个大人物,就是汉成帝手下著名的"通明相"翟方进。

翟义有很强烈的家族荣誉感,是有大气概、大操守的人。眼看着王莽当了摄皇帝,马上要篡夺大汉江山,翟义气愤不已,私下跟外甥陈丰感叹:

吾幸得备宰相子,身守大郡,父子受汉厚恩,义当为国讨贼,以安社稷。——《汉书·翟义传》

我要冒死起兵,匡扶社稷。外甥啊,你敢不敢跟我一块干?陈丰当时只有十八岁,也是血气方刚的壮士:干!有什么不敢,舅啊,我帮您!

于是,两人开始着手准备,物色将领、联络同盟等。在王莽摄皇帝位的第二年,公元7年九月,翟义利用"都试"的机会,乘机起兵讨伐王莽。他们拥立原东平王刘云的儿子刘信为天子。东平国紧挨着东郡,两处兵马并在一起。翟义自号大司马、柱天大将军,同时发布檄文,联合各郡国,说王莽毒死了汉平帝,要篡夺大汉皇权,咱们一起打倒他。

> 移檄郡国，言莽鸩杀孝平皇帝，矫摄尊号，今天子已立，共行天罚。——《汉书·翟义传》

王莽听说这个情况后，吓坏了，立即委派几员心腹大将，率军出关东进，去迎战。结果，军队刚开出长安，长安周边的两个草莽英雄，一个叫赵明，一个叫霍鸿，就揭竿而起，响应翟义，义军一下发展到十多万人，趁着长安兵力空虚，朝着未央宫打过来了。

王莽站在未央宫的城楼上，甚至能看到远处的战火，更吓坏了：看来我当摄皇帝是犯了众怒了，这可如何是好？

他手下的心腹刘歆等人都是人尖子，赶紧给他打气：摄皇帝陛下莫急，不经历这样的考验，怎么能显示出您的雄才大略呢？放心吧，肯定能消灭他们。

王莽还是没信心：你们别光说好听的。翟义那篇檄文你们看了吧，他们是怀疑我当了这个摄皇帝就不再归还皇位了，咱们得赶紧向天下人澄清一下。

于是，王莽抱着小刘婴在宗庙祷告，同时，模仿《大诰》写了一篇文章，类似告全体国民书，颁行天下，解释了一通，说明自己摄位是临时的，将来一定会将皇位归还刘婴。

王莽就这么提心吊胆地过了两三个月。忽然捷报传来，说翟义大军已被剿灭，翟义被生擒，碎尸万段了。到公元8年春，赵明、霍鸿的军事力量也被消灭了。

王莽大喜：真天助我也！先把翟家夷三族吧。

可惜了当年那对孤儿寡母，千辛万苦奋斗成丞相的翟方进，被从坟里挖出来，把棺材烧了，挫骨扬灰，三族之人全部被杀光，小孩也没放过，然后全都埋到一个坑里，里面还埋上荆棘、各种毒草。

不过，对于王莽的拥护者来说，这就是一场血腥的狂欢。他们表现得比王莽还兴奋：我们的偶像是不容侵犯的，是不可战胜的，绝对是真命天子！

很快又掀起了支持王莽的运动新高潮，鼓捣出一大堆祥瑞、符命来，诸如刻着古字的石头、石牛什么的。还有个广饶侯刘京上奏，他们那儿有个亭长做了好几个梦，梦见天公的使者跟他说：

第93回 王莽篡汉

> 摄皇帝当为真。——《汉书·王莽传》

代理皇帝得转正。

这位天公的使者还说：你要是不相信我，你到我说的这个地方去，会发现那里出了一口新井。

这个亭长醒来到那儿一看，真就出现了一口新井。这位刘京是老刘家的宗室子弟，也完全投靠了王莽。对于这些所谓的祥瑞，王莽都非常重视，大加渲染，对进献祥瑞的人都大加封赏。

这时，有个在长安游学的儒生，叫哀章，此人就是一个无耻文人，很有野心，而且胆子大。他发觉这是改变人生的好机会，于是，他找人做了一个特别精致的古色古香的铜盒子，刻上两行标签，分别用古字写上："天帝行玺金匮图"和"赤帝玺刘邦传予皇帝金策书"。在盒子里面，他放进自己编的《金匮图》和《金策书》，是用古字并以天帝的名义书写的，按照"五德终始"，刘邦要禅让皇位给王莽，王莽得做真皇帝，并且将得到十一个人的辅佐，这十一人名单中就有他自己的名字：哀章。

万事俱备，哀章穿上一身黄袍——因为王莽是土德，尚黄——就大摇大摆地奔高庙去了，就是供着刘邦牌位的那个宗庙。

管事的立即向王莽汇报：摄皇上，有个人说高祖刘邦给他托梦，传给他一套要禅位给您的图书，您快去看看吧……

对于王莽来讲，这时也算是万事俱备，马上就可以正式登基当皇帝了。忽然，王莽一拍脑门：哎呀，还差一样最重要的东西。什么呢？传国玉玺。王舜啊，你辛苦一趟，咱二姑最喜欢你，你去好好说说，把玉玺要来，别让她老人家太激动啊。

王舜说：好吧，这事真有点难度。我去跟太后好好说说吧。

王舜硬着头皮来见王政君。王政君这时已经八十岁了，年纪很大了，可是，她并不糊涂，她知道早晚得有这么一天，只是一直心存侥幸，盼着这一天不要在她活着时来到，那样她也好意思去见九泉之下的汉元帝。可是，没想到这一天突然就来了。当王舜走到跟前时，还没等王舜开口，王政君的眼泪就已夺眶而出，破口大骂：你们这帮畜生，你们父子儿孙能有今天的富贵，都是靠老刘家啊，这是多大的恩德。人家把孤儿寡母的江山托付给你们，你们竟然占为己有！你们猪狗不如，想给王莽要走传国玉玺，休想！你们不是要改国号吗，还要这亡国之玺何用？就把这个留给我这个汉家的老寡妇吧，让我带到地下去吧。

这话说得王舜也啪嗒啪嗒掉泪：姑啊，这是王莽想要的东西，您老挡不住啊！

王舜把王政君好一通劝慰。最后，说得王政君也没办法了，抹了一把老泪，把抱在怀中的传国玉玺直接扔到地上：拿去吧！我这老婆子活不了几天了，有你们这样的兄弟，我们王家是要灭族了。

一个月后，公元9年正月初一，王莽率公侯卿士举行仪式，西汉灭亡。原来的刘姓诸侯王们，王莽都给降格，成了公爵。又过了一年，干脆把他们都免为庶民。其中有几个给王莽献媚的，王莽很高兴：好，还是你们明白，你们的侯爵保留吧。

对此，班固感叹：悲哀啊！当年高祖刘邦做的制度设计综合了秦朝郡县制和周朝分封制的优点，他分封同姓诸侯，就是为了当有异姓人在长安夺取皇权时，刘姓诸侯王们能将其反制。事实上，此前吕氏差点夺了权，就是靠各地诸侯王扳回来的。可是，前期诸侯王封地太大、势力太强，到汉景帝时就出现了"七国之乱"，差点推翻了朝廷。于是，到汉武帝，干脆下了一个推恩令，把各诸侯王的封地都分封给若干王子，化整为零了。这样一来，中央集权加强了，不会再受诸侯王们的威胁。而当王莽篡位时，诸侯王们也只能干瞪眼，甚至根本没人敢瞪眼，因为很多所谓的刘姓诸侯差不多跟皇帝已经出了五服了，虽然叫"诸侯"，但是根本没有什么势力，跟普通的富室、大地主已经差不多了。还有很多有皇族血统的人根本没有诸侯之类的封爵，几乎已成为平民，去种地了。

然而，就是刘姓子弟中的这样一个种地的人，他身上流着刘邦的血，竟然卷土重来。于是，中国历史上又一场血雨腥风的大浩劫拉开了序幕。